KB114995

통일신라 왕릉실록

왕릉 스토리를 통해 읽는
역사의 숨소리

통일
신라
왕릉
실록

이규원 지음

글로세움

목 차

부록

고대 한반도 약사
BC 70만 년부터 AD 42년 금관가야 개국까지 • 420

고향 집에서 고조부 산소는 꽤 멀었다. 설이나 추석 차례를 지내고 나면 아버지를 따라 친척 모두 성묘 길에 나섰다. 설날에는 뽀드득거리는 눈길이었고 추석 때는 곱디고운 단풍 숲을 지났다. 오가며 가문의 내력과 윗대 할아버지 얘기를 해마다 들었다.

묘 앞에 설 때마다 늘 생각했다. 인간은 어찌 태어나고 왜 죽어야 하는가. 저 땅 속 할아버지로부터 '우리'가 태어났다는 게 신기하고 의아하기도 했다. 갈 적 올 적 여러 무덤을 스쳐 지났지만 관심 밖이었다. 친족이나 아는 사람이 아니면 나와 무관했기 때문이다.

평생을 신문기자로 활동하며 인문 · 역사 · 종교 · 풍수 분야를 집중적으로 천착했다. 지적 욕구의 갈망이 동양학으로 확대되며 관련 서적과 강호의 은둔 고수들을 많이 읽고 만났다. 쉰이 넘어 두 번째 들어간 대학에서 전공한 장례풍수학은 죽비와도 같은 제도권 교육이었다. 당시 국립과학수사연구소에서의 인체 부검 현장 참관은 삶을 새롭게 성찰하는 계기가 되었다.

'석회처럼 하얗게 굳은 저 뇌를 통해 무슨 번민을 그리 많이 했고, 오욕(재물욕, 명예욕, 식욕, 수면욕, 색욕)과 칠정(기쁨, 노여움, 슬픔, 즐거움, 사랑, 더러움, 탐심)이 넘쳐났는가.'

세상에 죽고 싶은 사람은 없다. 누구나 무병장수를 갈망하고 나만은 죽지 않았으면 하는 곡진한 기대감도 있다. 생명이 있는 것은 모두 죽는다. 그 주검의 처리 현장이 바로 무덤이다. 예부터 임금을 묻은 곳은 왕릉이라 했고, 신하나 백성이 묻힌 곳은 묘였다.

최근 들어 기획 여행이나 인물 탐사 등을 통한 평생 교육이 각광 받고 있다. 특히 현장 답사를 통한 인문 · 역사 부문에 집중되고 있다. 왕릉은 물론 한 시대를 풍미한 역사 인물들의 묘까지 찾아 간다. 땅 속 주인공의 남겨진 행적을 통해 삶의 지혜를 보태고자 함이다. 산 자의 부와 권력이 아무리 넘쳐나더라도 인문학적 소양이 결여되면 무시당하는 게 우리 사회의 현실이다.

유네스코 세계유산위원회는 2023년 9월 17일 사우디아라비아 리야드에서 열린 제45차 회의에서 한국이 신청한 가야고분군(Gaya Tumuli)을 세계유산으로 등재했다. 위원회는 "고분군의 지리적 분포, 입지, 구조와 규모, 부장품 등을 통해 자율적이고 수평적인 독특한 체계를 유지해온 가야를 잘 보여준다."며 "동아시아 고대 문명의 다양성을 목격하는 중요한 증거가 된다."고 평가했다.

이번에 세계유산으로 등재된 가야고분군은 1~6세기 중엽에 걸쳐 한반도 남부에 존재했던 고분군 7곳(①경북 고령 지산동 ②경남 김해 대성동 ③경남 함안 말이산 ④경남 창녕 교동 · 송현동 ⑤경남 고성 송학동 ⑥경남 합천 옥전 ⑦전북 남원 유곡리 · 두락리)을 묶은 연맹 유산이다. 이로써 한국은 세계문화유산 16곳을 보유하게 됐다.

역사학계에서는 우리나라 왕릉을 고대(고조선-삼한-삼국) · 중세(후삼국-고려) · 근세(조선)의 시대별로 나눠 분류하고 있다. 고대는 신라 왕릉이 대부분이고, 중세는 보존된 왕릉이 의외로 많지 않다. 남한의 조선왕릉 40기 만이 온전하게 보존돼 2009년 6월 26일 유네스코 세계문화유산으로 등재된 바 있다.

나는 고대에서 현대까지 한국과 세계 역사를 이끌어 온 유명 인물의 무덤 수백 기를 현장에서 마주했다. 비록 대면이 아닌 묘지를 통한 조우였지만 벅차오르는 감회가 각별했다. '인류 역사에 큰 족적을 남긴 그때 그 사람이 저 무덤 속에 누워 있단 말인가.' 묘라도 실전되지 않고 존재하고 있음이 천만다행이란 생각을 여러 번 했다.

죽은 자는 말이 없다. 자신에 대한 사후 평가가 아무리 경도(傾倒)됐다 하더라도 항변한다거나 방어할 능력이 전무하다. 인간은 죽음으로 생존 시의 공 · 과가 무마되거나 종결되지 않는다. 살아서의 언행이 역사 행간에 남아 오랜 세월을 떠돈다. 출사한 인간들이 역사를 두려워하고 공포의 대상으로 여겼음은 이 같은 연유에서다. 인간은 어떻게 묻히느냐 보다 어떻게 기억되느냐가 더 중요하다.

한 국가의 국력은 인구와 영토 크기에 비례한다. 인두(人頭)가 많고 차지한 땅이 넓은 데다 국격까지 높아야 선진국으로 회자된다. 국가 지도자가 권력을 쟁취했다 하여 상식을 뛰어넘고 예측할 수 없는 행보를 자주 반복하다가는 국제사회서 도태되고 만다.

지구의 총 면적은 5억 1,010만km²다. 이 광활한 지구 행성에 206개(올림픽 참가국 기준) 나라가 국경선을 마주해 국가 기능을 유지하고 있다. 이 중 UN 회원국은 193국이며 세계 인구는 80억 명(2022년)을 넘어

섰다. 한국 외교통상부는 속령(괌, 쿡제도 등)까지 국가 범주로 포함시켜 228국으로 명시하고 있다.

동아시아 북반부에 위치한 한반도(남북한) 면적은 22만 3,658km²로 인구는 7,705만 7,000여 명(2022년)이다. 대한민국은 100,410km²로 세계 107위며 남한 인구는 5,163만 8,000여 명(2022년 · 세계 27위)이다. 인구 밀도는 26위다.

한민족 고대사를 심층 탐구하다 보면 안타깝고 절박했던 당시 상황과 종종 접하게 된다. 중원(중국) 대륙과 북만주 지역까지 경략했던 시기가 수차례 있었다. 종래는 한민족 간의 자중지란과 땅 뺏기 소모전으로 영토 수성 기회를 끝내 놓쳐 버리고 말았다.

어느 민족에게나 영광과 좌절은 교차한다. 백제 고이왕(재위 234~286)은 중원 산동반도와 요서지역을 도모해 통치했다. 고구려 광개토왕(재위 391~413)도 중원 대륙을 석권해 대제국 건설 야망을 성취한 바 있다. 발해(698~926) 역시 북방 맹주로 군림하며 중원을 위협했다. 왜 우리는 그 당시 영토를 보전하며 오늘날까지 지켜내지 못했는가.

국가 소멸 위기도 있었다. 고조선 준왕(?~?)은 중국 연(燕)나라 위만(?~?)의 거짓 귀순에 속아 북만주 영토를 내주고 한반도로 망명했다. 신라 무열왕(재위 654~661)은 당나라와 합세한 나당연합군으로 백제를 멸망(660) 시켰다. 아들 문무왕의 대 이은 나당연합군 공격으로 고구려도 패망(668)했다.

당나라는 철군하지 않고 대동강이남 한반도 전역까지 자국 영토로 편입코자 했다. 신라군에게 멸망한 고구려군이 신라군과 공조해 당나라군을 격퇴시켜 한반도를 지켜냈다. 망국한을 잊은 한민족 간의 결집에 당나라는 신라 영토 강점을 포기했다. 백척간두의 영토 소멸 위기를 가까스로 모면했다.

영토는 전쟁 당사국 사이 흥정 대상이기도 했다. 싸움에서 이긴 승전국은 점령한 땅을 강탈하거나 전쟁 비용 보상으로 영토 분할을 요구했다. 국경이 새로 획정됐고 변경지역 백성들 국적은 수시로 바뀌었다. 패전국 장정들을 무차별 나포해 자국과의 전쟁에 다시 투입했다.

삼국 간 국력이 백중세일 때는 한반도 중부지역 백성들의 고통이 가장 극심했다. 어제는 신라, 오늘은 백제, 내일은 고구려 백성으로 죽지 못해 연명했다. 그들은 무자비한 패권자의 횡포에 말없이 순응했고 아무도 믿지 않았다. 이 같은 전쟁의 악순환은 중원(중국) 대륙이나 북만주 지역에서도 마찬가지였다.

역사를 반추하며 지나친 가정이나 울분은 부질없는 공론(空論)에 불과하다. 수천, 수백 년 전 빼앗긴 땅을 아까워하고 원통해 한들 오늘에 와 어찌하겠는가. 고토 회복에 대한 무모한 의지는 곧 전쟁으로 직결된다. 세계 도처에서 진행 중인 영토 갈등과 전쟁(이스라엘-팔레스타인, 러시아-우크라이나 등)이 고토 영유권을 둘러싼 충돌이다.

통치자는 자국의 지나 온 역사를 타산지석으로 삼아 위기에 사전 대비하거나 반복하지 않는 것이 국가 운영의 요체다. 역사의 전개 과정에는 무수한 지혜와 교훈이 함축돼 있기 때문이다.

미국 영토는 983.2만 km²로 세계 3위다. 1783년 영국에서 독립 당시만 해도 동부 13개 주의 좁은 면적이었다. 1803년 프랑스 나폴레옹이 유럽과의 전쟁으로 진 빚 때문에 북미 대륙의 방대한 식민지를 미국에 팔았다. 현재도 프랑스 국민들은 남의 영토가 되어버린 북아메리카 땅을 아까워하며 통분해 하고 있다. 상실한 영토의 회복 시도는 곧 전쟁이다.

약소국에 대한 강대국의 영토 잠식은 현재에도 집요하다. 서방 국가들은 자국에서 천리만리 떨어진 남미 대륙이나 태평양 상의 섬을 차지해 보호령(領)으로 다스린다. 본국 영토보다 수십 배 큰 섬을 일방적으로 선점해 통치하고도 있다.

다른 유형도 있다. 부도 직전의 개발도상국에 감당 못할 돈을 꿔주거나 대형 공사를 해주고 빚을 못 갚으면 운영권을 독점해 버린다. 빈국에서는 천문학적인 거액 차관을 변제할 수가 없어 제국주의 자본에 예속되고 만다. 각국 상선이 왕래하는 바닷길에 해양 국경을 임의 설정해 놓고 이해 상충국의 선박 통행을 위협하기도 한다.

한 국가의 운영도 한 가정의 살림살이와 크게 다를 바 없다. 가족을 책임진 가장이 함부로 처신하거나 돈을 낭비하면 가정이 파탄 나고 만다. 국가 지도자의 오만방자나 판단 미숙이 부른 국정 실패는 국민적 재앙으로 고스란히 전이된다.

망국병으로 지탄 받는 고질적인 지역감정도 삼국(고구려 · 백제 · 신라)의 멸망과정에서 비롯된 구원(舊怨)이란 문화인류 학자들의 진단이다. 1천여 년의 세월이 흘렀건만 아직도 그 앙금은 보이지 않는 실체로 존재하고 있다. 망국에 따른 유민들 비애가 어찌 없었으랴 마는 영원히 기억해서 득이 안 되는 역사적 상흔일 뿐이다.

인류 역사는 필연적으로 정치 · 인물 · 전쟁사 위주로 기록될 수밖에 없다. 농사짓고 물고기 잡는 필부필부의 일상이 역사 전면에 부각될 수는 없다. 역사를 움직여 온 주류들과 전쟁 이면에는 부질없는 인간 욕망과 권력의 부침이 실상 그대로 내포돼 있어서이다.

최근 중국의 동북공정(東北工程)에 대해 국내 학계는 물론 일반 국민들도 많은 관심과 우려를 표명하고 있다. 동북공정은 고구려·발해의 북방 역사를 중국의 지방 정권사로 편입시켜 고토 연고권을 선점하려는 시도다. 이는 한반도 유사 시 고구려·발해 영토였던 북한지역의 영유권과 직결돼 결코 좌시할 수 없는 역사 왜곡이다.

중국 최대 포털인 바이두 백과사전에도 안중근 의사를 조선족으로 표기해 놓고 있다. 조선족은 중국 국적을 가진 한민족을 뜻한다. 중국은 이전에도 일제강점기의 민족시인 윤동주를 중국인으로 왜곡한 적이 있다. 이런 와중에서 한국 정부는 역사 왜곡에 대응할 2024년도 국가 예산을 2023년보다 25% 삭감한 6억 5,000만원으로 책정했다.

한 통계에 나타난 현 고등학교 교과서의 역사 교육 실상은 더욱 염려스럽다. 고대사 배정 비율이 근·현대사(75%)의 25%에 불과하다. 우리 고대 역사를 소홀히 여기고 근·현대 역사에 치중하는 요인이 되고 있다. 학생들의 고대사 경시 풍조가 우려스러운 현실이다.

삼국시대(고구려·백제·신라)와 남북국시대(신라·발해)를 구분 못하고 삼국의 수도가 어디였는지 모르는 젊은이들이 상당수다. 고대사를 둘러싼 동북공정엔 분개하면서도 고구려·발해가 왜 우리 역사였는지 올바로 파악 못하고 있는 것이다.

본서는 신라 개국(BC 57) 이후부터 삼국이 통일(668)된 문무왕 대까지 정사를 다룬 삼국왕릉실록에 이은 속권이다. 전국 각 곳에 산재한 왕릉을 직접 답사해 풍수 물형까지 쉽게 풀어 쓴 현장 탐사 기록이기도 하다. 현장에 가면 뜻밖의 영감이 떠올랐고 시공을 초월한 교감이 훨씬 다양하게 이뤄졌다.

여기까지 단편적으로 열거된 역사의 편린들이 이 책의 구석구석 갈피마다 상세히 기술돼 있다.

움켜쥐려 할수록 빠져 나가는 게 권력이고 목숨이 붙어 있는 것 또한 소멸하는 게 우주의 순환이다. 모두가 자신의 죽음에 관해서는 얘기하길 꺼려하지만 죽음 없이 삶은 존재하지 않는다.

시간의 흐름은 가늠할 수가 없다. 어느 누가 죽을 때 내가 태어났고 이느 누가 태어날 때 내가 죽는다. 산 자는 사후 세계를 알 길이 없고 죽은 자는 저승 세계를 알릴 길이 없다. 역사를 통해 존재해 온 어떤 종교나 사상도 이 문제를 근본적으로 해결하지는 못했다. 영혼 세계를 빙자해 우매한 백성을 호도하고 때로는 전쟁으로까지 비화시켜 무고한 인명만 살상됐을 뿐이다. 한 개인의 유별난 체험이나 일방적 주장이 사회 구성원 전체가 공유해야 할 가치는 될 수 없다.

혹자는 고대 인류를 현대인과 견줘 우매한 미개인이었을 것으로 예단하기도 한다. 그들은 생존 그 자체가 삶의 이유였고 사고(思考)에 의한 행동보다는 순수 본능으로 살았을 뿐이다. 천 년 뒤의 미래 인류는 오늘의 인간 집단을 선진 인류로 마름질할 것인가. 과학도 변하고 학설도 뒤집힌다. 역사도 진보하고 문명도 반전한다. 누군가는 새로운 사실을 계속 찾아내 기억하고 기록해야 한다.

창공에 높이 뜬 송골매가 눈 아래 산하를 조감하듯 2천 년 전 군상(群像)과 시대상을 촘촘히 투시했다.

凭我 이규원

역사와
문화를 잇다

• 국가와 영토
• 삼국의 행정 체계와 관제
• 고대 역사서

국가와 국가 사이에는 경계가 생겼다. 국경선이다. 출입이 통제된 국경선은 대개 강이나 산으로 분할됐는데 주로 강이었다. 물이 흐르는 강은 곧 생명의 젖줄이었다. 지구상 도처를 흐르는 강 유역을 선점하기 위한 전쟁사가 인류 생존사이다.

국 가 와 영 토

강원특별자치도 태백시 창죽동 산 1-1에 있는 검룡소(儉龍沼). 한반도 허리를 관통하는 한강의 발원지로 강원고생대 국가지질공원이다.

국가는 영토가 있어야 존속
전쟁으로 점령하거나 사고 팔기도

반도(半島)는 대륙에서 바다 쪽으로 길게 뻗어 나와 삼면이 바다인 큰 육지를 말한다. 한반도는 아시아 대륙 북방(만주)에서 크게 돌출한 땅으로 동해·서해·남해의 바다로 둘러 싸여 있다. 역사가 기록으로 남아지기 이전부터 한(韓)민족이 살고 있어 한반도로 회자된다. 한반도 내에서는 동해의 호미(虎尾)반도, 서해 변산(邊山)반도, 남해 고흥(高興)반도가 대표적이다.

고대 한반도에는 여러 소(小) 국가들이 난립했다. 소국가를 대표하는 추장이나 군주는 백성들로부터 조세를 징수했다. 대신 추장과 군주는 그들의 생명 보호는 물론 주거지와 호구지책 마련을 책임져야 했다. 무엇보다 식량을 생산할 수 있는 경작지 확보가 국가 생존 전략의 급선무였다.

한반도 지형 특성상 육지 영토 확장은 북방 진출만이 유일했다. 북방 국가도 남방 진출을 끊임없이 시도했다. 두 세력 간 충돌은 곧 전쟁이었다. 전력투구한 소모전에서 승전국은 번성했고 패전국은 쇠망했다. 국가는 영

한강. 고대부터 한강을 차지하는 나라가 한반도를 다스렸다.

토가 있어야 존속할 수 있었다.

국가와 국가 사이에는 경계가 생겼다. 국경선이다. 출입이 통제된 국경선은 대개 강이나 산으로 분할됐는데 주로 강이었다. 물이 흐르는 강은 곧 생명의 젖줄이었다. 지구 상 도처를 흐르는 강 유역을 선점하기 위한 전쟁사가 곧 인류 생존사이다.

지정학적으로 한반도는 북방의 대륙 세력과 남방의 해양 세력이 충돌하는 전략 요충지였다. 때로는 두 세력 간 대리 전쟁터가 되기도 했다. 한반도 내에서도 북방(한강 이북)과 남방(한강 이남) 세력 간 대결은 치열했다. 예나 지금이나 다를 바 없다.

역사학계에서는 고대에서 현대까지의 한반도 역사를 강을 중심 삼고 권역으로 나눠 문명권을 구분하기도 한다. 이를 시대별로 정리하면 만주 요동반도의 요하(遼河), 한반도 중부의 한강, 한반도 북서부의 대동강, 한반도 북부의 압록강과 동북부의 두만강 등이다.

이 강 유역을 둘러싼 패권 전쟁이 수시로 발발했고 수많은 국가들이 명멸했다. 원래부터 강이나 산은 여러 민족이 집단으로 이동하며 살던 주거지로 임자가 따로 없었다. 이 강들은 모두 한(韓)민족이 뿌리 내렸던 역사의 발상지들이다.

요하는 중국 동(東)만주의 광활한 지역을 적시는 거대한 강이다. 북만주 길림성 살합령에서 발원한 동(東)요하와, 내몽골 자치구 개로에서 발원한 서(西)요하가 요령성 창도현 고유수에서 합류해 발해만으로 흘러든다. 이 요하를 중심삼고 1천 년(BC 4세기~AD 4세기) 가까운 세월 동안 한반도의 한(韓)족과 중국의 한(漢)족 세력이 영토 각축전을 벌이며 대치했다. 북방에서 한(韓)민족의 고조선과 고구려가 번성하던 시기다.

BC 9세기(BC 800~BC 899) 경 고조선은 요하 유역 왕검성으로 수도를 이전했다. 이후 고조선은 국력이 신장해 만주 송화강 유역에 부여국을 건국하는 등 수 세기 동안 번성했다. 이 시기 한반도 중남부에서는 삼한족(三韓族)에 의해 진국(辰國)이 성립됐다. 중국은 주(周)나라 선왕(宣王 · 재위 BC 828~BC 782) 때로 북중국 추(追)·맥(貊)의 영토를 한후(韓侯)가 다스렸던 시기다.

요하 일대는 원래 한(韓)족 땅도 한(漢)족 땅도 아니었다. 세력이 강성할 때 양 세력은 요하로의 진출을 시도했다. BC 4세기경에는 고조선이 요하 동쪽을 차지했다. 이후 진(秦 · BC 221~BC 207)에게 멸망한 연(燕 · ?~222)한테 빼앗겼다.

연은 중국의 춘추전국시대 1.한(韓) 2.조(趙) 3.위(魏) 4.제(齊) 5.진(秦) 6.초(楚) 7.연(燕)의 칠국(七國) 중 하나였다. 진에게 멸망한 연의 일부 유민(流民)들이 발해만-서해-경기만-한반도 내륙-서라벌(경북 경주)에 정착했다. 연 유민들은 진한(辰韓) 토착민과 충돌하며 신라 건국(BC 57)에 동참했다.

BC 37년 개국한 고구려는 AD 1세기부터 인접국들과 요하 유역 확보를 위한 전쟁을 300여 년 간 벌였다. 19대 광개토왕 재위(391~413) 시 마침내 요하를 장악했다. 한민족 역사 상 가장 광활한 영토를 경략했을 때다. 당시의 요하 점령은 한반도에 명멸했던 여러 국가들이 역사적 영토 영유권을 주장하는 토대가 되었다.

4세기(300~399)부터 7세기(600~699) 간의 400여 년은 한반도 중부의 한강 영유권을 놓고 삼국(고구려 · 백제 · 신라)이 치열한 공방전을 벌인 시기다. 한강은 강원도 태백시 검룡소에서 발원해 한반도 허리를 가로 지르며 서해로 흘러가는 장대한 강이다. 삼한(마한 · 진한 · 변한) 시대부터 한강을 선점한 국가가 한반도 패권을 장악했다.

삼국 중 한강을 최초로 차지한 나라는 이곳에 국가를 창업한 백제(BC 18~AD 660)였다. 4세기 말 고구려가 남진 정책으로 남하하며 한강은 양국 간 전쟁터로 변했다. 5세기 후반에는 신라가 남한강 상류로 북진하며 영역 싸움에 가세했다.

어느 덧 한강은 한 치의 양보 없는 삼국 간 영토 전쟁터가 되었다. 전쟁 승패에 따른 야합과 합종연횡이 쉼 없이 계속됐다. 백제 · 고구려가 연합해 신라를 치고, 고구려 · 신라가 야합해 백제를 공략하고, 백제 · 신라가 공조해 고구려를 공격하기도 했다.

국가 존립의 궁지에 몰린 신라가 외세(당)를 끌어들여 백제(660)와 고구려(668)를 차례로 멸망시켰다. 그 후 신라는 한반도 전역을 자국 영토로 편입하려는 당과 결전을 벌여 가까스로 축출했다. 당시 신라와 당의 국경은 평안남도 평양의 대동강 이남이었다. 이때 형성된 영토 국경은 통일 신라-고려까지 그대로 유지됐다.

고대 한반도에 단일 국가 체제가 도래한 건 668년 고구려 망국 후 발해가 건국(698)하기까지의 30년 동안이다. 이후부터는 3국 시대가 아닌 2국 시대 또는 남국(신라) · 북국(발해) 시대로 구분된다. 8세기 (700~799)부터 10세기(900~999)에 해당하는 시기로 이때는 대동강 선 (線)을 경계로 영토 전쟁이 빈번했다.

묘향산맥(평안북도) 남쪽과 언진산맥(황해도) 북쪽을 관통하는 대동 강은 낭림산맥(함경북도) 서쪽에서 발원해 남서쪽을 향하다가 서해 바다 로 흘러든다. 한반도 북서부에서 가장 넓은 수역이며 고대 국가 도읍지로 번성(평양)했던 곳이다.

발해는 개국 후 국가 성장을 거듭해 북만주 송화강 · 흑룡강 일대를 점 령했다. 동북아시아의 맹주로 부상한 발해는 남동진을 거듭해 압록강 중 류와 두만강 유역을 자국 영토로 편입했다. 연이어 함경북도 북방까지 공 략해 신라와 국경을 마주했다.

당은 국경을 마주한 발해의 성장을 경계했다. 고구려 유장(遺將) 대조 영(?~719)이 세운 발해(698~926)는 나 · 당이 연합해 고구려를 멸망시 킨 신라를 적대시했다. 남진하려는 발해와 북진하려는 신라가 대동강 국 경선에서 대치했다.

10세기 초 환관의 국정 농단과 농민 반란으로 당이 멸망(907)하자 동 북아 대륙 정세는 급변했다. 이 국제적 혼란 속에서 발해가 멸망(926)했고 같은 시기 신라도 멸망(935)했다. 한민족 영토사에서 발해 멸망은 만주 지 역에 대한 실효적 지배권 상실을 의미한다. 이후 한반도 대동강 이남에는

강화 마니산 정상의 참성단. 백두산과 한라산의 정(正) 중앙 지점에 위치한다.

10세기 초 환관의 국정 농단과 농민 반란으로 당이 멸망하자
동북아 대륙 정세는 급변했다. 이 국제적 혼란 속에서 발해가
멸망했고 같은 시기 신라도 멸망했다. 한민족 영토사에서 발해의
멸망은 만주 지역에 대한 실효적 지배권 상실을 의미한다.
이후 한반도 대동강 이남에는 신라를 이은 고려가 건국됐다.

신라를 이은 고려가 건국됐다.

고려는 북방 대제국 고구려 승계를 자처하며 고구려 옛 영토 회복을 국정의 우선 좌표로 삼았다. 고려는 고구려 옛 영토를 차지한 거란을 원수시 했다. 고려는 고구려 영토 안 내강(內江)이었던 압록강 수복을 필두로 두만강까지 도모하려 했다. 한반도 역사에 압록강·두만강 시대가 도래한 것이다. 이 시기의 국가 영역은 근·현대 영토 국경과도 밀접한 연관을 갖는다.

압록강은 한민족의 영산(靈山) 백두산에서 발원해 중국과 서북부 경계를 이루며 서해로 흘러간다. 두만강도 백두산에서 발원해 중국과 동북부 경계를 분할하며 동해로 흘러간다. 압록강은 한민족과 중국의 대치선이었고 두만강은 북방 말갈족·여진족과의 대척선이었다. 영토 싸움이 끊이지 않았다.

고구려 멸망으로 인한 북방 영토 상실 이후 압록강·두만강 선을 영토로 다시 되찾는데 500여 년이 소요됐다. 고려와 거란의 30년 전쟁 후 압록강 하류를 겨우 확보할 수 있었던 것이다. 한번 상실한 영토 회복에는 많은 희생이 뒤따랐다.

15세기(1400~1499) 조선 초 4군 6진이 두만강 역(域)에 설치되며 한반도 북방 영토 경계가 두만강-압록강 유역 이남으로 고착됐다. 이 영토 국경을 유지하며 오늘에 이른 세월이 다시 500여 년이다. 국체(國體) 변천으로는 고려-조선-대한제국-일제강점기-미(美)군정-대한민국이 해당하는 시기다.

한반도에서 한민족이 반만년 역사를 이어오는 동안 국체 변화도 잦았다. 때로는 국가 자체의 영원한 소멸 위기도 여러 차례 모면했다. 한반도에 살고 있는 한민족의 의사와 관계없이 전쟁 당사국들 간 영토 분할 협상도 수차례 반복됐다.

7세기(600~699) 중반 나당 연합군의 협공에 의해 백제·고구려가 차례로 멸망했다. 당시 당군(軍)은 한반도에서 철수하지 않고 한반도 전역의 자국 영토 편입을 시도했다. 한반도 영토 역사에서 국가 소멸의 가장 절박한 위기였다.

10세기(900~999) 거란군이 고려를 침공하자 고려 조정에서는 자비령 일부를 떼어주고 화전하자는 의견이 대세였다. 이때 거론된 자비령(489m)은 황해도 황주군 구락면과 봉산군 산수면, 서흥군 소사면 경계에 있는 고개다. 자비령 분할 선은 원(元)의 고려 침략 당시 원의 영토가 된 동녕부의 남방 경계선이다.

16세기(1500~1599) 조선을 침략한 일본은 대동강 선으로 한반도를 나눠 공유하자고 명(明)에 제안했다. 임진왜란(1592)이다. 명이 분할안을 거절하자 재침한 게 정유재란(1597)이다. 이때 일본이 할양 요구한 조선 4도는 한강 유역 이남이었다. 당사국인 조선 조정 의사와는 전혀 무관하게 한반도 영토를 놓고 외세끼리 담합·흥정했던 것이다.

근대에 와서도 제국주의 열강들은 한반도 분할을 둘러싸고 치열한 각축전을 벌였다. 청일전쟁(1894~1895) 당시 영국은 중재국 입장이란 명목으로 한반도의 분할 점령을 양국에 제의했다. 청(淸)이 단독 점령을 내세우며 거절하자 일본이 공격해 청이 패했다.

이후 일본은 러시아에 제안한 한반도의 39도선 분할 점령 협상이 결렬되자 러일전쟁(1904~1905)을 일으켰다. 한국과 남만주 지배권을 둘러싼 국제전이었다. 이 전쟁에서 일본이 승리했다. 일본은 한반도를 단독 점

경북 칠곡군 왜관읍을 지나는 낙동강. 삼국시대에는 신라·백제·가야의 국경이었다.

령해 대한제국의 국권을 강탈(1910)했다.

국가 영토는 돈을 주고 사고팔기도 했다. 패전이나 국정 운영 실패로 국가 재정이 파산 직전에 이르렀을 때다. 왕이나 국가 대표는 영토 일부를 매각해 긴급 국가 운용 자금으로 위기를 모면했다. 프랑스와 러시아가 대표적이다. 국가 지도자의 오판으로 영토를 상실하기도 했다. 극(極)지방 영토를 불모의 땅으로 인식해 헐값에 매각해 버리는 것이다. 영토 소유권이 상대국에 이양된 후 막대한 지하자원이 채굴돼 영원한 매국노로 청사에 기록되기도 한다. 현재까지도 나라 땅을 파고 사는 영토 거래는 국가 간 흥정 대상이 되고 있다.

2019년 8월. 유럽 방문을 앞 둔 도널드 트럼프 미국 대통령이 덴마크 정부에 그린란드(217만km²)를 팔라고 긴급 제안했다. 이에 발끈한 메테 프레데릭센 덴마크 총리가 "그린란드는 팔 수 있는 물건이 아니다."고 일언지하에 거절했다. 화가 난 트럼프 대통령은 덴마크 방문을 전격 취소했다. 양국 관계가 악화됐다.

트럼프의 그린란드 매입 제안은 역사적 전례가 있어서였다. 1946년 해리 트루먼(1884~1972) 미 대통령이 덴마크에 1억 달러를 줄 테니 그

중국 쪽에서 바라본 두만강. 건너편이 북한의 함경북도 회령이다.

린란드를 팔라고 했다. 덴마크의 국민적 저항으로 실패했다. 이에 앞서 미국은 1917년 서인도제도에 있던 덴마크령 50여개 섬(346km²)을 2,500만 달러에 사들인 바 있다.

미국의 서인도제도 매입은 1867년부터 덴마크 왕실을 꾸준히 설득한 결과로 오늘날의 미국령 버진아일랜드다. 현재 덴마크 정부는 당시의 영토 매각을 뼛속 깊이 후회하고 있다. 버진아일랜드는 유럽 국가의 북미 대륙 진출을 봉쇄하는 핵심적 교두보다.

그린란드는 유럽과 북미 대륙 중간에 위치한 지정학적 요충지다. 전체 면적 85% 이상이 얼음으로 덮여 있으며 농사지을 수 있는 땅은 2%에 불과하다. 북극에 있는 가장 큰 섬으로 석유, 천연가스, 희귀 광물 등이 풍부하게 매장돼 있다. 최근에는 지구 온난화 영향으로 동토(凍土)가 녹아 경작 면적이 점차 확대되고 있다.

미국의 영토는 983.2만km²로 세계에서 세 번째 넓은 면적이다. 1783년 영국에서 독립 당시만 해도 동부 13개 주에 불과한 좁은 땅이었다. 이후 숱한 서부 개척 전쟁과 땅 매입으로 지금의 광대한 영토를 확보했다. 현재 미국 땅의 38%인 374만km²가 돈으로 사들이거나 전쟁 승리로 차

알래스카 매입
러시아 · 1867년
152만km²

병합 또는 할양받은 땅
1818~1898년

루이지애나 매입
프랑스 · 1803년
214만km²

1783년
미국 독립 당시 영토

개즈던 매입
멕시코 · 1853년
8만km²

미국령
버진아일랜드 매입
덴마크 · 1917년
346km²

미국은 1783년 영국에서 독립 당시만 해도 동부 13개 주에 불과한 좁은 땅이었다. 현재 미국 땅의 38%
인 374만km²가 돈으로 사들이거나 전쟁 승리로 차지한 땅이다.

지한 땅이다.

19세기(1800~1899) 프랑스는 북미 대륙에 방대한 식민 영토를 소유
하고 있었다. 1803년 프랑스 나폴레옹이 유럽을 상대로 전쟁하느라 국고
가 탕진됐다. 좌초 위기에 몰린 나폴레옹이 북미 대륙 내 프랑스령 루이지
애나(214만km²)를 미국에 팔았다. 그 당시 미국이 프랑스에 지불한 땅값
은 1,500만 달러였다.

루이지애나는 현재 미국 남부의 루이지애나 주(13.5만km²) 뿐만 아니
라 미네소타 · 미주리 · 아칸소 · 캔자스 · 오클라호마 · 네브래스카 · 몬태
나 주 등이 포함된 광활한 땅이다. 당대 미국 동부 영토의 두 배에 달하는
영토였다. 프랑스 국민들은 이 사실을 뒤늦게 알고 땅을 쳤다. 프랑스의 뼈
아픈 영토 상실 역사다.

미국은 태평양 연안의 서부 개척을 명분으로 미 대륙 서쪽과 남쪽을

섬 없이 공략했다. 무력으로 멕시코를 제압한 뒤 뉴멕시코 일부와 캘리포니아를 강제 병합했다. 이곳에 살던 멕시코 인들은 미국인이 되어 오늘날까지 살고 있다.

1853년 멕시코가 국가 도산 위기에 처하자 미국과 극비 협상을 벌였다. 애리조나와 뉴멕시코의 나머지 땅을 미국이 1,000만 달러를 주고 또 매입했다. 이 땅의 크기는 남한의 4분의 3에 해당하는 8만km²였다. 멕시코는 비옥한 북방 영토 대부분을 미국에 팔거나 빼앗겼다. 미국의 팽창 정책은 더욱 가속화했다.

1867년에는 북아메리카 북서쪽 끝에 있는 알래스카를 러시아로부터 사들였다. 알래스카는 18세기 제정 러시아가 정복했던 베링해(海) 건너의 동토였다. 러시아가 크림전쟁으로 국가 부도 위기에 몰리자 152만km²의 영토를 720만 달러에 넘겨버린 것이다. 1만km² 당 5달러도 되지 않는 헐값이었다. 당시 알래스카 매입은 윌리엄 수어드(1801~1872) 미 국무장관이 주도했다. 미국인들은 알래스카가 불모의 땅이라며 "알래스카는 수어드가 사들인 러시아의 냉장고다."고 조롱했다. 수어드는 "알래스카의 가치를 발견하려면 한 세대가 지나야 한다."면서 반대 여론을 일축했다. 현재 알래스카 전역에는 금, 석유, 석탄, 천연가스 등 진귀한 천연 자원이 무궁무진하게 매장돼 있다.

1945년 대한민국 해방 이후 미국과 소련은 한반도 38도선을 경계로 남과 북에 양국 군대를 진주시켰다. 이 38도선이 6·25 한국전쟁 이후 휴전선으로 바뀌어 남북 분단의 국경 아닌 국경선이 되고 말았다.

한반도의 현재는 남·북한 2국 시대다.

삼면이 바다로 둘러싸인 한반도에는 수십 개가 넘는 성읍(城邑) 국가가 독립 체제로 존립했다. 통치자에게는 인구의 자연스런 증가로 파생된 먹고 잠 잘 공간 확보가 현안 문제로 대두됐다. 이웃 나라를 공략해 농경지를 빼앗고 장정들을 생포하는 것만이 국력 신장의 첩경이었다.

삼국의 행정 체계와 관제

충남 부여 성흥산성(가림성·사적 제4호) 안에 있는 삼국시대
우물. 전쟁 중이나 가뭄이 극심할 때는 식수와 우물 관리도 병
행했다.

국가 운영의 핵심은 정치와 국방
영토 확장으로 관제 개편 불가피

고대 원시사회의 촌락과 부족 국가는 마을 우두머리나 추장이 다스렸다. 삼면이 바다로 둘러싸인 한반도에는 수십 개가 넘는 성읍(城邑) 국가가 독립 체제로 존립했다. 현재의 읍·면·동 행정 구역에 통치 개념을 더한 것이다. 고대사회였지만 다수 국가가 생존하기에 한반도 땅은 너무 협소했다.

통치자에게는 인구의 자연스런 증가로 파생된 먹고 잘 공간 확보가 현안 문제로 대두됐다. 이웃 나라를 공략해 농경지를 빼앗고 장정들을 생포하는 것만이 국력 신장의 첩경이었다. 곧 전쟁이었다. 수많은 소(小) 국가들이 망하고 개국하는 명멸이 거듭됐다. 그 땅에 살고 있던 사람들은 그대로인데 나라 이름만 바뀌었을 따름이다.

소국가 체제에 익숙했던 일부 국가는 확보된 영토를 제대로 통제하지 못했다. 노획한 무기와 백성을 다시 빼앗기는 상실의 굴욕을 감수하기도

했다. 이 악순환 속에서 국가 생존을 위해 새로 정립된 것이 행정 체계와 조직의 개편이다.

삼한(마한·진한·변한)의 부족 국가 연합시대를 거쳐 그 변화의 극점을 이룬 것이 고구려·백제·신라의 삼국시대다. 이 당시의 국가 운영 체계는 고려-조선을 거쳐 현대 국가 경영에까지 큰 영향을 미쳤다는데 의미가 크다.

국가 유지의 핵심 골격은 정치와 국방이었다. 동북아 변방 소국들은 강대국 영향을 탈피할 수 없었다. 당시 강대국은 중원(중국)의 제국(諸國)이었다. 중원 제국도 흥망성쇠를 거듭했지만 개국과 동시 변방 소국의 맹주를 자처하며 조공을 강요했다.

고구려는 국경을 접한 중원의 행정 체계와 군제를 모방했다. 백제는 건국 초기부터 형제국인 고구려 제도를 답습했다. 신라는 삼국통일 이후 한 때 당나라 관제를 그대로 도입했으나 조정 신료들의 반대로 관제를 되돌렸다.

중앙과 지방으로 분리됐던 삼국의 행정 체계 및 관제는 극도로 세분화돼 복잡하기 이를 데 없다. 고대어가 많아 용어도 생소하고 위인설관(爲人設官)의 조직 낭비를 엿볼 수도 있다. 하지만 이 같은 조직 체계의 이해를 통해 고대 국가 경영과 멸망 과정을 추적할 수가 있다.

고구려

부족 연합체 형태로 개국된 고구려는 태왕(황제 또는 군왕)과 동등한 자문기구로 종실(계루부족)과 내부(황부)를 두었다. 태왕 직속으로는 중앙 조직 아래 좌보·우보-국상-막리지의 직할 체계로 중앙과 지방조직을 관장했다. 고구려에 정복된 국가 왕들은 왕 혹은 후(侯)로 불리다가 나부(那府)에 편입돼 패자 · 대주부 등의 작위를 받았다.

내부(황부)에는 고추가(대원군 및 부원군)를 비롯한 종실만의 작위가 있었고 관직 이름도 시대에 따라 바뀌었다. 제8대 신대왕(재위 165~179) 때는 좌보 · 우보를 국상이라 했고, 제28대 보장왕(재위 642~668) 재위 시는 국상을 막리지라 칭했다. 국상(막리지) 아래로는 의후사-오졸-태대사자-대사자-소사자-욕사-예속-선인 등급의 벼슬이 있어 중앙 정부 지시를 따랐다.

좌보에는 ①순노부-환나부-동부(좌부) ②소노부-소나부-서부(우부)를 두었다. 우보에는 ①관노부-관나부-남부(前部) ②절노부-연나부-북부(後部)의 4부를 설관해 업무를 분장했다. 동부 · 서부 · 남부 · 북부는 지방 조직이었지만 중앙 조정의 국상(막리지)과 동급으로 각 부 조직을 관장하며 세력을 구축했다.

각 나부에는 패자 이하 대주부 · 주부 · 우태 · 조의 등의 작위가 있었다. 이 작위를 받은 관료들은 중앙 관직을 겸할 수가 있었다. 다만 자신이 속한 직위에 따라 승급 한계가 결정됐다.

나부 체계는 독자적 권력을 행사했으나 제9대 고국천왕(재위 179~197)이 동 · 서 · 남 · 북부로 분류한 뒤 중앙조직으로 흡수시켰다. 이때부터 벼슬 이름도 변경돼 태대형 · 대형 · 소형 · 대대로 · 대로 등으로 바뀌었다. 이 작호는 관직명으로도 사용됐다.

고구려는 지방 통치 조직을 대성(大城) · 성(城) · 소성(小城)의 3단계로 나누고 여기에 중앙 관리를 파견했다. 이 중 대성의 장관을 욕살(褥薩)이라 했다. 대성은 군 규모의 여러 성을 통할하는 행정 기구로 동 · 서 · 남

경기도 구리시에 복원된 고구려 옛 촌락. 고구려는 말단 행정 조직을 통해 지방의 소읍까지 직접 관할했다.

·북·중앙의 5부(部)가 있었으며 각 부마다 욕살이 파견됐다.

　욕살은 당시대 중국의 도독(都督)에 비정되며 이 밖의 지방 장관으로는 성을 다스리는 처려근지(處閭近支 혹은 道使)와 소성을 다스리는 가라달(可邏達)이 있었다. 욕살은 행정과 군사 양면을 관장하는 군사·정치 책임을 지는 직위였다. 이처럼 고구려 지방 조직은 성 위주로 운용됐다.

　동부(좌부)의 각부 조직(욕살·지방장관·대성주) 직속으로는 참좌(참모진)를 두었다. 서열은 ①도사(소성주)-모달(장군)-말객(낭장)-선인-좌위-사졸 ②대모달(대장군)-모달-말객-선인-좌위-사졸 순이다.

　서부(우부)의 각 부 조직(욕살) 역시 참좌를 직속으로 ①도사-모달-말객-선인-좌위-사졸 ②대모달-모달-말객-선인-좌위-사졸 순으로 동부와 흡사했다.

　우보(右輔)도 ①관노부-관나부-남부(前部) ②절노부-연나부-북부(後部)를 통해 각부 조직을 통섭했다. 우보는 서열 상 좌보 다음으로 군국 및 병마지사(兵馬之事)를 다루었다. 좌보가 국내 문제를 다룬 것과 구분되며 8대 신대왕 2년(166) 좌보·우보를 합하여 국상(國相)이라 통칭했다.

우보의 남부(前部) 조직(욕살)도 동부·서부와 크게 다르지 않다. 참좌를 직속으로 ①도사-모달-말객-선인-좌우-사졸 ②대모달-모달-말객-선인-좌위-사졸이다. 북부(後部)의 각부 조직 역시 ①도사-모달-말객-선인-좌위-사졸 ②대모달-모달-말객-선인-좌위-사졸로 조직 체계가 동일했다.

좌보는 1세기(0~99년) 초 고구려의 최고 관직으로 우보의 상위 직이다. 계루부족(桂婁部族) 중심으로 변방의 나(那) 집단을 복속시켜 개국한 고구려는 중앙 집권적 통치 기반을 급속히 확대시켰다. 좌보·우보는 중앙·지방 행정 조직을 관장하기 위해 설관된 권력기구다.

군신(群臣) 집단의 우두머리로 처음에는 계루부 왕실 출신이 좌·우보에 임명됐으나 2세기 후반부터 나 출신 인물들도 등용했다. 이후에는 각 지역 수장 층인 대가(大加)를 임용해 지방 통치를 담당토록 했다. 대가는 왕 밑에 구성된 최고 정책 회의체 임무도 겸했다.

백제

백제는 개국(BC 18) 초기부터 조정 관료 제도를 고구려와 흡사하게 답습했다. 중앙에 좌보·우보를 두고 지방은 동·서·남·북 부(府)와 도성 중부를 포함해 5부제로 운영했다. 좌·우보는 고구려와 달리 종신제로 전임자가 죽어야 후임자를 임명했다. 2보 5부제는 2대 다루왕 10년(37)부터 260년까지 223년간 유지됐다.

백제의 독자적 기본 관제가 마련된 건 8대 고이왕(재위 234~286)

27년(260) 1월이다. 주변 도시 국가를 정복하고 중원(중국) 대륙으로 영토가 확장되면서 행정 체계 개편이 요구된 것이다. 18대 전지왕(재위 405~420) 4년(408) 2월 상좌평 제도가 설관될 때까지 148년 동안 지속됐다. 곧 좌평·솔계·덕계 등의 육좌평 16관등 22부제이다.

육좌평은 ①내신(內臣·왕명 출납) ②내두(內頭·물자 관리 및 창고 업무) ③내법(內法·의례와 예법) ④위사(衛士·중앙 군사 및 숙위 병마) ⑤조정(朝廷·형벌과 송사) ⑥병관(兵官·내외 병마사) 등이다. 후일 고려·조선의 육조 체제 근간이 되었다. 좌·우보 벼슬은 왕족을 비롯한 유력 귀족이 주로 차지했다.

16관등제도는 13대 근초고왕(재위 346~375) 재위 시 기본 골격이 갖추어졌고 사비(부여) 시대에 와 16관등제로 정비되었다. 좌평을 1품(品)으로 하여 그 아래로 15품계가 설관되었다. 31대 의자왕(재위 641~660)은 자신의 서자 41명에게 모두 좌평 품계를 내렸다. 이는 후대에 이르러 좌평의 의미가 벼슬보다는 품계로서의 의미가 우선했음을 방증하는 것이다.

다음은 16관등 이름이다. 1품:좌평, 2품:달솔, 3품:은솔, 4품:덕솔, 5품:한솔, 6품:나솔, 7품:장덕, 8품:시덕, 9품:고덕, 10품:계덕, 11품:대덕, 12품:문독, 13품:무독, 14품:좌군, 15품:진무, 16품:극우. 이 중 좌평, 솔계(系), 덕계(系)가 핵심이었고 좌군, 진무, 극우는 하부 구조를 이루었다.

16관등은 복색과 관대(冠帶)의 색에 의해 구분되었다. 1품 좌평에서 6품 나솔(奈率)까지는 자복(紫服)을 착용했다. 7품 장덕(將德) 이하 11품 대덕(對德)에 이르는 관등은 비복(緋服)을 입었다. 하위급인 12품 문독(文督)부터 16품 극우(克虞)까지는 청복(靑服)을 걸쳤다. 관대와 관모(官帽)

장식도 구분했는데 색깔에 따라 신분 차별 역할을 겸했다.

이 같은 관등제도를 바탕으로 중앙과 지방의 행정 및 군사 조직이 형성됐다. 중앙에는 22부, 지방은 22 담로를 두었다. 중앙 22부는 궁중 사무를 관장하는 내관 12부와 일반 국무를 담당하는 내관 10부로 이루어졌다.

내관 12부는 ①전내부(왕실 관계 업무 및 왕명 출납 직무) ②곡부(곡물 관계) ③육부(육류 관계) ④내경부(왕실의 창고 업무) ⑤외경부(왕실 재산) ⑥마부(왕실과 궁궐의 말 관리) ⑦도부(궁 안의 무기 관리) ⑧공덕부(불교 사원 및 사탑) ⑨약부(약의 제조와 치료 관장) ⑩목부(궁궐의 목재 관리) ⑪법부(의장 및 율령 관계) ⑫후궁부(왕의 후궁 및 궁녀에 관한 업무) 등이다.

외관 10부는 ①사군부(군사 및 병마 관계) ②사도부(교육 관계) ③사공부(재정 관계) ④사구부(형벌 업무) ⑤점구부(호구 및 노동력 징발) ⑥객부(대내외 사신 접대) ⑦외사부(관료의 인사 관계) ⑧주부(의복 직물 제조) ⑨일관부(천문 관계) ⑩도시부(시장 업무와 도시 간 무역 관계) 등이다.

22부제에는 일반 행정 관청에 비해 궁중 소속 관청 수가 더 많은 것이 특징이다. 각 부의 장은 장사(長史) 또는 재관장(宰官長)으로 불렀으며 3년에 한 번씩 교체되었다. 사군부 이하 사구부까지의 명칭은 중국 고대 《주례(周禮)》의 명칭과 동일하다.

이처럼 백제의 지방 제도는 지방에 대한 통제력 강화와 지방의 생산물 수취를 목적으로 마련되었다. 이 제도는 한성 시대에서 웅진(공주) 도읍 시기까지는 담로제가 시행되었고 사비(부여) 시대에는 방·군·성(현) 제도로 바뀌었다.

방(方)은 중방·동방·서방·남방·북방의 5방으로 구성되었다. 각

삼국시대 장군의 철갑옷. 장수의 품계에 따라 철의 두께와 색깔이 달랐다.

국가 유지의 핵심 골격은 정치와 국방이었다.
동북아 변방 소국들은 강대국 영향을 탈피할 수 없었다.
당시 강대국은 중원(중국)의 제국(諸國)이었다.
중원 제국도 흥망성쇠를 거듭했지만
개국과 동시 변방 소국의 맹주를 자처하며 조공을 강요했다.

방에는 방성(方城)을 두어 방의 중심지로 삼았다. 각 방에는 700~1,000명의 군졸이 배속되었고 7~10개 군을 관할하였다. 전쟁 중이나 가뭄이 극심할 때는 식수와 우물 관리도 병행했다.

지방의 군은 37개 군으로 구성되었는데 군의 장으로는 군장(郡長) 3명이 있었으며 덕솔 품계가 군장으로 임명됐다. 군(성)보다 작은 단위를 소성(小城) 또는 현(縣)이라 하였는데 책임자인 장은 도사(道使)로 불렀다.

5방제는 백제 말기 들어 5부제로 명칭이 변경되었으나 성격 상 변화는 없었다. 백제 멸망 당시 조직 현황은 5부 37군 200성(또는 250현) 이었고 호수(戶數)는 76만 호였다.

신라

신라의 관직제도는 삼국통일 직후인 31대 신문왕(재위 681~692) 때 최종적으로 완성되나 그 연원은 마립간(麻立干)시대로 소급된다. 마립간 시대는 17대 내물마립간(재위 356~402)부터 22대 지증마립간(재위 500~514)까지 158년 간 이다. 이 시기에는 왕을 거서간에 이어 마립간이라 불렀다.

'천년 왕국' 신라를 지탱시킨 국정 전반의 동력은 골품(骨品) 제도였다. 골품제도는 왕족의 등급이었던 골제(骨制)와 조정 내 일반 귀족들의 등급이었던 두품제(頭品制)에서 '骨'자와 '品'자를 취한 것이다. 신라의 정치 · 경제 · 사회 · 문화 · 군사 · 종교 등을 깊이 천착하려면 골품제도를 숙지해야 한다. 고구려 · 백제와는 전혀 다른 행정 체계였다.

골제는 신라 개국(BC 57) 무렵부터 순수 왕족 혈통을 승계하기 위한 왕실 안 근친혼에서 태동됐다. 6세기 초 조정에서 공식 법제화된 뒤 삼국

통일을 거쳐 멸망에 이르기까지 400여 년간 유지되었다. 골제는 왕실 내부에서만 유지됐지만 왕위 계승이나 왕비 간택은 물론 왕족 신분을 결정 짓는 준거가 됐다.

신라는 삼한 중 진한의 6국 부족 연맹 체제로 개국된 나라다. 국력 신장과 함께 영토를 확장하는 과정에서 왜족(倭族) 계열의 석탈해 계(系)와 마한 왕족인 김알지 계가 유입돼 왕위까지 올랐다. 기국 시조인 박혁기세와 더불어 박·석·김 세 성씨가 번갈아 등극하며 위태롭게 공존했다.

이 과정에서 집권층은 병합된 성읍 국가와 연맹 왕국 지배층을 중앙 집권 세력으로 흡수하는 게 급선무였다. 그 영입 세력의 등급 설정을 위해 하나의 기준 원리로 제정된 것이 바로 골품제도다. 가야 멸망(532)으로 인한 가야 왕족 귀부와 함께 고구려 멸망(668) 후 고구려 귀순 왕족까지 신라 귀족으로 편입시켰다. 이후 신라의 권력 구도는 더욱 복잡해 졌다.

골품제도의 등급 구분 원칙은 혈연 및 친족이 우선이었고 세습으로 이어졌다. 개인 혈통의 존비(尊卑)에 따라 정치적 출세는 물론 혼인, 가옥 크기, 의복 색깔, 우마차의 장식까지 차별화했다. 사회 전반에 걸쳐 특권·제약이 가해졌고 제도가 너무 엄격해 한계를 뛰어 넘을 수 없었다. 이 제도는 6세기 초 신라 조정에서 공식 법제화된 뒤 삼국통일을 거쳐 멸망에 이르기까지 유지됐다.

왕실의 골제는 성골(聖骨)과 진골(眞骨)로 구분됐다. 성골은 김씨 왕족 중에서도 왕이 될 수 있는 자격을 갖춘 최고 신분이었는데 28대 진덕여왕(재위 647~654)을 끝으로 소멸됐다. 이전까지 진골은 성골과 마찬가지로 왕족이었으나 왕위에 오를 자격이 없었다.

성골의 대가 끊기자 진골이었던 김춘추가 29대 무열왕(재위

654~661)으로 등극했다. 이처럼 동일 왕족이면서도 성골·진골이 구별된 이유는 역사서에도 뚜렷하게 밝혀져 있지 않다.

《화랑세기》에는 대원신통과 진골정통으로 구분하고 있는데 어머니의 출신 성분에 따라 결정되었다는 것이다. 역사학자에 따라서는 대원신통을 성골, 진골정통을 진골로 비정하기도 한다. 《삼국사기》에도 성골·진골의 뚜렷한 구분을 밝히고 못하고 있어 미궁으로 남아있다. 혈통보다는 왕위 계승권과 관련 있다는 견해도 있다.

진골 성분은 김씨 왕족 이외에도 전(前) 왕족 또는 중고(中古) 시대 왕비 족으로 여겨지는 박씨 족, 신라에 의해 병합된 큰 국가 왕족들에게도 부여됐다. 고구려 왕족 출신 안승(安勝·?~?)은 김씨 성을 하사 받고 보덕국(報德國·전북 익산시 금마저 소재)의 왕이 되어 진골에 준하는 예우를 받았다. 이들은 신김씨(新金氏)라 하여 신라 왕족과 구별됐지만 통혼은 가능했다. 골품제는 법으로 정착되는 과정에서 왕실의 성골·진골과 육두품을 합쳐 모두 8개 신분으로 구분됐다. 육두품은 6품이 가장 높고 1품이 제일 낮았다. 이는 사회적 신분으로 고착돼 인도의 카스트 제도처럼 신라 사회 전반을 짓눌렀다. 승려 원효(617~686) 대사와 문학자 최치원(857~?)은 육두품 출신이었다.

귀족 중에서도 육두 1·2·3 품은 평민과 다름없는 계층이었고 4·5·6품은 중급 귀족으로 조정에 출사할 수 있었다. 진골 다음 신분인 6두품은 '득난(得難)'이라 하여 좀처럼 얻기 어려운 위치였다. 관료가 될 수 있는 계급이더라도 출신 성분에 따라 그 특권이 달리 주어졌다. 벼슬길이 묘연한 배성들은 무지렁이 삶을 자식들에게 대물림해야 했다.

17관등의 이름은 다음과 같다. (한자 생략)

경북 포항시 호미반도 공원에 재현된 신라 옛 마을. 왜구의 잦은 침입으로 병화(兵禍)가 잦았다.

①이벌찬 ②이찬 ③잡찬 ④파진찬 ⑤대아찬 ⑥아찬 ⑦일길찬 ⑧사찬 ⑨급벌찬 ⑩대나마 ⑪나마 ⑫대사 ⑬사지 ⑭길사 ⑮대오 ⑯소오 ⑰조위이다. 진골은 모든 직위에 오를 수 있었고 6두품은 6등 아찬까지, 5두품은 10등 대나마까지, 4두품은 12등 대사까지만 승급할 수 있었다. 이처럼 신라시대 벼슬은 하늘의 별 따기였다.

골품제 시행에 따른 사회적 규제 또한 엄격해 동일 신분 내에서만 혼인이 가능했다. 최고 신분에 속하는 남녀는 배우자를 고르기가 쉽지 않았다. 진덕여왕의 경우 성골 신분 안에서 남자를 구할 수가 없어 성골의 대가 끊기고 말았다. 진골 김춘추가 29대 왕위를 이어 신라가 멸망할 때까지 진골이 왕위에 올랐다. 이후 진골은 국가 전반의 주도권을 행사하며 최고의 특권을 누렸다.

계급 사회의 폐단은 일상생활에까지 이어졌다. 42대 흥덕왕(재위 826~836) 9년(834) 공표된 규정에는 가옥 구조와 의복 색깔까지 규제하고 있다.

진골이라도 방의 길이와 너비가 24척(尺)을 넘지 못했다. 6두품(21척) 5두품(18척) 4두품(15척) 등 품계에 따라 작아졌다. 관복은 5등급

(대아찬) 이상 자색, 9등급(급벌찬) 이상 비색, 11등급(나마) 이상 청색, 17등급(조위) 이상은 황색으로 지정돼 원거리에서도 식별됐다. 왕족에게는 아무런 제한이 없었다.

　신라 정치사에서 주목할 현상은 전원 합의체로 운영된 화백(和白)제도다. 이 제도는 개국 당시 육촌장(六村長)들이 모여 국사를 논의했던 합좌제(合坐制)로 후일에는 귀족이나 신료들의 군신(群臣)회의로 교체됐다. 주로 왕위 계승과 폐위, 대내·외적 군사 출동 및 선전 포고, 불교의 공인과 같은 국가 중대사를 처결했다.

　화백회의 주재자인 상대등(上大等)은 진골 중에서도 이벌찬(1급) 이찬(2급) 같은 높은 관등의 인물에게 제수됐다. 상대등은 왕실과 귀족 사이의 권력 조정 기능을 겸했다. 상대등은 정당한 왕위 승계자가 없을 경우 제1후보자가 되기도 했다. 삼국통일 이후 전제 왕권이 강화되며 상대적으로 화백회의 권위가 약화되기도 했다. 그러나 합좌제적 정국 운영은 변형된 형태로나마 신라 말까지 유지됐다.

　신라의 지방 통치 조직은 삼국통일에 따른 영토 확대로 크게 개편, 정비됐다. 31대 신문왕 5년(685) 9주(州) 5소경(小京) 제도로 정착시키며 주 밑에 117~120개 군과 293~305개의 현을 두었다. 소경은 주·군 제도와 별도로 왕경(王京)을 모방해 특수 행정 구역으로 설치한 것이다. 군·현의 외관(外官)은 학식 있는 관리를 선별해 파견했다.

　주·군·현과 소경 밑에는 촌(村)·향(鄕)·부곡(部曲)이라는 작은 행정 구역을 두었다. 촌은 양인이 사는 몇 개의 자연촌이 합쳐져 이루어진 하나의 행정 기구였다. 그 지방 토착 세력가를 촌주로 임명한 뒤 현령·상수리(上守吏)의 통제 하에 촌락 행정을 맡도록 했다. 향·부곡은 천민들이 거주하는 행정 구역으로 촌과 마찬가지로 현령의 통제를 받도록 했다.

삼국통일의 초석이 된 화랑도(花郎徒)는 촌락 공동체 내부에서 자위적으로 태동된 청년 조직이다. 24대 진흥왕(재위 540~576) 재위 시 대규모 군단이 편성될 때 조정에서 강제로 편입시켰다. 평소 충(忠)과 신(信)의 사회 윤리 덕목을 귀중히 여기며 무술을 연마하는 반관반민 조직이었다.

화랑도는 7세기 중엽까지 1세기 동안 국난기의 시대정신을 선도해 삼국통일에 기여했다. 26대 진평왕 46년(624) 조직된 시위부(侍衛府 · 국왕 경호대)와 쌍벽을 이루며 신라군 전력의 양대 축을 형성했다.

화랑도에 소속된 병사들은 무기 들고 싸우는 전쟁을 두려워하지 않았다. 오히려 명예로운 권리로 생각하며 전투에 임해서는 목숨을 초개 같이 여기고 분전했다.

《화랑세기》 저자 김대문은 "화랑도는 신라 조정 내 인재 양성의 보고였다."고 평가했다. 그는 또 "총명한 재상과 충성된 신하가 여기서 솟아 나왔다. 훌륭한 장수와 용감한 병사가 이로 말미암아 생겨났다."고 서술했다.

진골 출신 품일(品日 · ?~?) 장군과 아들 관창(官倉 · 654~660)의 일화는 화랑정신의 귀감으로 사서에 전해온다. 백제 계백(階伯 · ?~660) 장군과의 황산벌 결전에서 관창이 포로로 잡혔다 돌아오자 품일은 "화랑답게 죽으라."며 다시 전장에 내보냈다. 관창 죽음을 목격한 신라군의 사기가 충천해 전투에서 승리했다.

한민족은 무수한 외침 전쟁에 맞서고 일제강점기를 거쳤다. 그 와중에서 수많은 역사서를 약탈당하고 소실된 뼈아픈 역사를 갖고 있다. 이로 인해 빈약한 고대사 대부분은 중국 역사서의 변방국 기록에 의존하고 있다. 역사는 기록으로 보전돼야 그 가치를 인정받는다.

고대 역사서

일연 보각국사가 주석하며 《삼국유사》를 완성한 인각사 도량. 대구광역시 군위군 고로면에 있다.

역사는 기록돼야 가치 인정받아
군주에게 역사서는 공포의 대상

성호(星湖) 이익(李瀷 · 1681~1763)은 조선 후기의 실학자로 경기도 광주군 첨성리(현 경기도 안산시 이동) 출신이다. 태어날 때부터 병약해 10세가 넘어서야 둘째 형 이잠(李潛)에게 글을 배웠다. 숙종 32년(1706) 이잠이 장희빈을 두둔하는 소(疏)를 올렸다가 역적으로 몰려 장살(杖殺) 당했다.

이 일로 충격 받은 성호는 출사(出仕)를 포기하고 평생을 향리에 칩거하며 후학을 양성했다. 마을 가까이에 '성호'라는 호수가 있어 아호로 썼다. 철저한 유학 이념을 바탕으로 쓴 《성호사설(星湖僿說)》등 여러 권의 저술이 전한다.

《성호사설》은 '성호가 지은 세쇄(細瑣 · 사소하고 자질구레함)한 글'이라는 의미다. 성호 스스로는 품격을 낮춰 '사설'이라 겸손했지만 그의 저서들이 역사학계에 차지하는 비중은 실로 막중하다. 성호의 평범한 일상과 사상을 기록한 저서들이 당시의 시대상 연구와 생활상 추적에 결정적 자료가 되고 있기 때문이다.

역사는 기록으로 보전돼야 그 가치를 인정받는다. 구전으로 전해지면 설화나 민담으로 전락해 신뢰성을 상실한다. 기록성에 근거한 중세사·근세사보다 신화와 전설에 의존하는 고대사가 정사(正史)로 인정받지 못하는 가장 큰 연유다.

예나 지금이나 사람 사는 건 매일반이었을 텐데 수천 년 전 선사시대에는 왜 그리도 황당무계한 현상들이 각국에서 발생했는가. 중국 신화에는 거인 반고(盤古)가 나타나 붙어 있던 하늘과 땅을 도끼로 쪼갰다고 한다. 반고는 매일 3m씩 키가 컸다. 우리 민족에게는 곰이 마늘과 쑥을 먹고 웅녀로 변했다는 단군 신화가 있다. 오늘날 두 나라 신화를 믿을 사람이 있을까 싶다. 신화는 신화일 따름이다.

역사는 문자에 의한 기록으로 전해진다. 아시아 대륙의 맹주로 일찍부터 문자(한자)를 사용해 온 중국은 기록 문화가 앞섰다. 변방 제후국에서도 한자를 차용(借用)해 자국 역사를 기록해 왔으나 멸실된 사서가 많다. 한반도의 고대 국가도 이에 속한다.

서기 전인 고조선, 삼한시대는 고사하고 서기 후 존속했던 삼국 당시의 역사서조차 전하지 않고 있다. 바로 고구려 본기·백제본기·신라본기·가락국기·화랑세기 등이다. 이 역사서들은 고려 중기에 편찬된《삼국사기》에 인용돼 그 실체가 입증되고 있다.

한민족은 무수한 외침 전쟁에 맞서고 일제강점기를 거쳤다. 그 와중에서 수많은 역사서를 약탈당하고 소실된 뼈아픈 역사를 갖고 있다. 이로 인해 빈약한 고대사 대부분은 중국 역사서의 변방국 기록에 의존하고 있다.

거시적 안목에서 역사의식 부재와 사명감 결여를 자책하지 않을 수 없다.

역사서를 기록함에는 편년체(編年體)와 기전체(紀傳體)가 활용된다.

편년체는 일기를 쓰듯이 연대순으로 역사를 기록하는 방식이다. 시간의 흐름에 따라 역사를 기술하다 보니 구성이 평면적이고 단순하다는 단점이 있다. 반면 일상적 소사(小史)까지 챙길 수가 있어 상세한 정보가 넘쳐난다. 편년체의 대표적 역사서로 공자의 《춘추(春秋)》가 있다.

기전체는 역사적 유명 인물의 개인 전기를 통해 한 시대 역사를 통사적으로 조명하는 집필법이다. 다양한 분야의 주인공 활약을 통해 변화무쌍한 시대상을 엿볼 수 있어 역동적이고 다채롭다. 기(紀)는 '세월' '기록하다.'의 뜻이고 전(傳)은 '전하다.' '전기'와 동일한 의미다. 지난 세월의 역사를 기록함과 동시에 인간의 삶을 전한다는 뜻이 내포돼 있다. 사마천의 《사기》가 대표서다.

왕조시대 임금이나 고위 신료들에게 역사서는 공포의 대상이었다. 기록으로 남아지는 사서(史書)가 두려워 그릇된 처신과 언행을 삼가야 했다. 일신상의 영달과 헛된 명예를 위해 경거망동 했다가는 후손들이 감당해야할 단죄와 업보가 태산 같았기 때문이다. 다음은 한·중·일 삼국의 주요 역사서 목록이다.

한국사서

《삼국사기(三國史記)》: 고려 17대 인종(재위 1122~1146)의 어명으로 유학자 김부식(金富軾·1075~1151)이 1145년 경 편찬한 삼국시대의 정사다. 기전체 역사서로 본기(本紀) 28권(고구려 10권, 백제 6권, 신라 12권), 지(志) 9권, 표(表) 3권, 열전(列傳) 10권 등 총 50권으로 구성돼 있

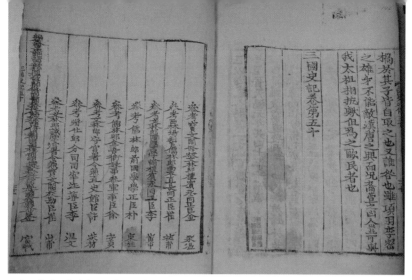

고려 17대 인종의 어명으로 김부식이 편찬한 《삼국사기》.

다. 현존하는 한국 최고(最古)의 역사서다.

　김부식 외 11명의 편찬 보조자 명단도 사서에 전한다. 《삼국사기》를 편찬한 이들 거의가 내시(內侍)·간관(諫官) 출신이어서 현실 비판적 관점이 집필에 반영되었다. 편찬을 주도한 김부식은 경주 김씨로 신라 왕실의 후예였다. 그의 조부 김위영(金魏英)이 태조 왕건에게 귀순해 경주지방 행정을 담당하는 주장(州長)에 임명되었다. 공정해야 할 삼국역사가 신라사 위주로 집필돼 역사학계의 불신을 받는 이유다.

　《삼국사기》는 순수 창작이 아니라 《고기(古記·이하 한자 생략)》《삼한고기》《신라고사》《구삼국사》, 김대문의 《고승전》·《화랑세기》·《계림잡전》, 최치원의 《제왕연대력》을 저본(底本) 삼아 재구성한 것이다. 중국 사서로는 《삼국지》《후한서》《진서》《위서》《송서》《남북사》《구당서》《신당서》《차치통감》 등을 인용했다. 모두 당시 실존했던 역사서들이다.

　《삼국유사(三國遺事)》: 고려 25대 충렬왕(재위 1274~1308) 7년 (1281) 보각국사 일연(一然·1206~1289)이 편찬한 목판본의 사서. 전체 5권(卷) 2책(冊)으로 되어 있다. 권과는 별도로 왕력(王歷) 기이(紀異) 흥법(興法) 탑상(塔像) 의해(義解) 신주(神呪) 감통(感通) 피은(避隱) 효선(孝善) 등 9편목(編目)으로 분류돼 있다.

《삼국유사》의 체계는 《삼국사기》와 다르다. 정사 기록에서 누락된 내용과 신이한 설화가 많아 한국 고대 문화유산의 원천적 보고로 평가되고 있다. 한민족 전래의 역사 · 지리 · 문학 · 종교 · 언어 · 민속 · 사상 · 미술 · 고고학 등에 관한 총체적 언급도 독보적이다.

이 가운데 차자표기(借字表記)로 된 14수(首)의 향가, 서기체(誓記體)의 기록, 이두로 된 비문류, 전적에 전하는 지명 및 인명 표기 등은 고대어 연구의 귀중한 자료가 되고 있다. 풍류도(風流道)를 수행하던 화랑과 낭도들에 대한 자료도 상당 부분 수록돼 있다.

《화랑세기(花郞世紀)》: 신라시대 진골 귀족으로 한산주 총관(摠管)을 지낸 학자 겸 문장가 김대문(金大問 · ?~?)이 704년 쓴 화랑들의 전기다. 30대 문무왕 및 31대 신문왕 재위 시인 680년 대 찬술된 것으로 전해진다. 《화랑세기》는 김대문이 저술한 《고승전》《악본》《한산기》《계림잡전》 등과 함께 중요한 고대 사서 중의 하나다. 김부식이 《삼국사기》를 편찬할 당시 저본으로 삼았던 중요 사서들이었으나 현재는 전하지 않는다. 1989년 《화랑세기》 필사본이 발견되면서 그 실체가 확인됐으나 진위 논쟁에 휩싸이기도 했다. 미궁에 빠졌던 신라 유물이 《화랑세기》 기록을 근거로 발굴돼 정사임이 입증됐다.

내용은 화랑도 우두머리인 1세 풍월주 김위화랑의 전기부터 시작된다. 32세 풍월주 김신공의 활약까지 240년여 간 화랑도 역사를 편년체로 기록하고 있다. 중세 신라의 성 풍속과 시대상이 명료하게 담겨 있어 고대 사회사 연구에 소중한 자료가 되고 있다. 김대문은 김위화랑의 후손이다.

《고려사(高麗史)》: 조선 4대 임금 세종(재위 1418~1450) 31년 (1449) 편찬을 시작해 2년 후인 5대 문종 1년(1451) 완성된 총 139권의 고려시대 역사서. 고려 때 역사·문화 등이 기전체로 정리돼 있다.

《고려사》는 고려 말 이제현(李齊賢·1287~1367)·안축·이인복 등 이 편찬을 시도했다 중단된 국사이다. 조선이 건국되자 태조 원년(1392) 태조가 조준·정도전·정총 등에게《고려사》편찬을 명했다. 4년 뒤인 태조 4년(1395) 1월 편년체로 서술된《고려국사》가 37권으로 완간됐으나 현재 전하지 않는다.

이후 여러 차례의 개수·개찬을 거쳐 문종 1년 8월 김종서 등에 의해 기전체로 편찬됐다. 총 139권으로 세가(世家) 46권, 지 39권, 연표 2권, 열전 50권, 목록 2권이다. 단종 2년(1454) 정인지(鄭麟趾·1396~1478) 명의로 반포되었다.

중국사서

《사기(史記)》: 중국 전한(前漢·BC 202~AD 23) 시대의 역사학자 사마천(司馬遷·?~?)이 쓴 불후의 역사 명저. 상고시대 황제(黃帝)로부터 무제(武帝) 초기(BC 101년)까지 2,600여 년 역사를 기록한 중국 통사이다. 사마천의 부친 사마담의 유언으로 BC 104년 착수해 BC 9년 완성했다.

《사기》는 기전체로 쓴 최초의 역사서로 본기 12권, 연표 10권, 부문별 문화사 8권, 세가 30권, 열전 70권 등 총 130편으로 구성돼 있다. 기전체 의 어원은 본기(本紀)의 '紀'자와 열전(列傳)의 '傳'자에서 취한 것이다.《사기》는 수천 년이 흐른 현재까지도 전무후무한 최고의 역사서로 평가 받고 있다.

사마천은 흉노(匈奴 · BC 3세기말~AD 1세기 말)와의 전쟁에서 항복한 장군 이릉(李陵 · ?~BC 72)을 변호하다 무제의 진노로 궁형(宮刑 · 생식기 절단)을 당했다. 대가 끊기는 극형을 감수하면서도 살아남아 인류에게 위대한 문화유산을 남겼다. 중국 최초의 역사학자이자 대표적 역사 저술가로 청사에 길이 추앙되고 있다.

《한서(漢書)》: 후한(後漢 · 25~220)의 역사가 반고(班固 · 32~92)의 저서로《전한서》혹은《서한서》라고도 한다. 한나라 고조(유방)의 BC 206년부터 신(新)나라 평제 왕망이 몰락한 원시(元始) 5년(24)까지 229년의 전한 역사를 다룬 기전체 역사서다. 본기 8권, 표 8권, 지 10권, 열전 70권 등 총 96권으로 구성돼 있다.

처음 반고의 아버지 반표(班彪)가《사기》의 미흡한 부분을 보완해《후전(後傳)》65권을 편찬했으나 완성을 못보고 죽었다. 아들 반고가 뒤를 이었으나 팔표(八表)와 천문지(天文志)가 미완성인 채 죽었다. 이를 누이동생 반소(班昭)가 계승했고 다시 마속(馬續)이 보완해서《한서》를 완성했다.

《후한서(後漢書)》: 남북조시대 송(宋 · 420~479)나라 범엽(范曄)이 후한 사적을 기전체로 기록한 역사서. 총 120권으로 본기 10권, 열전 80권은 범엽의 찬술이고 당나라 장회태자 이현(李賢)이 주(註)를 달았다. 지 30권은 진나라 사마표가 쓰고 양나라 유소가 주를 붙였다.

《사기》《한서》와 함께 중국의 삼사(三史)로 유명하다.《후한서》의 〈동이전(東夷傳)〉에 부여 · 읍루 · 고구려 · 동옥저 · 예 · 한 등의 고대 한국 역사와 관련 있는 전(傳)이 실려 있어 고대사 연구에 중요한 지침이 되고 있다.

《삼국지(三國志)》: 중국의 위(魏 · 220~266), 촉(蜀 · 221~263), 오(吳

《삼국유사》를 편찬한 일연 보각국사 비. 보물 제428호로 지정돼 인각사 경내에 있다.

《삼국유사》의 체계는 정사 기록에서 누락된 내용과
신이한 설화가 많아 한국 고대 문화유산의 원천적 보고로 평가되고 있다.
한민족 전래의 역사·지리·문학·종교·언어·민속·사상·미술·고고학 등에
관한 총체적 언급도 독보적이다. 풍류도를 수행하던 화랑과
낭도들에 대한 자료도 상당 부분 수록돼 있다.

· 222~280)의 삼국시대 역사를 진수(陳壽)가 수집해 편찬한 역사서다. 위지 30권, 촉지 15권, 오지 20권으로 위지만 본기가 있고 지 · 표는 없다.

위를 정통으로 삼고 촉은 정통에서 제외해 형평성 상실로 발간 당시부터 비난 받았다. 후일 촉을 정통으로 한《속한서》가 나와《삼국지》는 사서로써의 권위가 추락했다. 명나라 때 나관중(1330~1400)이 쓴《삼국지연의》는 진수의《삼국지》를 바탕으로 재구성한 장편 역사소설이다.

《진서(晉書)》: 당나라 2대 황제 태종(재위 626~649)이 당시까지 있었던 18종의 진대사(晉代史)를 참고해 648년 완성한 칙찬서(勅撰書)다. 진 왕조 역사를 다룬 정사로 서진(西晉 · 266~316)의 4세 51년(265~316), 동진(東晉 · 317~420)의 11세 101년(317~418)년간 역사가 총 130권으로 망라돼 있다.

본기 10권, 지 20권, 열전 70권 외에 오호십육국(五胡十六國) 역사인 재기(載記) 30권이 포함된다. 이 중 선제기(宣帝紀) 무제기(武帝紀) 육기전(陸機傳) 왕희지전(王羲之傳) 등 사론(史論)은 태종이 직접 찬술했다. 종래의 개인 저술과는 달리 20여 명의 당대 학자가 분찬(分纂)한 역사서다.

《송서(宋書)》: 남조(南朝) 국가 중 송(宋 · 420~479)나라 때 기전체로 간행된 정사. 문인 심약(沈約 · 441~513)이 남제 무제(武帝)의 칙명으로 487년 편찬했다. 본기 10권, 열전 60권, 지 30권 등 총 100권 분량이다. 곡필(曲筆)로도 비판 받고 있으나 사신(私信), 문학작품 등의 서술이 상세해 인문학적 평가를 높이 받고 있다.

《남제서(南齊書)》: 남 · 북조시대 남조 4국(송 · 남제 · 양 · 진) 중 하나인 남제(479~502)의 7세 23년 간 역사를 기술한 사서. 총 60권(자서 1권, 본기 8권, 지 11권, 열전 40권)으로 양(梁 · 502~557)나라 소지현이

찬술했다. 원명이《제서》였으나《북제서》와 구별하기 위해 송대 들어《남제서》로 바꾸었다. 자서 1권이 당나라 때 소실돼 59권만 전한다.

《양서(梁書)》: 남·북조시대 양나라의 4세 55년(502~557)간 사적을 기록한 정사다. 당나라 태종 때(636년 경) 요사렴(姚思廉)이 태종 칙명으로 펴냈으며 총 56권(본기 6권, 열전 50권)의 기전체 역사서다. 중국의 24사(史) 가운데 하나로 고구려·백제·신라의 전(傳)이 포함돼 있어 삼국시대 연구의 보고서(寶庫書)다. 동서 교통사의 주요 사료로도 활용된다.

《위서(魏書)》: 북조시대 북제(北齊·550~577)의 위수(魏收)가 칙명을 받아 554년 편찬한 중국 정사 중 하나. 북위(北魏·386~534) 건국에서 동위(東魏·534~550) 효정제까지 164년(386~550)간 역사가 총 130권(제기 14권, 열전 96권, 지 20권)에 수록돼 있다.

간행 직후 곡필과 불공정한 기술이 많다하여 예사(穢史)로도 폄하됐으나 당대 역사가들의 편견, 모함에 의한 것이었음이 후일 밝혀졌다. 수·당시대에 들어 아류(亞流)《위사》가 다수 출간됐지만 모두 망실되고 위수의《위서》만 전한다.

《주서(周書)》: 기전체로 쓰여진 24사 중 하나로 북주(北周·557~581)의 5세 25년의 역사서. 당 태종 2년(619) 영고덕분이 칙명으로 편찬했으며 본기 8권, 열전 42권, 등 총 50권 분량이다.《주서》와 함께 정관오서(貞觀五書)로 불리는《북제서》《수서》《양서》《진서》가 동시 발간됐다. 41~42권에 한반도 관련 내용이 수록돼 있다.

《남사(南史)》: 당 태종 때 이연수(李延壽)가 남조 4개(송·제·양·진) 왕조 169년(420~589)간 역사를 기전체로 묶어 정리한 정사. 원래는 아버지 이대사(李大師)가 편년체로 서술했다. 아들 이연수가 기전체로 바꿔

643년 착수해 659년 완성했다. 본기 10권, 열전 70권 총 80권으로 24사 중 하나다.

《북사(北史)》: 북조 4개 왕조(북위 · 북주 · 북제 · 수) 232년(386~618) 역사를 이연수가 기전체로 정리한 통사. 본기 12권, 열전 88권의 총 100권으로 24사 중 하나다. 《남사》와 같은 시기 나왔으며 일관된 체제와 중립적인 서술로 높이 평가되고 있다. 《위서》와 달리 불필요한 내용을 대폭 축소하거나 삭제했다.

《수서(隋書)》: 당 태종 명으로 630년 경 위징(魏徵) 장손무기(長孫無忌) 등이 편찬한 수(581~618) 왕조 37년간의 역사서. 원래는 제기(帝紀) 5권, 열전 50권이었다. 태종 칙령으로 양 · 지 · 북제 · 북주 · 수 등 5왕조 제도를 기록한 지 30권이 추가돼 총 85권이 되었다.

《구당서(舊唐書)》: 유구(劉昫)가 편찬을 시작해 945년 장소원(張昭遠)이 완성한 기전체의 중국 정사. 당(618~907)나라 289년 역사를 서술했으며 한국 고대사 관련 기록이 많다. 고구려 장군 연개소문을 신라 장군 김유신과 대등하게 평가해 비범한 맹장이라고 표현했다. 음악지 · 지리지 · 동이전 · 북적전(北狄傳) 등에 한국사 관련 자료가 많다. 본기 20권, 지 30권, 열전 150권 등 총 200권이다.

《신당서(新唐書)》: 송나라 인종 때 재상 증공량(曾公亮)을 총재로 구양수(歐陽脩) 송기(宋祁) 등이 17(1044~1060)년간에 걸쳐 편찬한 정사. 《구당서》의 오류를 수정해 새롭게 펴냈으며 중복된 것을 없애고 부족한 부분은 보강했다.

《구오대사(舊五代史)》: 송 태조(조광윤)의 조서를 받들어 974년 설거정(薛居正)이 완성했다. 본래는 《양당진한주서(梁唐晉漢周書)》로 불렸으며

일연 테마로드에 있는 보각국사 좌상.

이후 구양수가 편찬한 《신오대사》와 구분하기 위해 '구'자를 붙였다. 《오대사》는 속칭이며 별칭으로 설거정의 성을 따서 《설사(薛史)》라고도 한다.

본기 61권, 열전 77권, 지 12권 등 총 150권으로 구성됐다. 후진·후당·후량·후한·후주 등 5왕조 53년(907~960)의 역사서다. 이 중 양서 24권, 당서 50권, 진서 24권, 한서 11권, 주서가 22권이다. 역대 중국 정사를 중심으로 사실주의에 입각한 편찬이어서 가치를 인정받고 있다. 한반도의 후삼국시대와 고려사 연구에도 참고가 되고 있다.

《신오대사(新五代史)》: 송나라 때 구양수가 《구오대사》의 미진한 부분을 보완하기 위해 쓴 기전체의 사찬(私撰) 역사서. 군신도덕·화이사상을 기본으로 한 간결한 문장이 돋보이나 사료적 가치는 《구오대사》에 비해 뒤진다. 서술의 일관성과 편집의 독창성이 인정된다. 〈본기〉 12권, 〈열전〉 45권, 〈고(考)〉 3권, 〈세가〉 10권, 〈세가연보〉 1권, 〈사이(四夷) 부록〉 3권 등 총 74권이다.

《요사(遼史)》: 원나라 순제 때인 1343년 2월 증서우승상 탈탈(脫脫·메르키트)이 총재관 겸 감수국사로 테무르타스·장기암·구양현·여사성·게혜사 등과 찬수를 시작해 1344년 3월 완성한 역사서. 요

(907~1125)나라 218년 정사를 총 116권(본기 30권 지 32권, 표 8권, 열전 45권, 국어해 1권)에 담았다. 24사 중 가장 수준이 떨어진다는 평가를 받고 있다.

《요사》 중 〈외국열전〉에 고려전과 발해 멸망과정 및 발해 부흥 운동이 비교적 상세히 실려 있다. 이 밖에도 고려사 연구에는《구오대사》《신오대사》《송사》《금사》《원사》《명사》 등이 원용(援用)되고 있다.

《금사(金史)》: 원(1271~1368)나라 지정 3년(1343) 탁극탁(托克托)이 칙령으로 착수해 1년 만인 1344년 완성한 정사다. 금(1115~1234)나라 119년의 역사 기록으로 제왕본기 19권, 지 39권, 표 4권, 열전 73권 등 총 135권이다. 〈고려전(高麗傳)〉이 포함돼 있다.

《송사(宋史)》: 송나라에 관한 기전체 역사서로 원나라 탈탈이 칙령을 받아 저술했다. 남송(南宋 · 1127~1279)이 멸망한 뒤 원나라가 수집한 송나라 국사 · 실록 · 일력 등과 다른 자료도 보태 1345년 완성했다. 송나라의 집약적 자료로 가치가 크다.

《원사(元史)》: 몽골제국과 원나라 역사를 기록한 기전체 사서. 명(1368~1644)나라 초기인 1369년과 1370년 두 차례에 걸쳐 편찬됐다. 원나라 11세 108년(1260~1368)간 사실을 송렴 · 왕위 등이 총 205권(본기 47권, 지 53권, 표 8권, 열전 97권)으로 펴냈다. 본 자료에 충실해 사료적 가치가 높다.

일본사서

《일본고사기(日本古事記)》: 일본 나라(奈良) 시대 초기(712)에 편찬된 천황가(家)의 신화로 일본에서 가장 오래된 사서다. 상권은 신들의 이야기, 중·하권은 진무(神武) 천황에서 스이코(推古) 천황까지 각 대(代) 계보와 천황·황태자들을 중심으로 쓴 내용이다. 애당초 율령(律令) 국가 정사를 표방하며 찬술된《일본서기》와는 달리 신화로 분류되고 있다.

최초로 기획된 것은 덴무조(天武朝 ·678~686)이며 진신(壬申)의 난을 넘기고 성화(聖化)된 왕권 유래를 편술하기 위해 지어졌다.《고사기》에 등장하는 히에다노 아레는 남성이었다는 설도 있다. 신의 탄생을 뜻하는 아레라는 이름으로 보아 무녀(巫女)로도 판단하고 있다.

《일본서기(日本書紀)》: 일본 44대 겐쇼(元正·재위 715~724) 여왕 6년(720) 완성된 일본 최초의 정사다. 신대(神代)로부터 41대 지토(持統·재위 690~697) 천황까지는 편년체로 기록됐다. 초기에는《일본기》로 회자됐으나 헤이안(平安) 시대부터《일본서기》로 명칭이 바뀌었다.

덴무(天武) 왕자가 편찬을 주도했고 덴무의 황손인 겐쇼 여왕 때 간행됐다. 편찬 자료는 제기(帝紀), 구사(舊辭), 가기(家記), 조정 기록, 한국 사료 등이 활용됐다.《속일본서기(續日本書紀)》에는 720년 사인친왕(舍人親王) 등이《일본기》30권,《계도(系圖)》1권을 저술했다고 기록돼 있다. 현재《계도》는 전하지 않는다.

왕릉 답사로
통일신라를 열다

31대 신문왕에서
~
56대 경순왕까지

나당연합군에 의해 백제(660) 고구려(668)가 멸망한 이후 한반도에는 30년 동안 단일국가 체제가
유지됐으나 오래가지 못했다. 698년 고구려 유장 대조영이 발해를 건국하며 2국 체제가 개막된 것
이다. 이 시기를 남국(신라) 북국(발해) 시대라고도 한다.

신라 31대

신 문 왕

경북 경주시 낭산 아래 있는 신문왕릉. 신라파·가야파 간 왕권 대결로 내란에 휘말렸으나 이를 제압한 뒤 가야파가 주축이던 화랑도를 해체해 조정군으로 흡수했다.

내란을 수습하고
내치에 전념하다

마침내 삼국통일의 대업이 성취됐다. 29대 태종무열왕 7년(660) 백제를 멸망(31대 의자왕 20년) 시키고 30대 문무왕 8년(668)에는 고구려까지 항복(28대 보장왕 27년) 받아 양국을 흡수 통일했다. 시조 박혁거세 거서간이 신라를 창업(BC 57)한 지 725년 만이었다. 신라 백성들은 삼국통일(이하 통일)만 이뤄지면 국가적 혼란이 종식되고 전쟁이 없는 태평성대가 도래할 줄 알았다.

통일의 후유증은 막심했다. 갑작스럽게 확장된 영토인지라 통제가 미숙했고 행정력은 전국 말단에까지 미치지 못했다. 멸망한 양국의 부흥군(復興軍) 소탕에도 엄청난 국력이 소모됐다. 이 판국에 태종무열왕(이하 무열왕)에 이어 고구려를 멸망시키고 통일을 완수한 30대 문무왕(재위 661~681)이 중병에 들었다.

왕실에는 미묘한 기류가 감돌았다. 왕의 후계 구도를 둘러싼 신라 왕

신문왕릉 입구의 홍례문. 오른쪽으로 들어갔다가 왼쪽으로 나오는 게 출입 예법이다.

족과 가야 왕족 간 정면 대결이었다. 통일 이후 산적한 국가 대사를 목전에 둔 자중지란이었다. 신라파와 가야파의 권력 암투는 이미 예견된 수순이었다.

통일 대업을 완수한 문무왕 이후 신라는 중고기(中古期)에서 중기(中期) 역사로 접어든다. 참혹한 통일 전쟁으로 삶이 붕괴된 백성들은 항구적 평화 정착을 고대했다. 그러나 허사였다. 백제·고구려 침략의 외환이 사라진 신라 정국에 뜻밖의 암초가 마각을 드러낸 것이다. 왕실 내 척신들의 왕위 쟁탈전과 간신들의 왕권 능멸이었다. 개국 이래 유지해온 왕실의 순혈 고수와 친족 간 문란한 성문화가 자초한 응보이기도 했다.

신라의 한반도 통일은 김춘추(무열왕)와 김유신의 거대한 야망이 성사된 역사적 사건이었다. 김춘추는 폐왕(25대 진지왕)의 손자였고, 김유신(이하 유신)은 망국왕(가야 10대 구형왕)의 증손자였다. 둘은 가문의 명예 회복과 가야국의 존재 확인을 위해 어떤 굴욕과 난관도 감수했다. 소싯적 풍월도(화랑도)에서 만나 출중한 지략(무열왕)과 무술(유신)로 상대를 보완했다. 유신의 치밀한 계략으로 둘은 처남 매제 사이가 되었다. 이 혼사가 신라 중·후기 역사의 축을 돌려놓는 단초가 되고 말았다.

권력 실세의 인맥 구조나 유력가문 간 역학 관계를 파악하려면 가문의 혼인 내막부터 알아보는 게 첩경이다. 신라 왕실의 갑작스런 왕통 승계나 권력 지형의 돌변은 망국에 근접할수록 안개 속 미궁으로 빠져든다. 이 같은 오리무중의 왕통 이면사도 왕실·귀족 간 혼인의 배후를 관통하고 나면 신라 후기 역사 정보가 일거에 납득된다.

유신에게는 보희 문희 정희 세 여동생이 있었다. 무열왕이 둘째 문희를 왕비로 맞아 6남(법민 인문 문왕 노차 지경 개원) 1녀(지소)를 낳았다. 문희에게 꿈을 팔아 왕비 자리를 놓친 보희는 원통함을 못 이겨 독신으로 늙어갔다. 유신에게서 이 소식을 전해들은 무열왕이 보희를 후궁으로 맞아 3남(개지문 차득령 마득) 2녀(이름 미상)를 출산했다. 유신은 보희에게 동생(왕비)을 투기하지 말고 내밀궁(內密宮)의 위계를 철저히 존중하도록 신신당부했다.

셋째 정희는 신라 왕족(가계 미상)에게 출가해 김흠돌(627~681) 김흠순(?~?) 남매를 낳았다. 이 남매가 신라 중기 역사의 전면에 부상했다 스러지며 왕실과 조정은 아수라장이 되고 만다. 백성들은 유신계의 내밀한 국가 전복 음모라며 가야 왕족과 가야인들까지 경계했다.

이제부터 약술되는 무열왕-문무왕 당시 왕실의 혈통 내막을 숙지해야 신라 후기의 역사를 명료하게 이해할 수 있다.

김흠돌(이하 흠돌)은 마왕파순(魔王波旬·마귀 우두머리)이었다. 흠돌

신문왕릉 앞 상석(좌)과 탱석(우). 신라 묘제 연구에 중요 단서가 되고 있다.

권력 실세의 인맥 구조나 유력가문 간 역학 관계를
파악하려면 가문의 혼인 내막부터 알아보는 게 첩경이다.
신라 왕실의 갑작스런 왕통 승계나 권력 지형의 돌변은
망국에 근접할수록 안개 속 미궁으로 빠져든다.
이 같은 오리무중의 왕통 이면사도 왕실·귀족 간 혼인의 배후를
관통하고 나면 신라 후기 역사 정보가 일거에 납득된다.

은 유신의 생질로 문명왕후(문희·이하 왕후)에게는 이질 조카였다. 왕후의 아들인 문무왕과는 이종 사촌 사이였다. 유신은 진광 신광의 두 딸을 두었다. 진광은 흠돌에게 시집보내고, 신광은 문무왕(생질)에게 후궁으로 출가시켰다. 이런 왕실 인맥으로 흠돌은 구중심처 내밀궁까지 무상출입하며 왕후의 신임을 독차지한 뒤 총명을 흐려 놓았다.

흠돌의 모반은 자신의 권력 기반을 과신한 기고만장이 발단이었다. 왕족 김선품(?~?)이 부인 보룡과 딸 자의를 두고 일찍 세상을 떠났다. 모녀는 절세미인이었다. 흠돌이 구차하게 연명하는 보룡을 얕보고 자의를 첩으로 달라며 강압했다. 보룡은 흠돌의 오만방자에 치를 떨며 일언지하로 거절했다.

무열왕이 보룡을 첩으로 들여 왕자 당원(?~?)을 낳았다. 흠돌은 보룡이 함부로 몸을 내맡긴다며 금수로 폄하했다. 무열왕은 개의치 않고 자색이 고운 보룡의 딸 자의를 태자 법민(문무왕)의 빈(嬪)으로 간택했다. 보룡은 태자의 장모이자 서모가 되었다. 법민이 등극하자 자의는 왕비가 되었다. 자의 왕비는 태자 정명(政明)을 출산했다. 문무왕은 후궁 야명한테 아들 인명(?~?)을 낳았다. 흠돌에게는 생애 최대의 위기였다.

무열왕이 승하하자 왕후(문희)는 태후 신분이 되었다. 흠돌이 극비리에 태후를 알현했다.

"태후마마, 작금 궐내의 가야파는 백척간두 위기에 봉착했습니다. 황공하오나 금상의 용태가 경각에 임박했사오니 사왕(嗣王)을 인명으로 승계해야 후일이 도모될 것입니다. 자의는 신라 파진찬 김선품의 딸인지라 정명이 즉위하면 가야파를 멸족시킬 것입니다. 마마, 부디 총명을 밝혀 결단하시옵소서."

가야파 수장이었던 태후는 얼핏 흠돌의 주청이 온당하다고 판단했다. 681년 7월 1일 문무왕이 재위 20년 1개월 만에 흥서했다. 태자 정명이 31대왕으로 등극하니 신문왕(神文王·재위 681~692)이다. 흠돌의 목전에 죽음이 어른거렸다.

흠돌은 정명을 폐위시키고 인명(정명의 이복동생)을 즉위시키기 위해 군사를 일으켰다. 지의는 정명을 사수코자 북원경(강원도 원주) 성주 김오기(金吳起·《화랑세기》 저자 김대문의 아버지)를 황급히 차출해 호성장군으로 삼고 진압을 명했다. 궁궐 안이 진압군과 반란군의 대치로 격전지가 되고 말았다.

흠돌도 통일 전쟁에 수없이 참전한 맹장이었다. 양군 사이 전진 후퇴하는 접전이 이틀간 계속됐다. 궁궐을 포위한 반란군을 향해 김오기 장군이 최후의 통첩을 날렸다.

"신국의 왕에게 충성할 자는 오른쪽으로 이동하고, 반란군을 따를 자는 왼쪽에 서라!"

죽느냐 사느냐의 생사기로에서 잠시 눈치를 살피던 반란군 거의가 오른쪽으로 향했다. 순간 흠돌의 안색이 주토(朱土) 빛으로 변했다. 좌고우면하던 흠돌이 사력을 다해 도망쳤다. 진압군이 추격해 즉시 포박했다. 전황이 종료됐다.

신문왕(이하 왕)이 위의를 갖추고 역모의 수괴들 앞에 섰다. 흠돌, 김진공(흠돌 매형), 이찬(17 관등 중 2급) 김군관, 김흥원(풍월주 副弟), 김천관(흠돌 사위), 김흠언(흠돌 아들) 등으로 태후와 연관된 가야파 일색이었다. 이들 20여 명의 주모자 모두 화랑도 출신이었다. 왕은 착잡한 심사에 지그시 눈을 감았다. 만감이 교차했다.

왕릉 앞 노송. 신좌을향(辛坐乙向 ·동향)으로 저녁 노을이 아름답다.

부왕의 넋을 기리기 위해 신문왕이 창건한 감은사지.

'김흠돌 저 자는 짐의 장인이거늘 어찌 내 목에 창끝을 겨눈단 말인가. 무엇을 더 갖고 무엇을 더 누리려는가. 모를 것이 인간의 욕망이로다. 내 이 참에 통일 제국 위업에 장애되는 모든 요소는 과감히 제거하고 말리라.'

"참하라!"

어명과 함께 역신들의 목이 추풍낙엽처럼 우수수 땅에 떨어졌다. 대궐 밖 격전장이 순식간에 혈해시산(血海屍山)으로 변했다. 왕은 주동 역신들의 친·인척 3대까지 모조리 멸족시켜 역모의 후환을 없앴다. 가담자 전수를 색출해 경중을 가린 다음 남김없이 주살했다.

왕은 모후 자의의 명을 수용해 가야파가 주축이던 화랑도를 해체시켜 정규군으로 편입시켰다. 화랑도의 소멸이었고 가야파의 괴멸이었다. 기득권에 안주하던 통일 1세대가 숙청되고 신예들이 대거 기용되는 세대교체가 이뤄졌다.

일찍이 문무왕은 보룡을 비방하고 자의를 색탐하는 흠돌을 무마하기 위해 흠돌의 딸을 태자(정명) 빈으로 맞이했다. 태자의 이종 6촌 동생이었다. 철이 든 태자는 문명태후의 위세를 빙자해 왕실 위에 군림하는 흠돌을 저주했다. 태자 빈을 더욱 증오해 합방조차 기피했다. 흠돌이 발광했다. 태자가 즉위하며 흠돌의 딸이 왕비가 되었다.

흠돌이 참수되자 왕은 왕비를 폐비시켜 궐 밖으로 내쫓았다. 김흠운 (?~655·무열왕 사위, 신문왕 고모부)의 딸을 새 왕비로 맞으니 제2 왕비 신목(神穆·?~?)왕후다. 신목황후는 32대 효소왕을 비롯해 흥광(33대 흥덕왕) 근질 사종 4형제를 탄출했다. 왕이 천신만고 끝에 즉위 초 혼란을 수습하자 조정은 평온을 회복했다. 왕은 내치에 주력했다.

왕 1년(681) 7월. 당에서 신문왕을 신라왕으로 책봉하는 칙서를 보내

오자 통치 기반이 더욱 공고해졌다. 이 해 가을에는 화장한 문무왕의 유골을 감포 앞바다(경북 월성군 양북면 봉길리)에 수중릉으로 안치했다. 대왕암이다. 682년(이하 왕 재위년 생략) 감은사(경북 경주시 문무대왕면 용당리)를 창건해 문무왕의 원찰로 삼았다.

만파식적(萬波息笛)을 만들어 국난을 사전 탐지하는 신기(神器)라고 널리 알려 국가의 기강 확립에 활용했다. 대왕암 인근에 이견대(利見臺·경북 경주읍 대견리)를 새워 부왕이 그리울 때마다 대왕암을 바라보며 눈물을 흘렸다.

683년 5월. 금마저(金馬渚·전북 익산군 금마면) 소재 보덕국(고구려 유민들이 세운 소국) 왕 안승(安勝·고구려 28대 보장왕 서자)을 서라벌로 소환했다. 안승에게 소판(蘇判·17관등 중 2급) 벼슬과 함께 김씨 성을 하사했다.

그해 7월 안승의 족자(族子·고구려 왕손) 고대문(?~?)이 모반을 일으켰다. 고구려 유민을 멸족시키려는데 대한 항거였다. 왕은 신라 정예병을 출동시켜 보덕국을 소멸시켰다. 고구려 유민들을 전라도 서남해안 도서 지역으로 강제 분산시킨 뒤 육지와의 왕래를 봉쇄시켰다.

685년 3월. 서라벌(경주) 중원(충북 청주) 남원(전북 남원) 완산(전북 전주) 청주(菁州·경남 진주) 등에 9주(州) 5소경(小京) 제도를 설치했다. 국정 시책을 원활히 하달하기 위함이었다. 고구려·백제·말갈인을 포함시켜 중앙 군사조직인 9서당(誓幢)을 완성하는 등 중앙과 지방정치 제도를 정비해 전제 왕권을 확립했다.

원효(元曉·617~686)대사가 입적하자 조정에서 부의를 전달케 하고 왕이 크게 애도했다. 국가의 스승을 잃었다며 원효의 아들 설총(薛聰

· ?~?)을 학문에 전념토록 배려했다.

689년 윤 9월에는 서라벌에서 달구벌(경북 대구)로 천도를 시도했다. 서라벌에 뿌리내린 귀족들의 결사 반대로 실현하지 못했다. 국립 교육 기관인 국학(國學)을 세워 지방 호족들의 인사 횡포를 저지하려 했으나 이 또한 무산됐다. 기득권에 안주하려는 귀족과 호족들의 집단 저항이었다. 왕은 크게 상심했다.

육신이 거추장스럽고 헛것이 눈앞에 어른거리더니 자리에 눕는 날이 잦아졌다. 등극 12년째 되던 692년 7월 왕이 끝내 소생하지 못하고 훙서했다. 재위 만 11년으로 갑작스런 죽음이었다. 조정에서는 신문(神文)이라 시호를 지어 올리고 경북 경주시 배반동 453-1번지에 왕릉을 조영했다.

신문왕릉은 둘레석 구조가 특이해 신라 왕실의 묘제 연구에 결정적 자료를 제공하고 있다. 봉분 하단에 호석(護石)을 돌린 전형적인 원형봉토분이다. 신좌을향(辛坐乙向)으로 동에서 남으로 15도 기운 정동향에 가깝다. 경주의 동남방 낭산(狼山) 남쪽 말단에 위치하며 사적 제181호다.

왕릉 호석은 지대석 위에 장방형 자연 할석(割石)을 5단으로 쌓고 그 위에 갑석을 얹었다. 호석 둘레를 돌아가며 탱석(撐石·버팀석) 44개가 떠받치고 있는데 장관이다. 경주의 신라 왕릉 중 유일한 형태로 특이한 구조다. 왕릉에서 바라보는 해 질 녘 석양이 아름답다.

화백회의는 누구 하나 이의 없이 원선의 주청을 만장일치로 수용했다. 이 해(692) 7월 태자 이홍이
서라벌 월성궁에서 보탑에 오르니 32대 효소왕이다. 어린 효소왕은 금빛 찬란한 용상에 오르기도
벅차 항상 시녀 부액을 받아야 했다.

효

소

왕

석조 상설이 조영되지 않은 효소왕릉. 16세 등극했으나 모후의 지나친 섭정으로 왕권이 위태로웠다. 병마가 잦아 역모의 빌미가 되기도 했다.

금빛 용상에 올랐으나
모후의 섭정에 기대다

정해년(687) 겨울, 신라 수도 서라벌의 일기는 매우 불순했다. 때 아닌 홍수로 남산의 적설이 급류로 변하는가 하면 급작스런 혹한을 견디지 못한 산짐승들이 떼 지어 동사했다.

입춘을 넘긴 음력 2월의 날씨는 더욱 변화무쌍했다. 그날도 신문왕(31대·재위 681~692)은 월성궁 화랑을 배회하며 신목황후(?~?)의 출산 소식을 초조히 기다리고 있었다. 벌써 며칠째 산고(産苦)를 겪고 있었다. 한낮인데도 사방이 어둠침침한데다 세찬 비바람이 몰아치며 천둥 번개까지 요란했다.

"전하, 왕후마마께서 방금 왕자마마를 탄출하셨사옵니다."

황급히 아뢰는 내관의 전갈에 신문왕(이하 부왕)은 심히 기뻤다. 환희심이 극에 달했다. 하마터면 지존의 체통을 망각하고 앙천대소할 뻔했다. 이날 궁궐에서는 태자 출생을 경축하는 흥거운 연회가 밤늦도록 이어졌다.

효소왕릉 입구의 왕도(王道). 임금만 다니던 옛 길을 새로 조성했다.

연회장에는 이찬(17관등 중 2급) 원선, 당원, 경영, 순원과 파진찬(4급) 삼광, 대아찬(5급) 용지, 원지, 지상 등 대소 신료들이 대거 참석했다. 모두 신국(神國) 신라의 국운 융창을 연호했다. 김흠돌 난을 평정한 뒤 정비 김씨(김흠돌 딸)를 폐출시키고 계비 신목왕후(김흠운 딸)를 새로 책봉하는데 지대한 공을 세운 공신들이었다. 부왕의 윤음(綸音)에 화기가 넘쳤다.

"초명은 이홍(理洪)으로 내릴 것이며 아명은 이공(理恭)으로 호칭토록 할 것이로다." 신료들이 조아리며 아뢰었다.

"성상이시여, 성은이 망극하신 사명(賜名)이시옵니다. 신국의 종묘사직은 천추만대에 무궁할 것이며 왕비마마 경사 또한 연년으로 이어질 것이옵니다."

부왕은 흡족했다. 선왕(30대 문무왕)이 달성한 삼국통일로 영토는 확장됐고, 그에 따른 지방 통치 조직도 안정기에 접어들었다. 백제 · 고구려

81

망국 유민들의 신라에 대한 항전 의지도 부왕의 산간 오지 분산책으로 동력을 상실했다. 조정 내 신라파·가야파 간 정면 대결도 김흠돌의 난 제압으로 가야파가 괴멸됐다. 부왕은 신라 왕실 적자(嫡子) 혈통의 적통성에 대해 고뇌하는 날이 부쩍 늘었다.

이홍은 병약했다. 타고난 허약 체질에다 잔병치레마저 잦았다. 부왕은 재위 1년(681)되던 해 서둘러 이홍을 태자로 책봉했다. 5세였다. 둘째 왕자 흥광(興光)이 형 이홍을 능가하며 왕성히 성장하고 있었기 때문이다. 흥광을 기대하고 이홍을 지켜보던 왕족·대신들은 이홍의 태자 책봉을 크게 우려하며 낙망했다.

부왕은 국사를 미루고 선왕이 수장된 경주 감포 앞바다 대왕릉(문무대왕 수중릉)을 자주 찾았다. 이견대에 올라 동해 바다를 넋 없이 응시하며 한숨지었다. '저 차디찬 바닷물 속에 아바마마를 모셔 놓고 내 어이 잠을 편히 이룬단 말인가!'

효소왕릉 표지석. 원래 있었던 자리에 새로 세운 것이다.

부왕은 수중릉 원찰인 감은사를 참배하며 낙루를 자주했다. 부왕의 옥체는 점점 야위어 갔다. 692년 7월 신라에 국상이 났다. 681년 7월 등극한 31대 신문왕이 재위 12년 되던 해 훙서한 것이다. 이날 신라 조정은 국상 선포를 유예하고 신왕 추대를 위한 화백(和白) 회의를 소집했다.

화백회의는 왕족·고위 대신들로 구성돼 차기 왕권 구도를 추인하는 합좌제적 최고 의결 기구였다. 맨 위 상석에 신목왕후와 태자 이홍이 좌정했다. 모두 부왕과 신목왕후의 성은으로 입신양명한 중신들이었다. 이찬 원선(元宣 · ?~?)이 좌중의 침묵을 깨고 부복해 아뢰었다.

"영명하신 부왕 마마께서는 이미 오늘을 예견하시고 태자를 책봉해 국본(國本)을 정하셨습니다. 다만 태자마마께서 유충하신 바 성년이 되실 때까지 신목왕후 마마께서 섭정하심이 가한 줄로 아뢰오."

이 당시 신라의 남자 성년 연령은 15세였다. 화백회의는 누구 하나 이의 없이 원선의 주청을 만장일치로 수용했다. 이 해(692) 7월 태자 이홍이 서라벌 월성궁에서 보탑에 오르니 32대 효소왕(孝昭王 · 재위 692~702)이다. 어린 효소왕(이하 왕)은 금빛 찬란한 용상에 오르기도 벅차 항상 시녀 부액을 받아야 했다. 두터운 보료가 깔린 옥좌의 염(簾 · 대나무로 잘게 엮은 발) 뒤에서는 신목왕후(이하 왕후)가 대신들의 쟁론을 경청한 뒤 왕에게 하명했다. 왕이 왕후의 분부만 반복하면 곧 어명이었다.

왕은 용상에 기댄 채 졸거나 휘청거리기도 했다. 늘 곤고함이 역력했다. 군주시대 어린 왕의 등극이나 와병은 권력 공백으로 직결돼 역모의 단초가 되기 십상이었다. 벌써부터 신료들은 소년 왕 이후 왕권 향배를 대비해 이합집산을 거듭했다.

왕후는 용의주도한 여 군주였다. 부왕 재위 시 충직했던 대신들을 조정 요직에 고루 등용해 자신의 통치 기반을 안정시켰다. 왕 9년(700) 왕후가 승하할 때까지 사실상 신라는 왕후가 통치했다. 그러나 후일의 역사 기록은 왕의 치적으로 남는다.

왕이 재위하는 동안 조정은 안정됐다. 부왕의 과감한 정국 수습책 덕분에 삼국통일 후 사회 불안 요소들이 상당 부분 해소된 시기였다. 왕은 원선(?~?)에게 중시(中侍)를 제수해 국정을 위임했다. 중시 제도는 28대 진덕여왕 5년(651) 설관된 집사부(執事部) 장관직으로 진골 출신만이 오를 수 있는 최고위직이었다. 원선 이후 중시는 당원, 순원에게로 승계되는데 이들 모두 진골 왕족 출신이다. 부왕 즉위 초 김흠돌 난을 진압한 공신들이었다.

역사학계에서는 왕의 재위 시 건국된 발해(698~926)의 시조 대조영(大祚榮 · 재위 698~719) 사신의 신라 입조(入朝)에 주목하고 있다. 당시는 고구려 멸망(668) 후 발해 건국 전이었고 여진족의 융성으로 북만주 강역이 무주공산으로 방치됐을 때였다. 여진족은 당(唐)과 대치했고, 요동지역에는 고구려 유민의 잔존 세력이 어떤 나라의 통제도 거부한 채 소(小) 고구려국으로 존재했다.

고구려 장군 출신 대조영이 소고구려인과 여진족을 결집시켜 신생국 발해를 건국한 것이다. 대조영에게는 신라가 조국 고구려를 멸망시킨 적국이었다. 하지만 국제 정세는 현실이었다. 발해는 남방의 신라 공조 없이는 당과의 교역은 물론 일본과의 교류도 난감한 지정학적 위치였다. 신라 역시 삼국통일 이후 영토 분할 문제로 당과 충돌 중이었다.

왕 7년(698) 대조영이 사신을 보내 국가의 승인을 요청하자 왕은 대조영에게 대아찬(17 관등 중 5급) 벼슬을 제수했다. 한반도에 3한(마한 진한 변한)-4국(고구려 백제 신라 가야) 시대를 거쳐 2국(신라 발해) 시대가 전개된 것이다.

이 해(698) 왕은 서라벌 숭례전에서 왜(倭) 사신을 접견하고, 왜가 요청한 국가의 호칭을 일본으로 공식화했다. 이에 앞서 왜는 30대 문무왕 10년(670) 자국 공식 명칭을 일본으로 변경한다고 신라에 통보해 온 바 있

효소왕릉 가는 길. 낙엽 쌓인 산 길이 고즈넉하다.

어린 효소왕은 금빛 찬란한 용상에 오르기도 벅차 항상 시녀
부액을 받아야 했다. 두터운 보료가 깔린 옥좌의 염 뒤에서는
신목왕후가 대신들의 쟁론을 경청한 뒤 왕에게 하명했다.
왕이 왕후의 분부만 반복하면 곧 어명이었다. 군주시대 어린 왕의
등극이나 와병은 권력 공백으로 직결돼 역모의 단초가 되기 십상이었다.
벌써부터 신료들은 소년 왕 이후 왕권 향배를 대비해 이합집산을 거듭했다.

다. 이후 국제사회에서 일본이 국가 호칭으로 굳어졌다.

왕은 등극하던 해 좌우이방부란 행정 부서명이 어휘인 이(理) 자와 동일하다 하여 좌우 의방부(義方部)로 고쳤다. 의학(醫學)을 설립한 후 중국의 《본초경》《침경》《맥경》《명당경》 등을 도입해 한의학 교육을 대중화시켰다.

왕 4년(695)에는 동·서·남방에 시전(市廛)을 새로 개설해 서라벌의 본시전과 함께 왕경의 물화(物貨) 유통을 체계화시켰다. 그해(695) 자월(子月·11월)을 음력 정월로 고쳤다가 왕 9년(700) 인월(寅月·1월)로 다시 환원시켰다. 농사짓는 백성들은 혼란스러웠다.

승려 도증(?~?)이 당에서 가져 온 천문도를 왕실의 상징으로 활용하고 원효대사의 아들 설총(?~?)이 신라 방언을 이두로 정리해 문자로 원용(援用)한 것도 왕의 재위 시다. 유학자 강수(?~692), 문무왕 동생 김인문(629~693), 연개소문 장남 연남생(625~701)이 세상을 떠난 것도 이즈음이다. 왕은 백률사에 장전(庄田) 1만 경(頃)을 시주(692)하고 망덕사(697), 군위 삼존석불(700), 의성 탑리 5층 석탑(700) 낙성에도 친림해 신라의 불국정토 구현을 발원했다.

왕 9년(700) 섭정으로 군림하던 왕후가 승하했다. 유약한 14세 왕은

왕릉 이정표. 인근에 동복아우였던 성덕왕 능이 있다.

혼절을 거듭하며 수라도 거부했다. 조정의 혼란은 중첩됐다. 국상 중 왕권 탈취 역모를 주도한 이찬 김경영(?~?)이 추포돼 멸문지화를 당했다. 왕비와 왕이 총애하던 중신들이었다. 혈혈단신이 된 왕의 건강은 급속도로 악화됐다.

즉위 11년째 되던 702년 7월. 신라 임금 중 최연소(6세)로 등극했던 16세 왕이 훙서했다. 재위 만 10년이었다. 왕은 왕비를 들이지 않아 자녀가 없었으나 흥광·근질·사종의 동모제(同母弟)가 있었다. 조정에서는 왕에게 효소(孝昭)란 시호를 지어 봉정하고 망덕사 동쪽에 왕릉을 조영했다. 왕을 이어 흥광이 용상에 오르니 33대 성덕왕(재위 702~737)이다.

사적 제184호로 지정된 효소왕릉은 경북 경주시 조양동 산 8번지에 축좌미향(丑坐未向)의 서남향으로 용사돼 있다. 토함산 형제봉 동남방으로 길게 돌출한 구릉 말단 지점이다. 직경 20m, 높이 4.4m의 원형봉토분이다. 봉분 하단의 호석 수 개와 버팀돌로 추정되는 자연석 일부가 노출돼 있다.

효소왕릉은 능 앞 혼유석이 빈약한데다 규모도 작아 통일신라기 왕릉으로 단정할 수 없다는 역사학계의 견해다. '효소왕릉을 망덕사 바로 동쪽에 장사지냈다.'는 사서의 기록에 따라 망덕사지(址) 동쪽 200m 근접 거리에 있는 신문왕릉을 효소왕릉으로 비정하는 학계 의견이 지배적이다

경주 신라 왕릉의 피장자 신분은 조선 21대 영조 6년(1730) 경주 김씨 족장회의에서 결정한 바를 현재까지 따르고 있다. 효소왕릉은 1920년 4월과 1969년 11월 도굴 당했으나 유물은 발견되지 않았다. 두 번째 도굴로 길이 3m, 너비 150cm, 높이 150cm 크기의 석실 규모와 사용된 석재가 화강석이었음이 밝혀졌다.

698년 3월 대조영이 동만주 천문령에서 당군을 격멸시키고 나라를 창건했다. 대조영은 육정산에 진지를 구축하고 영토를 확보한 뒤 진국 왕의 등극을 선포했다. 후일 진국이 국호를 바꾸니 곧 발해 다. 7백여 년 간 한반도·북만주 강역에 강대한 국가를 경략했던 고구려 계승을 선언했다.

중국 길림성 노변의 적석 고총. 발해 때 조영된 것으로 추정된다.

발

해

발해

고구려의 계승을 선언하고
해동성국을 이루다

　신라와 연합으로 백제(660)에 이어 고구려(668)를 멸망시킨 당(唐 ·
618~907) 나라도 극심한 전쟁의 내홍을 겪기는 신라와 마찬가지였다. 평
양에 설치한 안동도호부를 통해 한반도 전역을 통치하려던 당의 계략은
신라군의 결사 항전에 부딪쳐 무산되고 말았다.

　신라에 패망한 고구려군은 부흥군을 조직한 뒤 신라군과 합세해 당군
을 격파시켰다. 당은 한(韓)민족 간 공고한 결집력에 대경실색했다. 결국
신라와 당나라 국경선은 통일전쟁 전 밀약대로 평안남도 대동강에서 함경
남도 원산을 가로지르는 험산준령으로 획정되었다.

　고구려 유민들의 당에 대한 항거는 더욱 극렬해졌다. 당은 안동도호부
치소(治所)를 요동의 신성으로 이전해 압록강 이북 고구려의 옛 땅만을 통
치했다. 고구려 유민들은 요동에서도 궐기했다. 압록강 하류 단동 지역에
소(小) 고구려를 세운 뒤 한반도 유민들과 연계해 고구려 재건의 열망을

포기하지 않았다. 당은 고구려 멸망 30년 되던 698년 안동도호부(신성) 마저 포기했다.

당에서는 중국 최초의 여제(女帝) 측천무후(재위 690~705)의 철권 통치로 국정이 매우 혼미했다. 여제는 내정 혼란을 외부 요인으로 호도(糊塗)하려 했다. 변경 제후국 간 충성을 유발시켜 국력을 약화시키고 불응하는 제후국에는 내란을 사주했다. 제후국 도치에서 호족과 군벌들이 조정에 반기를 들었다. 영토가 없는 이민족들도 가세했다.

696년 요서지방 거란족 이진충(?~?)이 농민들을 선동해 봉기했다. 악에 받친 농민군의 초반 기세는 성난 파도처럼 등등했다. 중과부적의 당군에 과감히 맞섰고 한족(漢族)을 원수시해 닥치는 대로 살육했다. 그러나 오합지졸의 농민군은 전술에 무지했다. 이진충의 난은 곧바로 진압되고 말았지만 당시 동북아 약소 민족의 독립 자각심과 주체의식 고양에 결정적 계기가 되고 말았다.

당에서 활약하던 고구려 유장(遺將) 대조영(大祚榮 · ?~719)과 말갈족 수장 걸사비우(乞四比羽 · ?~?)가 의기투합했다. 두 장수는 무리를 이끌고 영주(현 중국 조양)를 탈출해 당에 거병을 선포했다. 다급해진 측천무후가 이해고(?~?)의 정예군을 동원해 추격토록 했다. 함정에 빠진 걸사비우가 추포돼 참살되고 대조영은 길림성(省) 돈화성(城) 육정산으로 피신했다.

698년 3월 대조영이 동만주 천문령에서 이해고의 당군을 격멸시키고 나라를 창건했다. 당에 강제 이주돼 있던 고구려 유민들과 당의 압제에 신음하던 말갈족 유랑민들이 급속히 결집했다. 대조영은 육정산에 진지를 구축하고 영토를 확보한 뒤 진국(震國) 왕의 등극을 선포했다. 후일 진국이 국호를 바꾸니 곧 발해(渤海)다. 7백여 년 간 한반도 · 북만주 강역에 강대한 국가를 경략했던 고구려 계승을 선언했다.

발해는 진국 외에도 북국 · 고려 · 말갈 · 발해말갈 · 해동성국 · 모구르 · 진국(振國) · 북적(北狄)이란 국명으로도 불렸다. 개국 초에는 말갈족과 연합국 형태였으나 점차 고구려 유민들이 조정의 요직을 장악하며 발해의 중심 세력으로 교체됐다. 한반도에 3한(마한 진한 변한)-4국(고구려 백제 신라 가야) 시대를 거쳐 남북국의 2국(신라 발해) 시대가 도래한 것이다. 신라 32대 효소왕(재위 692~702) 7년(698)이다.

대조영은 시조 고왕(高王 · 재위 698~719)으로 등극 후 변방 소국들을 차례로 정복하며 세력을 확장했다. 당은 온갖 회유책으로 발해 개국을 무력화시키려 했다. 발해 건국은 국경을 마주한 신라에게도 매우 위협적이었다. 대조영(이하 고왕)은 등극과 동시 신라 효소왕에게 사신을 파견해 국가 승인과 함께 통교를 요청했다. 효소왕은 이를 윤허하고 대아찬(17 관등 중 5급) 벼슬을 대조영에게 제수했다. 고왕은 굴욕적이었지만 국가 존립을 위해 이를 수용했다.

신라가 발해와 통교하자 당이 궁지에 몰렸다. 705년(신라 33대 성덕왕 4년) 당은 진국을 승인하고 713년에는 국호를 발해로 개칭해 준 뒤 외교 관계를 정식 수립했다. 국경을 접한 발해만 바다(海)에 항상 안개가 껴 있어 '안개 자욱할 渤(발)' 자를 국명으로 사용했다. 당이 대조영을 발해 군왕(郡王)으로 봉해 국가적 실체를 공인한 것이다. 고구려 유민들과 고구려 속국이었던 말갈족들은 발해 백성임을 자임했다.

고왕은 옛 고구려 제국의 패권을 회복하려 했다. 몽골 고원의 패자(覇者) 묵철(黙啜 · ?~?)과 군사 동맹을 체결해 당과 신라를 긴장시켰다. 신라가 한반도 육로를 차단하자 동해로 진출해 일본과 수교했다. 일본과의 사

渤海考

僑州　柳得恭惠風撰

醉香山樓藏

君考

震國公

震國公姓大氏名乞乞仲象粟末靺鞨者
臣於高句麗者也或言大氏出自大庭氏東夷之有大氏
自大連始也唐高宗總章元年高句麗滅氏仲象與子祚榮
率家屬徙居營州稱舍利者契丹語帳官也武后
歲通天二年契丹盡忠誠州刺史孫萬榮
叛唐陷營州殺都督趙文翽仲象恩與靺鞨首乞四比羽
及高句麗破部東走渡遼水保太白山之東北阻奧婁河
樹壁自固武后封仲象為震國公比羽為許國公比羽不
受命武后詔玉鈐衛大將軍李楷固中郎將索仇擊斬此
羽是時仲象已卒

高王

高王諱祚榮震國公子也嘗為高句麗將驍勇善騎射及
震國公卒乞四比羽敗死祚榮遁李楷固窮躡度天門嶺
祚榮引高句麗靺鞨兵大破之楷固僅以身免祚榮卽並
比羽之眾復挹婁之東牟山靺鞨及高句麗舊人悉歸
遂遣使交突厥略有扶餘沃沮朝鮮弁韓海北十餘國東

발해 역사를 기록한《발해고》. 1784년 영재 유득공이 찬술했다. 원본 국립도서관 소장

발해의 척박한 산악 영토를 흑룡강 하류까지 확장시켜 방오천리를
통치한 군주가 바로 10대 선왕이다. 선왕은 재위 10년 만에 발해의 침체
국면을 탈피시키고 황금시대를 열어 이른바 해동성국을 실현시킨
위대한 임금이다. 선왕은 대조영의 아우 대야발의 4세손으로
책략이 탁월하고 전술에 능했다. 선왕 이후 발해는 5대 왕이
교체되는 96년 동안 쇠퇴기로 접어들었다.

절 교환시에는 고구려 계승국임을 강조해 반드시 고구려라는 국호를 사용했다. 발해가 당과 대립하며 국경 전쟁이 빈번하자 신라는 33대 성덕왕 22년(721) 명주(현 강원도 강릉) 이북에 성벽을 축조하고 발해 침공에 대비했다.

발해의 연이은 소국 병합 전쟁 승리로 영토는 날로 확장됐다. 한반도 북부와 만주지방에서 중국 길림성 흑룡강성 요령성과 러시아 연해주 일대까지 아우르는 광활한 강역이었다. 고구려 전성기에 버금가는 영역으로 한국사의 역대 국가들 중 가장 넓은 영토 면적이었다. 발해 · 거란 · 돌궐 3국이 연합군을 형성해 만리장성 인근 마도산 전투에서 당군을 패퇴시키기도 했다.

발해는 임금을 가독부(可毒夫) 또는 왕이라 칭했다. 언어는 한자를 음차(音借)해 발해 고유어와 병행 사용했다. 대(大) 씨가 국성(國姓)으로 주류를 이뤘으며 종교는 불교를 비롯해 무속 · 도교 · 경교 · 토착신앙 등 다양했다. 당에서 입수한 선명력(曆)을 일본에 전해 800여 년 동안 일본이 이 역법을 사용토록 했다.

발해의 행정 제도는 당을 모방해 3성(省) 6부(府)와 주자감(胄子監)을 중앙에 설치했다. 관부 명칭은 발해 표기로 교체해 독자성을 확보했고 실제 기능도 당의 편제와 상당한 차이가 있었다. 왕권이 안정되면서 5경(京) 6부(府) 62주(州)의 지방제도를 확립시켰다.

대조영은 걸걸중상(乞乞仲象 · ?~?)의 아들로 체구가 장대한 신궁(神弓)이었다. 일기당천의 백병전에 탁월한 맹장이었다. 15대 왕까지 모두 대 씨가 왕위를 이었는데 어휘(御諱 · 왕 이름) 및 재위 기간은 다음과 같다. 만주식 표기가 사용되고 있어 한자를 병기한다.

1대 고왕(高王):대조영(大祚榮 · 재위 698~719)

2대 무왕(武王):대무예(大武藝 · 719~737)

3대 문왕(文王):대흠무(大欽武 · 737~793)

4대 폐왕(廢王):대원의(大元義 · 793~794)

5대 성왕(成王):대화여(大華與 · 794~795)

6대 강왕(康工):대숭린(大崇璘 · 795~809)

7대 정왕(定王):대원유(大元瑜 · 809~813)

8대 희왕(僖王):대언의(大言義 · 813~817)

9대 간왕(簡王):대명충(大明忠 · 817~818)

10대 선왕(宣王):대인수(大仁秀 · 818~830)

〈11대 부터는 시호 없이 어휘만 전함〉

11대 대이진(大彝震 · 830~858)

12대 대건황(大虔晃 · 858~871)

13대 대현석(大玄錫 · 871~893)

14대 대위해(大瑋瑎 · 893~906)

15대 대인선(大諲譔 · 906~926)

발해는 역모가 빈삭(頻數)해 1년 미만을 재위한 왕이 3명(4대 폐왕, 5대 성왕, 9대 강왕)이다. 국력이 소모되고 민생이 피폐되는 수도 이전을 다섯 번(①동모〈698~742〉②중경현덕〈742~756〉③상경용천부〈756~785〉④동경용원부〈785~793〉⑤상경용천부〈793~926〉)이나 했다. 잦은 천도로 민심은 이반하고 문화는 단절됐다.

영토를 넓히고 국운을 융창시킨 가독부도 있다. 1대 고왕은 주변국을 토벌해 발해로 귀부시켰다. 당과의 평화 외교로 개국 당시 국가 초석을 공고히 했다. 2대 무왕은 올가강(江) 유역까지 영토를 확보했고 동해 건너 일본과의 수교를 성사시켰다. 3대 문왕은 대척 관계에 있던 당과 수교해 무역을 증대시켰으며 안정된 내치로 민생을 구휼했다.

발해의 척박한 산악 영토를 흑룡강 하류까지 확장시켜 방오천리(方五千里)를 통치한 군주가 바로 10대 선왕이다. 선왕은 재위 10년 만에 발해의 침체 국면을 탈피시키고 황금시대를 열어 이른바 해동성국(海東盛國)을 실현시킨 위대한 임금이다. 선왕은 대조영(고왕) 아우 대야발(大野勃 · ?~?)의 4세손으로 책략이 탁월하고 전술에 능했다. 선왕 이후 발해는 5대 왕이 교체되는 96년 동안 쇠퇴기로 접어들었다.

발해는 산악 경계가 뚜렷하지 않은 만주 대륙의 중앙에 위치해 폐쇄적인 데다 국제 정세에 어두웠다. 주변 4국(신라 당 거란 일본)과 교류했던 당시의 발해 외교사가 각국 사서에 단편적으로 전해진다.

- 남국 신라와는 별다른 군사 충돌 없이 무해 무덕한 관계를 유지했다. 52대 효공왕 1년(897) 당에서 발생한 양국 간 외교전으로 중국 사서에 전하는 내용이다. 당 조정이 신라 사신을 발해 사신보다 전열(前列)에 배치하자 발해의 대봉예(?~?)가 항의했다. '우리가 신라보다 국력이 앞서니 자리를 바꿔 달라했다.'

- 당과는 개국 초부터 치열한 영토 전쟁을 벌이며 적국으로 대치했다. 당은 발해왕을 군왕(郡王)으로 비하했다가 762년 국가로 승인하면서 발해 국왕(國王)으로 호칭했다. 이후 발해와 당은 대등한 국격을 유지했다. 발해 3대 문왕의 유화 정책으로 양국 교류가 활발해지며 당이 멸

잡귀를 쫓는 발해 석사자상(좌). 발해 수도였던 동경용원부에 있는 발해 석등(우).

망(907)할 때까지 선린 관계를 존속했다.

- 일본과는 발해 건국 30년(727) 8월 사신을 보내 국교를 수립했다. 부산까지 한반도를 종단해 대마도를 경유하는 게 지근 거리였지만 신라의 통과 거부로 거친 동해 바다를 건넜다. 발해 사절단이 일본 아이누족(族)에게 생포돼 잡아먹히거나 거센 풍랑에 수장되기도 했다. 교역 상품 중 발해의 밀랍 인삼 모피 등은 일본 왕족과 귀족들의 최고 사치품이었다. 일본 태자가 한 여름에 발해 담비 모피를 8장이나 껴입고 다니다가 열병으로 앓아눕기도 했다.

- 거란의 걸사비우는 대조영과 발해를 공동으로 건국했다. 한때는 발해 돌궐 거란의 3국 연합군이 당까지 위협했으나 점차 대조영 세력에게 위축돼 3국 주도권을 상실했다. 10세기 초 당이 멸망하자 거란족 야율아보기(耶律阿保機 · 872~926)가 분열돼 있던 거란족을 통합해 영토확장을 거듭했다. 927년 국호를 요(遼 · 907~1125)로 선포하고 칭제건원하며 발해를 비롯한 주변국에 복속을 강요했다. 발해 15대 왕 대인선은 황당했다. 이후 요동지역 패권을 놓고 발해와 요의 팽팽한 접전이 계속됐다.

당시 거란도(渡)는 양국 무역의 주요 거점인 동시에 군사 요충지였다. 926년 1월 야율아보기가 발해의 방비가 허술함을 정탐하고 20만 대군을 거병해 기습 공격했다. 부여부-상경용천부 침투로가 비어있던 발해는 별다른 저항도 해보지 못하고 20일 만에 수도가 함락됐다. 야율아보기가 중원 진출에 앞서 배후의 불안 요소였던 발해를 선(先) 제압한 것이다.

발해가 멸망한 것이다. 동북아 중심국임을 자처하며 국가 중흥에 매진하던 발해 백성들은 허망했고 다시 유민(流民)이 됐다. 신라 55대 경애왕 3년(926) 병술(丙戌)년이었다.

926년 2월 거란은 발해 국명을 동단국(東丹國)으로 변경했다. 서둘러 발해 왕족·귀족과 상류 백성들을 거란의 오지 계곡으로 소개(疏開)시켰다. 이후 요나라가 쇠퇴해지자 여진족 아골타(阿骨打·1068~1123)가 봉기해 금(金·907~1125)을 건국했다. 요의 착취에 절치부심한 발해인들은 금의 개국에 적극 동참했다.

발해 유민 대연림(?~?)이 발해 부흥군을 결집해 흥료국을 세웠으나 곧 소멸되고 말았다. 이후 발해인들은 북만주, 중원대륙, 몽골 초원 등을 전전하며 현지인과 동화돼 구차한 목숨을 부지했다. 망국민들의 서글픈 운명이었다. 유민들은 곳곳에 산재해 12세기 초까지 200여 년 간 활동했다. 유민 상당수가 고려 16대 예종 12년(1117)까지 30여 차례에 걸쳐 고려로 망명했다는 기록이 있다.

조선 15대 광해군 8년(1616) 만주족 누루하치(奴兒哈赤·1599~1628)가 나라를 세웠다. 초기 국명을 후금(後金)으로 선포한 건 아골타의 금을 계승함에서 기인한다. 여진(女眞·女直)족으로도 회자되는 만주(滿洲·滿族)족은 시대에 따라 부족 명칭이 자주 변경되며 혼란을 초래하기도 한다.

부족명의 변천사는 다음과 같다.

숙신(肅愼): 춘추전국시대(BC 770~BC 221), 읍루(挹婁): 한나라
(BC 202~AD 220), 물길(勿吉): 남북조시대(420~581), 말갈(靺鞨): 수
(581~618)~당(618~907), 여진(女眞): 송(960~1279), 만주족(滿洲族):
청(1616~1912).

발해사 연구는 문헌 사료의 절대 부족으로 현재까지 기초 연구 단계에
머물러 있다. 건국 당시의 국체(國體) 상황, 영토의 경계 문제, 정치·사회
의 구성 요소까지 한계가 많다. 발해사에 대한 주변국 사학계의 접근 방식
도 자국의 국익 여부에 따라 확연한 시각차가 드러난다.

- 한국과 북한은 통일신라와 발해를 남북국 시대로 설정해 발해가 고구
  려 계승국임을 교과서에서도 수용하고 있다.
- 옛 발해 영토 대부분을 차지한 중국은 견해가 다르다. 발해를 속말말갈
  (粟末靺鞨)이 주체가 돼 여타 말갈족들과 읍루·부여·예맥·옥저계
  통 부족·고구려 유민 등이 합세해 건국한 나라로 파악한다.
- 일본은 한반도 강점기에는 발해를 한국사 체계로 포함시켰으나 최근
  에는 만주인의 왕조사로 보고 있다. 남만주와 한반도 북부사(史)를 만
  선(滿鮮) 사관에 편입시키려 했던 과거 입장의 자기 부정이다.
- 발해 남부 영토였던 연해주가 자국 영토인 러시아는 발해사를 러시아
  지방사나 소수 민족사로 예속시키려 하고 있다.

발해 역사는 중국 역사학계의 동북공정으로 한·중 양국 간 첨예한 현
안이기도 하다.

702년 7월 재위 10년 만에 효소왕이 훙서했다. 백성들은 건강한 둘째 왕자를 왕으로 옹립하기 위한
역신들의 음모 살해라고 의심했다. 이튿날 효소왕의 동모제 김융기가 왕위에 오르니 33대 성덕왕
(재위·702~737)이다.

신라 왕릉 양식을 표본적으로 구비한 성덕왕릉. 능 아래 난간석은
왕권을 상징하는 석물로 고려 · 조선왕조까지 이어졌다.

정치적 안정을 기반으로
탁월한 통치술을 발휘하다

31대 신문왕과 제2 부인 신목왕후 사이에서 태어난 둘째 왕자 김융기(金隆基 · ?~737)는 유소년 시절부터 총민했다. 동복형 김이홍(金理洪 · 687~702)이 태자로 책봉돼 용상 등극은 요원했지만 성장과정을 통해 직접 목도한 조정 판세가 곧 왕도 교육이었다.

국가는 소멸했어도 도처에서 봉기하는 백제 · 고구려 유민 세력들, 권력 독점을 위한 김씨 왕족과 조정 대신들 사이의 치열한 암투, 막강 군사력을 무기로 굴종을 강요하는 당의 횡포, 한반도의 남북국 분단을 기화로 신라와 당 · 발해 사이를 이간시키는 일본의 등거리 외교술 등. 조숙한 김융기는 '내가 왕이라면 저 상황에 어찌 대처할 것인가'를 고뇌하며 궁궐 안을 거닐었다.

32대 효소왕(재위 692~702)으로 즉위한 김이홍은 탄생 시부터 허약 체질이었다. 섭정하던 신목왕후가 돌연 승하(700)하자 비탄으로 절망하던 소년 왕이 병석에 누웠다. 왕권이 급격히 출렁였다. 왕족 중 이찬(17 관등 중 2급) 김경영 등 10여 명이 대역을 모의하다 추포돼 참살 당했다. 와병 중인 효소왕은 부왕(父王) 재위 시 공신세력을 제거하고 왕권 회복을 시도했다.

효소왕이 승부수로 던진 회심의 건곤일척(乾坤一擲)은 의외의 결과를 초래했다. 은연 중 둘째 왕자를 지지하던 신진 권신들에게 결집의 계기를 제공한 것이다. 이들이 불복과 태업으로 금상을 능멸하자 병약한 효소왕은 날로 수척해졌다.

702년 7월 재위 10년 만에 효소왕이 훙서했다. 백성들은 건강한 둘째 왕자를 왕으로 옹립하기 위한 역신들의 음모 살해라고 의심했다. 이튿날 효소왕의 동모제(同母弟) 김융기가 왕위에 오르니 33대 성덕왕(재위·702~737)이다.

성덕왕(聖德王·이하 왕)은 이반한 민심을 위무하는데 골몰했다. 즉위하던 해(702) 9월 감옥 문을 열어 중죄인을 제외한 생계 잡범들을 사면해 고향의 가족 품으로 귀환시켰다. 조정 내 문무백관들에게는 1급식 승급시켜 사기를 독려했다. 전국의 모든 주·군민들에게는 1년 간 조세를 면제해 생활고를 덜어 주었다. 때마침 당(唐)에서도 효소왕에 이어 김융기를 신왕(新王)으로 승인한다는 칙령이 당도했다.

백성들은 단순했다. 왕에 대한 의구심은 해소됐고 성은에 감복하며 생업에 전념했다. 세월도 호시절이었다. 삼국통일을 완수한 정치적 안정을 바탕으로 사회 전반에 걸쳐 태평성대가 지속됐다. 왕은 백관잠(百官箴·신하가 엄수할 계명이 적시된 지침)을 대신들에게 하달해 조정의 기강을 확립했다.

왕은 허약한 왕권에서 야기된 전조(前朝)의 정치적 혼란을 숙지하고 있었다. 요체는 통제 불능으로 비대해진 고위 신료들의 권력 팽창과 평생 동안 퇴임 없는 권좌의 안주였다. 왕은 유충했지만 명석했다. 고인 물은 부패하고 해충까지 번식한다는 이치를 터득한 지 오래였다. 왕은 통치 안정을 위한 조직 개편에 착수했다. 신라의 국제적 위상 제고를 위한 외교 전략도 새로 수립했다.

당시 왕들은 내치·외치와 함께 천재지변으로 인한 재앙까지도 책임 져야 했다. 관리의 부정 축재와 가렴주구는 물론 전쟁이 발발해 장정이 징집돼도 왕을 원망했다. 한발·홍수가 극심해 농사를 망치거나 지진으로 태산이 붕괴돼 가옥이 매몰돼도 왕의 부덕 때문이었다. 왕은 이 같은 무한 책임을 중시(中侍)의 책임으로 분산시켜 국면 전환을 시도했다. 중시는 28대 진덕여왕 5년(651) 상대등을 견제하기 위해 최초 설관된 관직이다.

중시는 신라 조정의 집사부(執事部·행정부) 수장으로 최고위직 관료였다. 삼국통일을 전후한 29대 태종무열왕과 30대 문무왕 재위 시는 김유신이 상대등에 임명되며 조정의 권력을 장악했다. 32대 효소왕 대에 이

성덕왕릉 사우(모서리)에 배치된 살찐 사자상(좌). 목이 잘린 십이지신상(우). 열두 방위를 지키고 있는 신상(神像) 모두가 훼손됐다.

르러 중시한테 권력이 이동되고 상대등은 상징적 존재로 전락했다. 그 후 중시와 상대등은 왕과 함께 어전회의에 참석했으나 왕명에 복종하는 고급 신료에 불과했다.

왕은 국가의 주요 의사 결정 기구인 귀족회의와 화백회의를 중시가 주재하도록 전권을 위임했다. 왕의 결정은 주효했다. 이후 왕은 정무의 사후 처결을 통해 일체의 정치적 책무는 중시가 감수하고 왕권은 더욱 강화됐다. 왕은 한 관리가 중시직에 장기간 유임하지 못하도록 철저히 관리했다. 심지어는 중시로 등용했던 중신(사공)을 장군으로 좌천시켜 개인의 권력 기반 조성을 사전에 차단했다.

왕은 34년 7개월을 재위하는 동안 총 14회의 고위직 교체를 단행했다. 관리들의 자기 세력 기반 형성은 언감생심이었다. 그 잦은 빈도와 관료 성명이 사서에 전한다.(괄호 안은 벼슬명)

- 왕 1년 9월 원훈(중시)
- 왕 2년 7월 원문(중시)
- 왕 4년 1월 신정(중시)
- 왕 5년 1월 인품(상대등) · 8월 문량(중시)
- 왕 11년 3월 위문(중시)
- 왕 13년 6월 효정(중시)
- 왕 17년 1월 사공(중시)
- 왕 19년 3월 배부(상대등) · 7월 문림(중시)
- 왕 21년 6월 선종(중시)
- 왕 24년 3월 윤충(중시)

· 왕 26년 4월 위원(대아찬) · 8월 사공(상대등)

· 왕 31년 12월 사공(장군) 등.

내치 안정으로 동력을 확보한 왕은 대당 외교에 사활을 걸어 신라의 국제적 위상을 확고히 다졌다. 매년 하정사(賀正使)를 당에 보내 신년을 감축하고 사신을 보내 황궁 숙위(宿衛 · 숙직하며 보초 서는 일)를 자청했다. 왕 11년 3월에는 왕의 이름이 당 현종(6대 황제 · 재위 712~756)의 어휘 이융기(李隆基)와 동일하다며 개명 칙령이 하달되자 즉시 김흥광(金興光)으로 교체했다. 왕 23년(724) 12월에는 신라의 절세미인 포정(抱貞 · ?~?)과 정완(貞婉 · ?~?) 2인을 당 현종에게 바쳐 향락을 누리게 했다.

당도 번국 신라의 충성에 화답했다. 704년 3월 귀국하는 신라 사신에게 최승왕경(最勝王經)을, 717년 9월에는 공자 10철(哲) 및 제자 72도(圖)를 보내 신라 국학(國學)에 봉안토록 했다. 당의 문화 예속 전략에 신라는 점점 정체성을 잃어 갔다.

당시까지만 해도 신라와 당은 나당연합군의 고구려 멸망(668) 이후 국경 분쟁이 계속되고 있었다. 왕 34년(735) 1월 마침내 당 현종이 신라가 실효 통치하고 있던 패강(浿江 · 평안남도 대동강) 이남의 영유권을 승인했다. 이 변경은 조선 4대 세종대왕(재위 1418~1450)에 의해 육진 개척이 완성(1449)될 때까지 변천을 거듭하며 국경선으로 존속됐다.

왕은 가뭄 · 홍수 · 지진 · 역병 등으로 민심이 동요할 때마다 국정을 총괄하는 중시를 문책하고 수시 교체하며 위기를 모면했다. 그들은 온전히 전제 왕권의 소모품이었고 희생양이었다. 천재지변으로 아사 직전인 백성들에게는 술과 밥을 내려 구휼하고 집 없는 유랑민들에겐 하루 조 석

성덕왕릉 앞 탁자형 상석. 신라 왕릉만의 독특한 양식이다.

왕은 가뭄·홍수·지진·역병 등으로 민심이 동요할 때마다
국정을 총괄하는 중시를 문책하고 수시 교체하며 위기를 모면했다.
그들은 온전히 전제 왕권의 소모품이었고 희생양이었다.
천재지변으로 아사 직전인 백성들에게는 술과 밥을 내려 구휼하고
집 없는 유랑민들에겐 하루 조 석 되씩을 지급했다. 6개월 동안
총 30만 500백 석이 방출되었다는 기록이 전한다.

되씩을 지급했다. 6개월 동안 총 30만 500백 석이 방출되었다는 기록이 전한다.

이즈음 발해의 내정도 풍전등화였다. 1대 고왕(대조영·재위 698~719)이 훙서하고 장남 대무예(大武藝)가 2대 무왕(武王·재위 719~737)으로 즉위했다. 친동생 대문예(大門藝·?~?)는 별도 세력을 형성해 무왕의 왕위 찬탈을 도모했다. 형제 사이는 극도로 악화됐다. 당은 강국으로 부상한 발해가 조공을 거부하고 대등 외교를 전개하자 발해 침공을 규시(窺視)하고 있었다.

726년 북만주 하류의 흑수말갈(黑水靺鞨·만주족 전신)이 발해 영토를 극비리 통관해 당과 은밀한 내통을 시도했다. 무왕이 군사를 일으켜 대문예와 임아(任雅·?~?)를 장수로 삼아 흑수말갈을 치도록 명령했다. 대문예는 왕명을 거역하고 당으로 도주했다. 사신을 급파해 대문예 처형을 요구했으나 당은 대문예에게 좌요위장군 작위를 제수하고 발해 군부의 고급 정보를 입수했다.

733년 1월. 당이 대문예를 선봉장 삼아 발해를 공격하며 신라왕에게는 발해 남부 공격을 요청했다. 왕은 신라군을 출동시켰다가 폭설로 길이 봉쇄되고 동사자가 속출하자 서둘러 철군했다. 당에는 참전 명분을 살리고, 발해와는 전쟁을 원치 않는다는 양동작전으로 신라 백성들은 전화를 모면할 수 있었다. 전쟁 중에도 무왕은 자객을 보내 대문예 살해를 기도했으나 번번이 실패했다. 당과의 관계는 더욱 악화됐다. 조국을 배신한 대문예는 당에서 죽었다.

왕의 대당 외교를 굴욕적이라 폄하하던 대신들도 왕의 탁월한 통치술에 승복했다. 백성들의 신망을 확신한 왕은 왕 21년(722) 정전(丁田)을 백

성덕왕릉의 외곽을 지키고 있는 귀부(龜趺) 석상(좌). 두부는 오래 전 파손됐다. 귀부 석상의 발톱
(우). 신라 조각 예술의 정수로 꼽힌다.

성들에게 분급해 주며 자영 농민의 소유를 최초로 인정했다. 정전은 15세
이상 장정에게 국가에서 나눠 주던 토지다. 대신 농민들로부터 과중한 세
금을 징수해 국가의 재정 기반을 구축했다.

왕은 유교를 숭상했다. 즉위하던 해(702) 무구정광대다라니경(無垢淨
光大陀羅尼經·국보 제126호)을 목판으로 인쇄했다. 이 경은 한국 최초의
목판권자본(木板券子本)이다. 도화라국(國) 승려 미타산이 신라 승려 법장
과 함께 번역한 뒤 대장경에 편입시킨 것이다.

왕 6년(707) 봉덕사를 창건한 뒤 왕 10년((711)에는 전국에 도살 금
지령을 내렸다. 왕 23년(724) 1월 강원도 평창 상원사를 창건하고 이듬
해는 상원사 동종(국보 제35호)을 주조했다. 의상대사가 입적(702)하고
승려 혜초가 인도를 순례하고 귀국(723)해 왕오천축국전(往五天竺國傳)을
찬술(727)한 것도 왕의 재위 당시다.

왕은 전국 고을 이름을 간편한 2자체(體)로 개칭(727)해 지명 체계를
확립시켰다. 당시까지만 해도 당을 모방한 중복 지명과 삼한(마한 진한 변
한) 시대 지명이 수시로 변해 행정 체계의 혼란을 초래했다. 김대문(?~?)
이《화랑세기》를 저술(702)하고 조정에서 의학·산학박사를 양성(717)
해 의료 수학 발전에 전기를 마련한 것도 왕이 재임했을 때다.

737년 2월 왕이 승하했다. 조정에서는 통일신라기를 향도한 왕의 성(聖)스러운 덕(德)을 기려 '聖德'이란 시호를 봉정해 올렸다. 소생으로는 정비 성정왕후가 중경(?~717) 수충(?~?)의 두 왕자를 출생했고, 계비 소덕왕후는 왕자 승경(34대 효성왕) 헌영(35대 경덕왕)과 사소 공주를 탄출했다.

성덕왕릉(사적 제28호 · 경북 경주시 조양동 산 8번지)은 능묘 양식을 제대로 갖춰 조성된 신라 최초의 왕릉으로 유명하다. 토함산 서쪽 형제봉 구릉 말단부로 봉분 직경 14.7m, 높이 4.7m의 원형 봉보분이다. 봉분 하단에 0.9m 높이의 호석이 둘러져 있고 삼각형 받침석 위에 놓여 있다. 받침석 사이에는 부조(浮彫)가 아닌 환조(丸彫) 형태의 십이지신석(十二支神石)이 입상으로 배치돼 있다.

성덕왕릉의 십이지신석(이하 지신석)은 받침석 사이 면석 전면에 세워져 있다. 지신석 중 신상(申像 · 원숭이)은 현재 국립 중앙박물관에 전시돼 있다. 오상(午像 · 말)은 흉상 부분과 다리 부분으로 나뉘어져 있는데 다리 부분이 신상 자리에 위치하고 있다. 지신상은 모두 무복(武服)을 착용하고 있으며 양손 혹은 한 손에 무기를 들고 있다. 평균 크기는 정면 50.2cm, 측면 36.5cm, 높이 84.4cm로 신라의 다른 왕릉 지신석에 비해 큰 편이다.

봉분 바로 앞에는 상석이 있고 전방에는 석인상이 남아 있다. 능역 사우(四隅 · 네 모서리)에 네 마리의 석(石) 사자가 지키고 있고 봉분 앞에도 상설(象設)이 있다. 왕릉 북동쪽에는 능비를 세웠던 목이 잘린 귀부(龜趺)가 남아 있다. 왕릉 좌향은 간좌곤향(艮坐坤向)의 서남향으로 주역 괘(卦)를 사용했다.

성덕왕릉 문인석은 봉분 좌우측에 한 쌍이 있으며 관모를 쓰고 무복을 입은 모습이다. 문인석은 오랜 세월 속 마모 정도가 심해 현재는 두상과 흉상 일부만이 대석 위에 존재한다. 다른 하나의 문인석은 사각형 대석 위에 장포(長袍)를 입고 그 위에 소매가 없는 갑옷을 걸친 복장이다.

봉분 사방을 4기의 석사자가 둘러싸고 있으며 석사자 두상(頭上)의 방향이 각기 다르다. 석사자들은 장방형 대석 위에 앉은 자세로 눈썹, 눈, 이빨, 입술, 갈기, 꼬리, 발톱 등이 세밀하게 치석(治石)된 상태다. 석사자 4기의 전체적 형태는 비슷하지만 갈기 모양과 꼬리 방향 및 형태, 발톱의 치석 방법이 각기 다르다.

역사학계에서는 통일신라시대 능묘 양식을 완비한 왕릉으로 학술적 가치를 높이 평가하고 있다.

724년 3월 순원에게 굴복한 부왕이 3남 승경을 태자로 책봉했다. 순원의 외손자로 순원의 입지는 더욱 탄탄해졌고 부왕의 시름은 날로 깊어 갔다. 737년 2월 부왕이 분을 삭이지 못하고 중병에 들어 흥서했다. 승경이 대통을 이으니 효성왕이다. 이복형 수충을 제치고 용상에 오른 효성왕은 모후 소덕왕후와 외조부 순원의 명에 절대 복종했다.

효 성 왕

효성왕의 시신은 왕의 유언으로 화장돼 동해 바다에 뿌려졌다. 재
위하는 동안 외할아버지의 농간으로 여난에 시달렸다.

정략결혼 권력투쟁의 희생양되어
전제 왕권이 쇠퇴하다

전제 군주사회에서 왕비는 임금 다음의 제2인자였다. 때로는 금상을 능가하는 절대 권력으로 국정을 농단하고 왕을 폐위시켜 신왕을 옹립하기도 했다. 설상가상으로 왕비의 친정 세력이 조정을 장악하기라도 하면 그 패악은 극에 달했다. 민생이 피폐되고 국가의 존립이 위태로워지기도 했다. 세계 어느 왕조를 막론하고 왕비 간택은 차기 왕권과 직결되는 국가 최고의 중대사였다.

고대부터 왕실 혼사에는 왕족이나 조정 실세들의 문중 간 암투가 치열했다. 권력 분배 밀약을 통한 정략결혼이 비일비재했다. 이 약조가 파기되면 곧바로 정면 대결에 돌입했다. 특히 혼기에 든 태자나, 유충한 보령으로 등극한 주상의 국혼은 더욱 극렬했다. 한 치도 양보할 수 없는 권력 기반 형성의 첩경이었기 때문이다.

태자나 어린 왕은 당사자 의견과는 전혀 무관하게 간택된 규수를 비빈

효성왕은 자신이 죽으면 화장한 유골을 동해 바다에 뿌려 달라고 유언처럼 말했다. 효성왕은 화장돼 동해바다에 산골됐다.

으로 맞아 사자(嗣子 · 대를 이을 왕자)를 출산해야 했다.

　34대 효성왕(재위 737~742)은 자의반타의반으로 세 왕비를 맞았다. 당시 조정의 실세였던 김순원(金順元 · ?~?)의 강압에 의해서였다. 효성왕(孝成王)이 통치하는 5년 3개월 동안 세 장인 간 권력 투쟁으로 조정은 이전투구의 난장판이었다. 왕권이 요동쳤고 종래에는 임금마저 희생당하며 백성들은 도탄에 빠졌다.

　효성왕(이름 金承慶)의 즉위는 신라 왕조사에서 매우 이례적이다. 33대 성덕왕(이하 부왕)은 이찬(17 관등 중 2급) 김순원(이하 순원)의 겁박에 굴복해 정비 성정왕후 김씨(?~?)를 강제 출궁시켰다. 정비는 소판(잡찬 · 3급) 김원태(?~?)의 딸로 중경(?~?)과 수충(?~?)의 두 왕자를 탄출했다. 부왕은 중경을 태자로 책봉했다.

　정비를 강제로 폐출시킨 순원은 자신의 딸 점물부인(?~?)을 부왕의

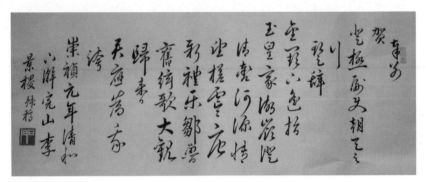

왕조시대의 교지(教旨). 삼국시대에는 중국 황제가 번국 왕에게 하달했다. 효성왕 2년 당 현종이 신라왕과 왕비 책봉을 동시에 승인했다.

계비로 서둘러 책봉했다. 바로 소덕왕후다. 국모가 된 점물부인은 승경(?~742) 헌영(?~765)의 두 왕자와 사소(?~?) 공주를 출생했다. 왕실에 태풍 전야의 먹구름이 감돌았다.

717년 6월 신라 왕실에 경천동지의 변고가 발생했다. 건강하던 중경 태자가 돌연 급사한 것이다. 부왕이 무소불위 권력을 휘두르는 순원의 횡포를 견제하기 위해 태자로 책봉한 정비 소생 장남이었다. 부왕은 절망했다. 조정 제신(諸臣)들과 백성들은 순원을 의심했다.

부왕은 당에서 숙위(황궁 경비) 중인 차남 수충을 급거 귀국시켰다. 수충의 태자 책봉을 서둘렀으나 순원이 극력 반대하고 나섰다. 순원은 소덕왕후의 장남으로 자신의 외손자인 승경(承慶)의 태자 책봉을 강경 고수했다. 부왕과 순원의 대치는 8년이나 지속됐다. 태자 위(位)를 무한정 궐위로 방치할 수 없다는 조정 대신들의 상소가 빗발쳤다.

724년 3월 순원에게 굴복한 부왕이 3남 승경을 태자로 책봉했다. 순원의 외손자로 순원의 입지는 더욱 탄탄해졌고 부왕의 시름은 날로 깊어갔다. 737년 2월 부왕이 분을 삭이지 못하고 중병에 들어 훙서했다. 승경

116

이 대통을 이으니 효성왕이다.

이복형 수충을 제치고 용상에 오른 효성왕(이하 왕)은 모후 소덕왕후와 외조부 순원의 명에 절대 복종했다. 왕에게는 왕통 승계와 무관했던 시절 사가에서 맺은 첫사랑이 있었다. 신라 개국 초 왕족의 후예였던 박씨 부인이었다.

왕은 등극하던 해 당 6대 황제 현종(재위 712~756)에게 신라왕의 관작 수여와 왕비 책봉을 청원했다. 31대 신문왕 이후 나당 관계는 국경 분쟁을 청산하고 군신지국으로 전락했다. 왕 2년(738) 2월 당 현종이 사신(使臣) 형숙(?~?)을 파견해 신라왕과 왕비 책봉을 동시에 승인했다. 외조부 순원은 더욱 기고만장했다.

왕은 즉시 사절단을 파견해 당 황제의 황은에 감읍했다. 왕은 사정부(府) 관직명 승(丞)의 발음이 자신의 어휘(御諱 · 임금 이름) 승(承)자와 동일해 불경스럽다며 좌(佐)로 교체((737)했다. 부왕도 어휘가 융기(隆基)였으나 당 현종 어휘와 동명이어서 당의 개명 칙령을 하달 받고 흥광(興光)으로 고친 바 있다. 백성들은 신라의 자주성을 상실한 치욕적인 굴종에 울분을 터뜨렸다.

왕권을 압제하는 뜻밖의 조짐이 조정 내에서 배태되고 있었다. 순원의 심기가 극도로 험악해진 것이다. 당으로부터 책봉까지 받은 정비 박씨가 왕자라도 출산하면 순원의 추락은 명약관화한 수순이었다. 왕 3년(739) 3월 순원은 극비리에 딸 소덕왕후를 알현했다.

"대비마마, 금상의 박씨 총애는 김씨 왕실의 왕권 유지에 중대 위협이옵니다. 박씨 소생이 대통이라도 승계하게 된다면 이는 필시 박씨 왕족의 소생 기회가 될 것입니다. 부디 총명을 밝히셔서 결단을 내리시옵소서."

소덕왕후가 근심어린 표정으로 순원에게 하문했다.

"그렇다면 금상의 계비는 어찌해야 됩니까?"

"소신에게 딸 혜명이 있사옵니다. 바로 마마와 자매임을 잊으셨사옵니까?"

소덕왕후와 순원 부녀는 기괴한 웃음을 주고받았다. 혜명은 소덕왕후의 친동생이었다. 이튿날부터 소덕왕후는 가당치도 않은 생트집을 잡아 며느리 박씨를 모함하더니 기어이 강제 출궁시켰다. 전광석화처럼 혜명이 계비로 책봉돼 내밀궁에 드니 혜명(惠明·?~?)왕후다. 왕에게는 이모였다.

왕은 사랑했던 박씨와 생이별한 뒤 삶의 의욕을 상실하고 국정을 등한시했다. 내밀궁에서 쫓겨난 정비 박씨는 몸져누웠고 왕의 장인 박씨(?~?)와 순원은 원수지간이 됐다. 조정에는 양측 세력 간 대립으로 일촉즉발의 긴장감이 감돌았다.

왕은 외조부이자 장인인 순원을 극도로 혐오했다. 이모로 계비가 된 혜명은 대면도 하지 않은 채 침상에 들지도 않았다. 외척 세력에 반발한 왕이 왕 4년(740) 7월 파진찬(4급) 김영종(金永宗·?~?)의 딸을 후비로 앉힌 뒤 극진히 총애했다.

격분한 혜명은 순원을 은밀히 입시토록 해 김영종(이하 영종)과 후비 김씨 살해를 기도했다. 사전 간파한 영종이 그해(740) 8월 자파 세력을 결집해 순원과 정면 대치했다. 조정은 금세 박씨·순원·영종의 세 사돈 간 싸움으로 아수라장이 됐다.

왕은 모후와 외조부를 외면하고 영종파를 적극 지지했다. 박씨 왕족도 순원 세력의 국정 농단을 저주해 영종파에 가담했다. 천지신명은 순원 편이었다. 영종의 친위 반란은 순원에게 진압돼 참패로 끝났다. 왕 4년(740)

다비식 후 유골을 봉안한 부도(浮屠). 효성왕은 신주만 종묘에 봉안하고 능은 조성하지 않았다.

34대 효성왕은 자의반타의반으로 세 왕비를 맞았다.
당시 조정의 실세였던 김순원의 강압에 의해서였다.
효성왕이 통치하는 5년 3개월 동안 세 장인 간 권력 투쟁으로
조정은 이전투구의 난장판이었다. 왕권이 요동쳤고 종래에는
임금마저 희생당하며 백성들은 도탄에 빠졌다.

7월 조(條) 기록에는 '붉은 옷을 입은 여자 한 명이 예교라는 다리 밑에서 나와 조정의 정사를 비방하였다.'고 이 당시 상황을 은유적으로 표현하고 있다.

순원의 보복은 잔혹했다. 영종파를 남김없이 주살하고 후비도 살해했다. 박씨 왕족과는 철저한 금혼령을 내렸다. 순원을 배반한 왕의 권한을 접수해 조정 신료를 자의로 임면했다. 군대 사열도 심복 정종(?~? · 상대등)과 사인(?~? · 중시)이 왕을 대신토록 했다. 소덕왕후 소생으로 왕의 친동생인 김헌영(?~765)을 태자로 책봉(739)해 영구 권력의 기반을 구축했다. 왕의 역할은 순원의 국정 전횡을 방관하는 것뿐이었다.

왕은 만사를 포기했다. "자신이 죽으면 화장한 유골을 동해 바다에 뿌려 달라."고 유언처럼 말했다. 왕 6년(742) 5월 왕이 갑자기 승하했다. 왕의 시상판(屍床板)을 곁에 두고 김헌영이 즉위하니 35대 경덕왕(재위 742~765)이다. 순원에게는 경덕왕도 외손자였다. 백성들은 왕의 돌연한 죽음에 순원과 소덕왕후를 의심했다.

동시대 발해에서는 2대 무왕이 홍서하고 3대 문왕(대흠무 · 재위 737~793)이 등극했다. 문왕은 당과의 적대 관계를 청산하고 당으로부터 작위를 받았다. 당이 발해 건국을 인정하고 사신을 교환한 것이다.

왕 6년(742) 1월. 당에서는 안녹산(703~757)이 평로절도사로 임명되며 당 조정에 일대 파란이 잉태됐다. 당 현종은 며느리 양옥환(현종의 제18 왕자 부인)을 귀비로 삼아 국정을 파탄내고 양귀비는 비극적 생을 마감했다. 경국지색 양귀비와 연루된 '안녹산의 난'은 경덕왕 편에서 다루기로 한다.

역사학계에서는 영종의 반란을 신라 중기 이후 취약해지는 전제 왕의

효성왕은 자신이 죽으면 화장한 유골을 바다에 뿌려 달라고 유언했다.

쇠퇴기로 비정(比定)한다. 당시 내밀궁 여인들의 단순한 투기가 아니라 삼
국통일 이후 억압됐던 정치적 불만이 집단적으로 표면화된 계기로 판단
한다. 순원의 전면 부상 이후 신라 왕실에서는 가야계와 박씨 왕족에 대한
왕비 책봉이 의도적으로 봉쇄됐다.

　　왕의 장인이자 외조부였던 이찬 김순원은 왕에게 효성(孝成)이란 시호
를 지어 봉정했다. 유언대로 왕의 시신은 서라벌 남쪽 법류사 경내에서 화
장해 동해 바다에 산골했다. 왕의 신주만 종묘에 봉안하고 능은 조성하지
않았다. 효성왕은 왕비 셋을 두었으나 내밀궁 여난에 시달리느라 후사를
잇지 못했다.

　　백성들은 "왕이 누구에게 효도를 해 '孝成王'이냐."라며 이찬 김순원을
조롱했다.

효성왕 6년 5월 왕이 갑자기 승하했다. 왕의 시상판을 곁에 두고 김헌영이 즉위하니 35대 경덕왕이
다. 경덕왕은 23년 1개월의 재위 기간 동안 괄목할 만한 치적을 남겼다. 철저한 친당 외교로 전쟁을
사전 예방해 민생을 안정시켰다.

신라 35대

경

덕

왕

상자형 상석이 배치된 경덕왕릉. 노골적인 친당 외교와 자연 재앙
으로 조정이 양분됐다.

친당 외교로 민생은 안정됐으나
신라의 정체성을 상실하다

왕조시대 역모 진압이나 적국 간 전쟁 승리 이후에는 공신 세력이 득세했다. 30대 문무왕의 삼국통일 이후 신라 조정에는 전쟁에 공을 세운 공신 세력이 권력을 독점했다. 그들은 귀족 세력과 결탁해 왕권을 위협했다. 왕실이 허약하거나 유충한 보령으로 금상이 등극했을 때는 근친 왕족까지 가담해 용상을 탈취했다.

신라 중기의 왕위 승계 계보는 역사학자들조차 혼돈될 정도로 복잡다단하다. 부모 형제 부부 사촌 숙질 외척 간 살육전으로 반복되는 등극 과정이 예측을 불허한다. 반전에 반전을 거듭하는 왕권 쟁탈전을 정확히 파악하려면 이들 선대 혈계(血系)를 관통해야 납득이 가능하다. 이 과정에서 재위 기간이 6개월(839년 윤1월~7월)이란 삼국 역사상 최단명 왕(45대 신무왕)이 출현하기도 했다.

10대 소년으로 즉위한 32대 효소왕은 생모 신목왕후의 섭정으로 명목상 군주였다. 친정에 든 효소왕이 외조부(김순원)에게 항명하다 역습을 당해 동복아우(33대 성덕왕)에게 왕위를 빼앗겼다. 성덕왕은 외조부의 강압으로 이모(신목왕후 동생)와 혼인해 2남 1녀를 출산했다. 첫째 왕자가 34대 효성왕(이름 金承慶)이고, 둘째 왕자가 35대 경덕왕(金憲英·재위 742~765)이다.

경덕왕(景德王 이하 왕)은 23년 1개월의 재위 기간 동안 괄목할 만한 치적을 남겼다. 철저한 친당 외교로 전쟁을 사전 예방해 민생을 안정시켰다. 과감한 조직 정비와 행정 구역 개편을 통해 삼국통일로 광역화된 지방 행정을 효과적으로 일원화시켰다. 천재지변의 국가적 재난에는 집사부 수장을 신속히 교체해 백성들 원망을 대신토록 했다.

효성왕(이하 형왕)의 굴욕적 친당 외교 덕분에 신라 조정은 안정을 유지했다. 왕 2년(743) 3월, 당 현종(6대 황제·재위 712~756)이 형왕과 동일한 작호를 보내왔다. 왕의 국정 운영에 천군만마의 동력이 실렸다. 왕은 명민했다. 그해 4월 태자 시절 빈으로 맞은 삼모부인에게 태기가 없자 강제 출궁시키고 각간 김의충의 딸을 계비로 간택했다.

같은 해(743) 12월 사은 사절을 당에 파견해 감은조공하고 계비도 함께 신라 왕비로 책봉 받았다. 왕은 동북아(만주)와 베트남 북부는 물론 흑해 연안까지 영토를 확장한 당과의 외교에 국가 역량을 집중했다. 반면 북국 발해와는 교빙을 두절했고 일본의 사신은 면담조차 거절했다.

발해는 일본과 교류하며 동해 바닷길로 우회했다. 대당 외교가 절실했던 일본도 신라의 영향력을 의식해야 했다. 당은 신라에 답방 사신을 보내 작호를 추봉하며 가혹한 번국(藩國) 충성을 강요했다. 왕은 나당 일체화를 더욱 가속화했다.

왕은 외척 세력이 전횡하는 조정 권력을 되찾아 왕권을 강화시키려 했다. 왕 6년(747) 1월 조정 관제를 대폭 정비하고 과감한 제도 개혁을 단행했다. 행정 수반인 중시 관명을 시중(侍中)으로 개칭하고, 이듬해(748) 8월에는 정찰(貞察) 1명을 설관해 관료들을 감시했다. 조부(調府)에 2명의 사(史)를 보내 세금 징수 업무를 철저히 감시했다.

왕은 국립 교육 기관인 국학에 전문적 식견을 구비한 제업(諸業)·천문(天文)·누각(漏刻) 박사를 보내 유능한 학자·관료들을 양성했다. 이상적인 유학의 이념을 구현하기 위한 기술 분야의 인재 수급이 목적이었다. 당을 모방한 한화(漢化) 정책의 일환으로 왕의 의도적 발상이기도 했다. 신라의 자주성은 점점 모호해져 갔다.

왕의 개혁 동력은 기존 질서에 안주하던 귀족 집단의 조직적 반발을 초래했다. 왕 13년(754) 당대 귀족 세력 대표로 군림하던 상대등 김사인

경덕왕릉 앞 오른쪽의 평판 배석. 산릉 제향 때 임금이 절하던 자리다.

(?~?)이 왕의 실정을 힐난하는 상소를 올리고 사직한 뒤 낙향해 버렸다. 김사인은 신라의 정체성을 상실한 치욕적 한화 정책을 개탄했다. 현실 정치의 모순 등이 왕의 덕행 부족이라고 질타했다.

설상가상으로 왕의 재위 시에는 기이한 천재지변과 기후 재앙이 잇따랐다. 백성들은 혼란에 빠졌고 조정 대신들마저 동요했다. 왕 2년(743) 대지진으로 서라벌 낭산(狼山)이 붕괴됐다. 이듬해 11월에는 삼태기만한 유성이 10일 동안이나 하늘에 떠 있어 흉흉한 괴소문이 나돌았다. 말세가 임박했다며 가축들을 잡아먹었다.

길을 가던 행인이 달걀만한 우박에 맞아 즉사하는가 하면(745년 5월), 겨울에 눈이 안 내리고(747) 폭풍우가 강타해(748) 거대한 고목나무가 뿌리째 뽑혔다. 왕 13년(745)에는 메뚜기 떼가 농작물을 갉아먹어 초토화시켰다. 기근을 못이긴 백성들이 걸인으로 전락해 부지기수 아사했다.

왕은 정국이 혼란스러울 때마다 집사부 수장을 수시로 교체해 정면 돌파했다. 왕 14년(755) 7월 김사인을 파면하고 그의 정적이었던 김기(?~?)를 상대등에 앉혔다. 김기는 노골적인 한화 정책을 적극적으로 추진했다. 조정 관직·관명을 당 제도대로 모방했다. 신년마다 하정 사절을 파견해 조공 물품을 진상하며 군신(君臣) 번국임을 자처했다. 신라의 정체성이 차츰 퇴색되어가자 백성들이 분노했다.

왕 16년(757) 1월 위기를 감지한 왕이 김기를 경질하고 신충(?~?)을 상대등에 제수했다. 신충은 조정 내 외관의 월봉제를 폐지하고 녹읍제(祿邑制)로 전환했다. 관료들의 경제적 욕구를 충족시켜 주는 대신 왕에 대한 충성을 유도하는 일거양득의 묘안이었지만 백성들에게는 극약이었다. 탐관오리의 혹독한 가렴주구와 토색질로 민초들의 곤궁한 삶은 가일층 피폐해졌다.

　왕 17년(758) 1월 염상(?~?)을 시중으로 임명해 악역을 대행토록 했다. 염상은 관료들의 연휴가 만 60일을 초과할 경우 무조건 해직시켜 조정의 기강을 바로 세우려 했다. 삼국통일 이후 확장된 전국의 행정 구역을 개편하고 소경(小京)과 군(郡)의 경계를 새롭게 명시했다. 이 당시 간소화된 주명과 군명은 현재까지도 사용되는 게 있다.

　왕 재위 시 아시아의 국제 정세는 당의 내정 동향에 따라 번국 조정이 요동쳤다. 당의 6대 황제 현종은 미색을 탐하는 군주였다. 변방국 왕들은 당 현종과 양귀비의 금도를 깬 사랑에 촉각을 곤두세우고 있었다. 두 정인(情人)의 애정 행각은 안녹산의 난으로 비화돼 국체가 흔들리고 국기가 송두리째 붕괴되는 소용돌이에 휘말리고 말았다.

　양귀비(719~756)는 본명이 양옥환(楊玉環)으로 사천성 숭경현 출신이다. 일찍이 부모를 여의고 숙부 양현교의 양녀가 돼 성장했다. 재지(才智)가 넘치고 가무에 탁월한 경국지색으로 735년 현종의 제18 왕자 수왕(壽王) 이매(?~?)의 왕비가 되었다. 수왕은 광활한 당의 영토를 황제 아들이나 조카들에게 맡겨 위임 통치하던 번왕의 칭호다.

　어느 날 이매와 양옥환이 황제 현종을 알현하러 황궁에 입궐했다. 이 당시 현종은 무혜황후가 홍서해 시름에 잠겨 있었다. 며느리 양옥환을 본 순간 현종은 이성을 상실했다.

　740년 양옥환을 수왕저(邸)에서 출궁시켜 여관(女冠 · 女道士) 직을 제수한 뒤 아들 이매와 분리시켰다. 744년 황궁으로 입궐시켜 귀비(貴妃)로 책립한 뒤 황후와 동등한 지위를 부여했다. 사촌 오빠 양소(?~756)에

경덕왕릉 봉분을 감싼 36개의 난간석. 난간석 사이 열두 방향에 십이지신상이 양각돼 있다.

왕은 외척 세력이 전횡하는 조정 권력을 되찾아 왕권을
강화시키려 했다. 왕 6년 1월 조정 관제를 대폭 정비하고
과감한 제도 개혁을 단행했다. 행정 수반인 중시 관명을 시중으로
개칭하고, 이듬해 8월에는 정찰 1명을 설관해 관료들을 감시했다.
조부에 2명의 사(史)를 보내 세금 징수 업무를 철저히 감시했다.

게는 국충이란 새 직명을 하사하고 일족 모두를 황족과 혼인시켰다. 아내를 아버지에게 빼앗긴 수왕 이매는 땅을 쳤다.

안녹산(安祿山 · 703~757)은 돌궐족 출신으로 716년 일족과 함께 당으로 망명한 무장이다. 동북지방 소수 민족을 무자비하게 진압해 현종의 신임을 얻었다. 우여곡절 끝에 양귀비의 양자로 입양된 후 궁정 세력을 구축해 양국충 세력과 대립했다. 양국충이 현종과 안녹산 사이를 이간시키자 755년 15만 군사를 동원해 낙양과 장안을 함락시켰다. 이듬해 대연(大燕) 황제를 참칭하고 나선 이른바 '안녹산의 난'이다. 안녹산은 애첩 소생만을 편애하다 차남 안경서에게 살해당했고 이 난은 '사사명의 난'으로 이어졌다.

사사명(史思明 · ?~761)은 요령성 조양시 출신이다. 초명은 솔간이었으나 현종이 사명(賜名)으로 사사명을 하사했다. 동향인 안녹산의 추천으로 궁정을 수비하다 안녹산의 난에 가담했다. 안녹산이 죽자 변심해 조정에 협력하다가 758년 다시 반란을 일으켰다. 안경서를 참수하고 대연 황제를 선포했다. 본처의 막내아들(사조청)만 편애하다 첩의 아들 사조의에게 살해당했다. 안(安)녹산과 사(史)사명이 공모한 난이라 하여 '안사의 난'으로 일컫는다.

절체절명의 위기에 봉착한 현종과 양귀비는 양국충의 권유로 촉(蜀 · 사천성)으로 탈출했다. 장안 서쪽 마외역에 이르자 이번에는 경호병들이 반란을 일으켜 양국충을 참수했다. 현종을 강요해 양귀비를 불당에 목매교살(絞殺)토록 했다. 장안을 탈환해 귀환한 현종은 마외역에 묻힌 양귀비의 시신을 개장했다. 황궁에 마련된 양귀비의 화상 앞에 조석으로 통곡하며 그녀를 못 잊어 했다.

경덕왕은 김대성에게 불국사 창건 불사를 주관토록 했다. 불국사는 불국정토의 내세를 형상화했다.

경덕왕릉의 문화재 표지판. 국가 사적 제23호로 지정돼 있다.

그후 당 현종과 양귀비의 세기적 사랑은 수많은 시인 · 묵객들의 문학 작품으로 승화됐다. 백거이(772~846)의 장한가를 비롯한 시 · 소설 · 희곡 등이 후세인들의 심금을 강타하고 있다.

안사의 난 귀추를 주목하던 번국 왕들은 현종이 죽지 않고 생환하자 국난 중 수수방관에 혼비백산했다. 사죄 사절을 앞다퉈 파송해 공수(拱手)로 조아리며 금은보화를 진상했다. 신라왕은 느긋했다. 당 현종이 마외역 행재소서 곤궁에 처했을 때 조공 사신을 보내 경비 임무를 수행했기 때문이다. 왕은 감격한 당 현종이 직접 작문해 보낸 5언 10운 헌시를 소중히 간직했다.

왕의 일방적인 대당 외교는 일본과의 관계를 극도로 악화시켰다. 왕 1년(752) 1월 일본 사신 마려(?~?)가 입국했다. 동년 윤 3월 김태렴(?~?) 등 700여 명을 우호 사절단으로 일본에 파송했지만 양국의 교빙은 개선되지 않았다. 왕 17년(758)에는 일본 내 번국 중 하나인 무장국(武藏國)에 승려 32명을 보냈다. 승려들은 현지에 신라군(郡)을 강제 설치해 일본 조정과 대립했다.

북국 발해는 신라를 견제하느라 경쟁적으로 당에 사신을 파송했다. 3대 문왕 10년(746)에는 일본 번국 출우국(出羽國)에 발해인 1천100여 명을 이주시켜 정착토록 했다. 당은 고선지(?~755) 장군의 1차(747), 2차(750), 3차(751) 서역 원정을 통해 파미르고원 남방을 정탐했다.

왕은 이찬 직에서 물러난 김대성(?~744)에게 불국사 창건 불사를 주관토록 하고 전폭 지원했다. 왕 23년(764) 1월 김만종(?~?)을 상대등에, 김양상(?~785)을 시중으로 임명했다.

이 중 김양상이 왕의 아들 36대 혜공왕을 죽이고 37대 선덕왕으로 즉위한 인물이다. 왕의 홍서를 1년 앞둔 최악의 악수였다. 김양상의 즉위로 무열왕계 진골 왕통은 완전 소멸되고 17대 내물왕계 귀족들이 대통을 승계했다. 이후 신라 후기 왕실은 걷잡을 수 없는 혼란에 빠져들고 만다.

765년 6월 왕이 승하하자 조정에서는 경덕(景德)이란 시호를 봉정했다. 왕경 서라벌의 형산강 동남쪽 벽도산(경북 경주시 내남면 부지리 산 8번지)에 왕릉을 조영하고 신주는 종묘에 입묘했다. 산 능선 일부를 박토(剝土)해 조성한 횡혈식 석실분으로 추정되며 봉분 직경 20.9m, 높이 6.1m다.

경덕왕릉은 지대석 · 탱석 · 면석 · 갑석으로 이루어진 호석이 봉분 하부를 둘러싸고 있으며 호석 외부에 박석이 깔려 있는 특이한 구조다. 36개 탱석(撑石)은 2개 건너 1개에 평균 가로 60cm, 세로 89cm 크기의 선명한 십이지신상이 부조(浮彫)로 배치돼 있다.

36개 탱석 중 십이지신상이 양각된 것을 십이지신석이라 한다. 십이지신상 모두는 무복(武服)을 착용하고 있다. 박석 가장자리에 둘러져 있는 난간석이 압도적이다.

안상문(案牀紋)을 새긴 탁자형 상석이 신라의 다른 왕릉과 구별되며 석사자 및 석인상은 없다. 사적 제23호로 지정돼 있다. 삼대를 적선해야 들 수 있다는 자좌오향(子坐午向)의 정남향으로 하루 종일 볕이 잘 든다.

경덕왕은 양물(陽物 · 생식기)이 8치(약 24cm)가 넘는 정력가였으나 자식 운은 박복했다. 세 왕비 중 경수왕후(각간 김의충 딸) 사이에서 출생한 독자 김건운(金乾運 · 재위 765~780)이 36대 혜공왕으로 대통을 승계했다.

혜공왕은 태종무열왕의 6세손으로 신라·가야의 혼혈 왕손이었다. 3기 진골 왕계와 4기 귀족 왕계의 교체기를 재위하다 귀족 왕계에게 피살 당한 비운의 왕이다. 왕은 35대 경덕왕의 만년 적자로 태어나 3세 때 태자로 책봉된 뒤 8세 되던 해 즉위했다.

신라 36대

혜

공

왕

왕릉 봉분을 닮은 경주 시내의 산봉우리. 피살 당한 혜공왕릉에
대한 기록은 없다.

8세에 왕이 되니 섭정이라
귀족 왕계에 피살 당한 비운의 왕

《삼국사기》는 신라 56대왕 992년의 역사를 4기(期)로 구분해 기술하고 있다.

· 제1기(상고기): 1대 박혁거세거서간(재위 BC 57~AD 4 · 이하 재위 생략)~22대 지증왕(500~514)

· 제2기(중고기): 23대 법흥왕(514~540)~28대 진덕여왕(647~654)

· 제3기(중대): 29대 태종무열왕(654~661)~36대 혜공왕(765~780)

· 제4기(하대): 37대 선덕왕(780~785)~56대 경순왕(927~935).

역사학자에 따라서는 이 같은 시대적 구분을 새로운 왕계 혈통의 출현으로 해석하기도 한다.

· 박 · 석 · 김 세 성씨의 교차 왕권 시대를 제1기

경남 김해에 있는 김수로왕릉(납릉) 정문. 혜공왕은 신라·가야 왕족과의 혼혈이었다.

· 경주 김씨 왕통 정립 시대를 제2기

· 신라 · 가야의 혼혈 왕권 시대를 제3기

· 17대 내물왕계의 왕위 찬탈과 박씨 왕조의 재집권 시대를 4기

또 다른 시각의 분류도 있다.

· 제1 · 2기를 합쳐 성골 왕권 시대

· 제3기를 진골 왕권 시대

· 제4기를 귀족 왕권 시대

왕조 시대 임금은 종묘(왕의 조상)와 사직(백성)을 온전히 수호하고 다스림이 온갖 덕목 중의 으뜸이었다. 왕권이 취약하거나 역모 대처에 소홀하면 왕은 축출되고 대통 계보는 새롭게 형성됐다. 반역에 의해 왕의 정통성이 전도돼도 조정 대신들은 새 질서에 신속히 적응했다. 모반으로 왕

권이 교체될 때마다 무고한 인명이 도륙됐고 민생은 피폐됐다. 역사는 그렇게 반복됐다.

혜공왕(惠恭王 · 이하 왕)은 태종무열왕(이하 무열왕)의 6세손으로 신라 · 가야의 혼혈 왕손이었다. 3기 진골 왕계와 4기 귀족 왕계의 교체기를 재위하다 귀족 왕계에게 피살 당한 비운의 왕이다. 왕은 35대 경덕왕(재위 742~765)의 만년 적자(嫡子)로 태어나(758) 3세 때 태자로 책봉(760)된 뒤 8세 되던 해 즉위(765)했다. 이름은 김건운(金乾運)으로 모후는 경수(景垂 ?~? · 이하 태후) 왕후다.

태자가 8세 때 경덕왕이 승하하자 태후는 등극한 왕을 대신해 섭정에 들었다. 태후는 어린 임금의 제왕 수업을 당대 석학들에게 맡기고 왕권을 장악했다. 왕은 매일 국학(국가 교육기관)에 나가 박사들의 강의를 들으며 역사 · 경서 · 시문 공부에 전념했다. 어린 왕과 태후의 미숙한 국정 운영은 노회한 대신들의 능멸 대상이었고 지켜보는 백성들도 불안하기는 매일반이었다. 왕이 치세하는 동안 하늘도 금상 모자를 돕지 않았다.

왕 1년(765) 가을 왕경에 새까만 유성우(流星雨)가 쏟아져 초목이 타고 검은 물이 솟구쳤다. 이듬해 1월에는 멀쩡한 하늘에 해가 둘이 떠 있고 2월에는 강주(경남 진주)의 산이 함몰돼 연못으로 변했다. 같은 해 10월에는 갑자기 하늘에서 북소리가 둥둥 울려 백성들이 혼비백산했다. 불길한 징조가 이어지자 태후는 왕과 함께 신궁에 제사를 올리고 살인범을 제외한 경범 죄인들을 방면했다.

태후의 치성에도 불구하고 기이한 자연 재앙은 왕의 재위 기간 동안 연속됐다. 왕 3년(767) 6월 대지진, 768년 2월 거대한 혜성 출현 · 6월 대지진과 우박, 770년 3월 굵은 흙비·11월 대지진, 777년 3·4월 대지진, 779년 3월 대지진(100여 명 사망)·4월 김유신 묘에서 기괴한 통곡 소리, 780년 1월 왕경에 싯누런 안개·2월 검붉은 장대비 등 말세를 앞둔 것 같은 공포가 거듭됐다. 조정 대신들은 동요했고 백성들은 어린 왕과 태후의 부덕을 원망했다.

태후는 당 황제로부터 신왕(新王)을 신라왕으로 책명(冊命) 받아 왕권을 안정시키는 게 급선무였다. 왕 3년(767) 7월 김은거(?~775)에게 진귀한 방물(方物)을 안겨 당에 사신으로 파견했다. 이듬해 봄 김은거가 당 대종(8대 황제·재위 762~779)의 책명을 받아 귀국했다.

태후는 신년마다 하정(賀正) 사절을 당에 파송했다. 왕 9년(773)에는 3회의 조공 사절을 별도로 보내 예물을 진상했다. 감격한 당 대종이 신라왕에게 '만국지중내위군자(萬國之中乃爲君子·여러 번국 중 으뜸 군자의 나라)'라는 친서를 내렸다. 태후의 지나치게 경도된 친당 굴신 외교는 조정 대신들의 거센 반발을 샀다. 조정 내 왕실의 지지세력은 극소수였다. 약체 왕실의 전복을 노린 역모 사건이 다섯 차례나 발생했다. 왕 2년(766) 2월 서라벌 양리공(公) 집 암소가 다리 다섯 개의 송아지를 낳았다. 백성들은 역모의 조짐이라며 불안하게 여겼다.

첫 번째 반란은 왕 4년(768) 7월 일길찬(17관등 중 7급) 대공(?~768)과 그의 아우 아찬(6급) 대렴(?~768)이 주도했다. 형제는 3일간이나 대궐을 포위하고 금상 모자의 퇴위를 겁박했다. 반란은 왕의 측근인 김은거와 신유(?~?), 혼(琿·?~?) 등에 의해 진압됐다. 태후는 가담자 전원을 참수한 뒤 3족을 멸하고 모든 재산을 몰수했다. '역당들의 재물이 사병을 양성해 반란을 일으키고도 남았다.'고 《삼국사기》에 기록돼 있다.

《신당서(新唐書)》에도 전하는 대공 형제 반란 후유증은 막심했다. 왕경과 5도를 비롯한 전국 주·현 소속 96명의 각간이 반란을 일으켜 3년 넘게 조정과 대치했다. 왕실의 권위는 급전직하로 추락했다. 태후는 서둘러 김은거를 시중에, 신유는 상대등으로 임명했다. 《신당서》는 북송(960~1127)의 4대 황제 인종(재위 1022~1063) 연간에 구양수(1007~1072)가 편찬(1044~1060년 사이)한 당나라 289년의 역사서다.

두 번째 난은 왕 6년(770) 8월 대아찬(5급) 김융(?~?)이 일으켰다. 김융은 조정의 대당 외교가 치욕적인 굴종이라며 금상 폐위를 선동하고 나섰다. 화급해진 태후는 대공 형제의 난을 평정한 김은거를 내치고 최측근 친당파 정문(?~775)을 시중으로 임명했다. 토벌 당한 김융과 그 일당은 능지처참 되고 3족이 멸문지화를 당했다. 반왕파 저항 세력들은 조정 실세 김양상(金良相·?~785) 아래로 결집했다.

왕 10년(774) 9월 위기를 감지한 태후가 반왕파 무마를 위해 김양상을 상대등에 재수했다. 권력에서 소외된 친왕파 김은거와 그 지지자들은 절치부심했다. 이듬해(775) 6월 김은거 일당이 권토중래를 노리고 세 번째 반란을 감행했다. 왕실의 보호를 명분으로 내건 친위 역모였지만 김양상에게 제압돼 모두 참수되고 3족이 몰살당했다.

두 달 후인 같은 해 8월. 이번에는 시중 정문(?~775)과 이찬(2급) 염상((?~775)이 공모해 대역을 주도했다. 금상 모자와 김양상을 살해하고 용상 탈취를 획책한 네 번째 반란이었다. 김양상에 의해 진압된 대역 세력들은 당사자는 물론 친구들까지 멸족 당했다.

대세를 장악한 김양상(이하 양상)의 권력은 무소불위로 금상 모자를 능가했다. 태후는 양상에 맞서기 위해 매년 2~3회씩 당에 사신을 파견하

신라시대 국립 교육기관이었던 국학. 어린 혜공왕은 매일 국학에 나가 박사들의 강의를 들으며 역사·경
서·시문 공부에 전념했다. 현재의 성균관 내 명륜당이다.

비운에 생을 마감한 왕은 할아버지 성덕왕을 신처럼 추앙했다.
부왕 경덕왕이 성덕왕을 기리기 위해 시주한 범종 불사를 완성 못하고
홍서하자 왕 7년 12월 14일 마침내 완성했다. '봉덕사 종' '에밀레 종'으로도
불리는 성덕대왕 신종이다. 신종은 현존하는 통일신라시대의 최대 거종으로
종신의 박진감 넘치는 사실적 조각 기법이 독보적이다.

며 왕권 회복을 도모했다. 조정 대신들은 위태로운 금상 모자를 외면했다.

태후는 진표(?~?)율사가 김제 금산사 금당에 미륵장육상(彌勒丈六像)을 조성(766)하자 보란 듯이 왕실의 내탕금을 공물로 시주했다. 왕 7년(771)년 12월 14일에는 봉덕사 동종 낙성 법회에 직접 참관해 위용을 과시하기도 했다.

역모 사건을 여러 차례 겪는 사이 유충했던 왕도 어느덧 성년이 되었다. 당시 신라 남자의 성년 나이는 15세였다. 왕의 친정으로 섭정에서 물러난 태후는 상실감을 극복하지 못하고 중병에 들었다. 대신들은 태후와 왕 사이를 철저히 격리시켰다.

태후의 실정에 낙담하던 백성들은 환호했다. 왕은 철없는 사춘기 소년이었다. 불철주야 주지육림 속에 소일하며 욕정이 발동하면 때와 장소를 가리지 않고 궁녀들을 범했다. 정무는 등한 시하고 색탐에만 몰두했다. 대역을 도모하고 있던 양상에게는 더 없는 호재였다.

왕 12년 1월 반당파 양상은 조정 관복과 백관 칭호를 신라 제도로 환원시켰다. 조정은 상대등 양상파와 이찬 지정(?~780)파로 다시 양분돼 극한 대립했다. 왕은 당에 등을 돌려 고립을 자초한 양상을 경원시하며 지정을 옹호했다.

이 와중에 점술가도 예언하지 못한 천재 괴변들이 수년째 계속됐다. 대지진으로 지축이 갈라져 사찰이 붕괴되더니 치악산의 놀란 쥐 8천 여 마리가 북쪽으로 이동했다. 호랑이가 왕궁으로 뛰어 들어 군대가 동원되는가 하면 서녘 하늘에 혜성이 출현해 한 달 넘게 밤낮을 비췄다. 왕은 공포에 떨었고 민심은 흉흉해졌다.

흉년이 들고 역병만 나돌아도 왕을 탓하던 때였다. 왕 13년(777) 4월 양상이 저간의 시정(時政)을 맹비난하는 겁박 상소를 왕에게 올렸다. 왕은 조정에 가득찬 양상파 신료들의 위세가 두려워 "모든 걸 상대등이 알아서 처결하라."라는 윤지를 내렸다. 그해 10월 양상은 자신의 심복 김주원(?~798·후일 38대 원성왕)을 시중으로 임명했다.

소수 지지세력으로 왕의 편에 섰던 지정파가 격앙했다. 왕 16년(780) 2월 지정파가 궐기해 왕궁을 장악했다. 양상과 김주원을 참수하고 추락한 왕권을 회복하겠다는 친위 반란이었다. 2개월 동안 조정에는 피바람이 몰아쳤다. 그해 4월 반격에 나선 양상·김주원파가 지정파를 제압했다. 관련자들을 추포해 남김없이 주살하고 가족들까지 씨를 말렸다. 이제 왕실은 무주공산이었다.

피 묻은 양상과 김주원의 얼굴에 결기가 넘쳤다. 둘은 왕을 끌고 제1 신보왕비(이찬 유성의 딸)와 제2 창창왕비(이찬 금장의 딸)가 떨고 있는 내밀궁으로 향했다. 둘이 동시에 장검을 뽑아 왕과 두 왕비의 목을 내리쳤다. 재위 14년 10개월에 보령 24세였다. 왕은 두 왕비와 후궁을 여럿 두었으나 자식이 없었다.

비운에 생을 마감한 왕은 할아버지 성덕왕(33대)을 신처럼 추앙했다. 부왕(34대 경덕왕)이 성덕왕을 기리기 위해 시주한 범종 불사를 완성 못하고 흥서하자 왕 7년(771) 12월 14일 마침내 완성했다. '봉덕사 종' '에 밀레 종'으로도 불리는 성덕대왕 신종(국보 제29호·이하 신종)이다. 신종은 현존하는 통일신라시대의 최대 거종으로 종신의 박진감 넘치는 사실적 조각 기법이 독보적이다.

신종은 종고 3m 33cm, 구경 2m 27cm로 종신 각부의 양식이 풍부하며 화려하다. 종신에 2구씩 대좌한 연화대 위의 비천상 4구는 동양 어느

혜공왕 7년(771) 주조된 성덕대왕 신종(일명 에밀레종). 국보 제29호다.

경주 대릉원에서 출토된 궁궐 주춧돌. 혜공왕은 직접 신궁(神宮)에서 제사를 지냄으로써 시조신에게 자신의 즉위를 알렸다.

국가 범종에도 유례가 없는 신라 예술의 정수로 손꼽힌다. 종신에 양각된 명문(銘文)은 종명(鐘銘 · 종 표면에 부조한 기원문)의 효시로 내용면에서도 발군이다.

한림랑(급찬) 김필계(또는 김필오 · ?~?)가 쓴 명문은 630자 서문과 200자의 주문으로 구성돼 있다. 주제는 성덕왕 공덕을 신종에 담아 종을 칠 때마다 그 공덕이 영원히 백성들에게 널리 퍼져 국태민안이 지속되길 발원한다는 내용이다. 자체(字體)도 수려해 통일신라 이후의 문체 연구에 소중한 단서를 제공하고 있다. 명문의 서문은 다섯 단락으로 구성돼 있다.

① 범종 소리야말로 일승(一乘)의 원음(圓音)을 들을 수 있는 신기(神器)다.

② 성덕왕의 공덕으로 나라는 태평하고 백성들이 복락을 누릴 것이다.

③ 신종 불사를 일으킨 경덕왕의 효성과 은공은 무량복덕이다.

④ 동종 주조의 성업 완성은 혜공왕의 덕망과 효행에 근원한다.

⑤ 신비로운 종성을 듣는 자 모두 금생 업장을 소멸하고 무한 복락을 누릴 것이다.

왕을 시해하고 37대 선덕왕으로 등극한 김양상은 왕에게 혜공(惠恭)이란 시호를 지어 봉정하며 구천에 떠도는 왕의 혼령을 위로하고자 했다. 자신이 죽인 왕을 성대히 예장했을 리 없다. 왕릉은 전하지 않는다. 역사학계에서는 경주에 산재한 왕릉 규모의 여러 무덤 중 하나일 것으로 추정하고 있다.

780년 4월 귀족파가 친왕파를 패퇴시키고 김지정 일당을 색출해 남김없이 주살했다. 궁궐 뒤에 은
신해 있던 혜공왕도 끌어내 왕비와 함께 현장에서 참수했다. 이튿날 김양상이 37대 왕으로 등극하
니 선덕왕이다. 금상을 시해하고 용상에 앉았다.

선

덕

왕

혜공왕을 살해하고 즉위한 선덕왕은 재위 시 동해 바다를 자주 찾
았다. 막상 용상에 오르니 무상한 게 권력이라.

금상을 시해하고 용상에 앉았으나
재위 4년 9개월 내내 좌불안석

봉건 군주시대 임금이 승하하면 조정 대신들은 서둘러 묘호(廟號)를 제정했다. 묘호는 왕의 생전 치적을 1~4자로 함축한 사후 별칭으로 본명보다 우선했다. 왕실에 봉정된 묘호는 왕실 원로들 논의를 거쳐 새로 등극한 국왕이 선포했다. 묘호가 확정된 전왕(前王) 신주는 비로소 역대 임금의 신주가 봉안된 종묘에 입묘(入廟)됐다. 종묘에 안치된 왕의 신주는 세간에서 신봉하는 어떤 신보다도 상격으로 군림했다.

삼국(고구려 · 백제 · 신라) 왕의 묘호는 대부분 2자씩이다. 2자를 제외한 1 · 3 · 4 · 6자 묘호를 국가별로 구분하면 다음과 같다.(왕의 재위기간 생략, 왕 자(字)는 묘호에 포함되지 않음)

• 1자: 백제 12대 계왕, 26대 성왕, 28대 혜왕, 29대 법왕, 30대 무왕
• 3자: 고구려 1대 동명성왕, 2대 유리명왕, 3대 대무신왕, 9대 고국천

왕, 16대 고국원왕, 17대 소수림왕, 18대 고국양왕, 19대 광개토
왕, 21대 문자명왕 / 백제: 13대 근초고왕, 14대 근구수왕, 19대
구이신왕 / 신라: 8대 아달라왕
- 4자: 신라 29대 태종무열왕
- 6자: 신라 1대 혁거세거서간

한 국가에 동명이왕(同名異王)의 묘호도 있다. 신라 27대 선덕왕(재위
632~647)과 37대 선덕왕(재위 780~785)이다. 두 임금은 한자를 병기
하지 않으면 구별할 수가 없다. 후대에 와 27대 왕은 여자여서 편의상 선
덕여왕(善德女王)으로, 37대 왕은 원래대로 선덕왕(宣德王)으로 기록하고
있다. 두 임금 모두 사서의 정식 묘호는 한자 표기로 선덕(善德)왕과 선덕
(宣德)왕이다.

경주 신라 왕릉의 안내 표지판에도 두 임금 모두 선덕왕이라 표기돼
있다. 28대 진덕(眞德) 여왕과 51대 진성(眞聖) 여왕도 진덕왕과 진성왕으
로 각각 표시돼 있다.

신라 임금 신분의 시대적 구분은 세 부류로 대별된다.
- 성골시대(1대 혁거세거서간~28대 진덕여왕)
- 진골시대(29대 태종무열왕~36대 혜공왕)
- 귀족시대(37대 선덕왕~56대 경순왕)

왕계 혈통이 교체되는 변곡점마다 조정의 권력 질서가 재편됐다. 이
과정에서 유능한 국가 동량이 무수히 살해당하고 심지어는 왕까지 시해됐
다. 특히 신라 후기 들어 이런 악순환이 빈번히 반복됐다.

신라의 삼국통일은 29대 태종무열왕이 백제를, 30대 문무왕이 고구

려를 멸망시키며 완수됐다. 자력이 아닌 외세에 의존한 통일이다 보니 목
전의 현안 문제가 산적했다. 신라 전역을 자국 영토로 편입시켜 영구 지배
하려는 당(唐)의 야심, 갑자기 확장된 영토에 대한 행정력 공백 등으로 조
정의 혼란은 가중됐다. 설상가상으로 삼국통일 이후 신라 조정에는 미묘
한 난기류가 팽배했다. 신라 전통 왕실 혈통에 대한 정통성의 부정이었다.

29대 태종무열왕은 폐왕(廢王·25대 진지왕)의 손자였다. 태종무열
왕(이하 무열왕)의 왕비 문명부인은 가야 망국왕(10대 구형왕)의 증손녀
김문희(김유신의 둘째 여동생)였다. 30대 문무왕은 폐왕 손자와 타국의
망국왕 증손녀 사이에 출생한 폐족이었다. 왕실의 순수 혈통 보전을 위해
남매 간에도 혼인하던 성골 왕실 법도로는 도저히 용납할 수 없는 왕통의
반란이었다.

진골 무열왕이 즉위(654)하며 왕권을 장악한 진골계 세력은 36대 혜
공왕이 시해(780)될 때까지 8대 왕에 걸쳐 126년간 권력을 장악했다. 그
동안 성골 잔존 세력은 왕위 승계와는 무관한 귀족 신분으로 전락했다. 귀
족(성골)들은 진골 집단을 귀태(鬼胎·태어나지 말아야 할 존재)라고 멸시했
다. 귀족들은 왕권 탈환으로 권토중래할 날만을 호시탐탐 노리고 있었다.

귀태는 귀신과의 성관계로 태어난 아이를 지칭한다. 그 기록이 《삼국
유사》에 전한다.

폐왕이 돼 원통하게 죽은 진지왕(25대) 귀신이 도화랑(?~?)이란 민
가 여인과 동침해 비형랑(鼻荊郎·579~?)을 낳았다. 기이하게 여긴 진평
왕(26대)이 비형랑을 데려다 대궐에서 양육했다. 비형랑은 비오는 밤마
다 궁궐을 빠져나가 귀신들을 부리며 굴복시켰다. 백성들은 궂은 일이 있
을 때마다 축귀(逐鬼) 가사를 음송하며 비형랑 신을 불러내 잡귀들을 쫓

복원된 삼국시대의 사당. 왕과 왕비의 신주를 상징적으로 봉안했는데 선덕왕도 마찬가지다.

"과인은 본래 재능이 없고 덕이 없어 즉위할 마음이 없었으나
추대를 피할 길 없어 등극했다. 재위 기간 중 재해가 겹치고 백성들이
도탄에 빠졌으니 모두 과인의 덕망 부족이다. 이제 죽을 병에 들어
회복이 어렵게 되었으니 무엇을 원망하겠는가. 죽은 뒤 불교 법식대로
화장해 동해 바다에 유골을 뿌리도록 하라."
왕의 선위 소동은 상대등과 시중의 극구 만류로 성사되지 않았다.

국가무형문화재 제82-1호 동해안별신굿. 귀태(鬼胎) 비형랑 굿의 원형이 전수되고 있다.

아냈다.

'성스런 임금 영혼이 낳은 아들/ 비형랑이 있던 방이 바로 여기로다/ 날고뛰는 귀신 무리들아/ 이곳에 머물지 말고 썩 물러갈지어다.'

신라 때부터 전승돼 오는 비형랑 굿의 주문(呪文)이다. 현재까지도 동해안별신굿(국가 중요무형문화재 제82-1호)에 그 원형이 전수 보존되고 있다.

역사의 거대한 축(軸)은 사소한 계기를 통해 반전되기도 한다. 제33대 성덕왕(재위 702~737)은 계비 소덕왕후(?~724)에게서 2남 1녀를 탄출했다. 장남 김승경이 34대 효성왕, 차남 김헌영이 35대 경덕왕, 1녀가 사소(四炤 · ?~?) 부인이다.

성덕왕은 사소부인(후일 정의태후로 추존)을 17대 내물왕(재위 356~402) 9세손인 김효방(?~? · 후일 개성대왕으로 추존)에게 출가시켰다. 김효방과 사소부인은 아들 김양상(?~785)을 낳았다.

일찍이 조정에 출사한 김양상(이하 양상)은 왕실의 비호 아래 승진을

성덕대왕 신종의 천인상. 선덕왕은 신종의 주조 총책이었다.

거듭했다. 양상은 귀족 세력의 수장으로 위상을 굳혔다. 35대 경덕왕은 왕 23년(764) 1월 아찬(17관등 중 6급) 양상을 특진시켜 시중으로 임명했다.

양상은 경덕왕을 경원시했다. 시중은 조정 내 제반 정사를 총괄하는 집사부 내 최고위직이었다. 경덕왕의 치욕적 대당(對唐) 굴욕 외교에 반기를 든 귀족 세력에 대한 무마성 인사였다. 양상의 국정 장악은 36대 혜공왕이 즉위하며 더욱 노골화됐다.

양상은 혜공왕 7년(771) 성덕대왕신종(일명 에밀레종) 주조 총책으로 혜공왕의 필생 숙원 사업을 완수했다. 이 공로로 양상은 조정 감찰 기관인 숙정대장관에 임명됐고, 774년에는 귀족회의 주재자인 상대등에 제수됐다. 혜공왕 12년(776) 양상은 당나라 관복 제도를 전면 철폐하고 백관 칭호 일체를 신라의 옛 명칭으로 복고시켰다. 777년에는 혜공왕의 현실 정치를 극렬 비난하는 시정(時政) 상소를 올려 조정이 발칵 뒤집혔다.

8세의 어린 나이에 즉위해 청년이 된 혜공왕이 모후의 섭정을 끝내고 친정에 들었다. 청년 왕은 오직 주지육림에만 탐닉해 정사를 등한시했다. 조정은 상대등 양상과 친왕파인 이찬 김지정의 정면 대결로 국정이 위태로웠다. 780년 2월 김지정(?~780)이 친위 반란을 일으켜 대궐을 포위했다. 귀족파와 친왕파의 치열한 대치는 2개월 동안이나 지속됐다. 수많은 조정 신료들이 초기 대세를 잘못 짚고 한 편에 가담했다가 목숨을 잃었다.

열세에 몰린 양상 귀족파가 기지를 발휘해 군벌 김경신(내물왕 12세손·후일 38대 원성왕)과 담합했다. 780년 4월 귀족파가 친왕파를 패퇴시키고 김지정 일당을 색출해 남김없이 주살했다. 궁궐 뒤에 은신해 있던 혜공왕도 끌어내 왕비와 함께 현장에서 참수했다. 이튿날 양상이 37대 왕으로 등극하니 선덕왕이다.

금상을 시해하고 용상에 앉은 선덕왕(이하 왕)은 돌연 삭신이 오그라드는 공포에 휩싸였다. 전신에 비지땀이 흐르고 밤마다 혜공왕이 꿈에 나타나 노려보다가 돌아섰다. 왕은 모골이 송연했다. 왕 2년(781) 2월 역대 선왕 신주가 봉안된 신궁에 제사 지내고 패강(浿江·대동강) 이남 주·군

금상을 시해하고 용상에 앉은 선덕왕은 역대 선왕 신주가 봉안된 신궁에 제사 지냈다.

중으로 각각 임명했다. 친위 세력 등용으로 조정의 면모 일신을 시도했지만 허사였다. 노쇠한 왕은 반란의 동지 김경신이 두려워졌다. 왕 5년(784) 4월 왕은 김경신에게 다음과 같은 전위 교서를 내렸다.

"과인은 본래 재능이 없고 덕이 없어 즉위할 마음이 없었으나 추대를 피할 길 없어 등극했다. 재위 기간 중 재해가 겹치고 백성들이 도탄에 빠졌으니 모두 과인의 덕망 부족이다. 이제 죽을 병에 들어 회복이 어렵게 되었으니 무엇을 원망하겠는가. 죽은 뒤 불교 법식대로 화장해 동해 바다에 유골을 뿌리도록 하라."

왕의 선위 소동은 상대등과 시중의 극구 만류로 성사되지 않았다. 왕의 자연 수명이 얼마 남지 않았다는 전의의 진단 결과를 이미 알고 있었기 때문이다. 재위 4년 9개월 만인 왕 6년(785) 1월 13일 왕은 봄볕에 눈 녹듯 임종을 맞이했다. 왕의 시신은 생전의 유언대로 화장돼 동해 바다에 뿌려졌다.

왕은 즉위 전 김양품(?~?)의 딸을 배필로 맞아 등극 후 구족(具足·?~?)왕후로 진봉했지만 자식을 두지 못했다. 당에서는 왕의 와병 소식을 듣고 왕이 훙서하기 며칠 전 신라왕의 작호를 보내왔다.

대세는 이미 기울었다. 귀족회의장을 수비 중인 김경신 친위군의 번득이는 장검이 김주원 지지파들을 압도했다. 중과부적이었다. 귀족회의는 만장일치로 김경신을 차기 왕에 추대하고 성급히 신왕 즉위식을 봉행했다. 38대 원성왕이다.

원

성

왕

원성왕릉은 화장 후 매장한 신라 최초의 왕릉으로 괘릉(掛陵)으로도 불린다. 능역 조영물이 다양하고 이국적이며 서역까지 교역로를 확장해 인적 교류도 활발했다.

귀족 세력이 진골 세력을 제압하니
왕위 승계의 혈통을 바꾸다

785년 1월 선덕왕이 재위 4년 9개월 만에 후사 없이 승하했다. 조정 대신들이 차기 왕을 추대하기 위한 귀족회의를 소집했다. 귀족회의 수장은 상대등 김경신이었다. 대신들 다수가 신망 높은 시중 김주원을 추천했다. 소수 김경신파의 시선이 험악해졌다. 김경신의 최측근 김충렴(?~?)이 침묵을 깼다.

"고대 이래 용상은 하늘이 점수(點授·정해 내려줌)하는 보위라 했소이다. 시중 공(公)이 폭우로 인해 금반 회의에 참석 못함은 천지신명이 방기(放棄·내버려 방치함)한 것이오. 김경신 상대등은 선왕의 손항(孫行·손자 항렬)으로서 덕망이 지고하고 임금의 체통도 구비했으니 능히 군왕으로 추대할 만하오이다."

대세는 이미 기울었다. 귀족회의장을 수비 중인 김경신 친위군의 번득이는 장검이 김주원 지지파들을 압도했다. 중과부적이었다. 김주원과 대신들 간 귓속말이 오갔다. '왕을 살해하고 용상을 탈취한 저 자들이 무슨 짓인들 못 하겠는가.' 김주원파가 무력에 굴복했다.

귀족회의는 만장일치로 김경신을 차기 왕에 추대하고 성급히 신왕 즉위식을 봉행했다. 38대 원성왕(元聖王·재위 785~798)이다. 뒤늦게 도착한 김주원은 신왕에게 칭신(稱臣)한 뒤 머리를 조아리며 두 손을 포개 읍(揖)했다. 왕이 된 김경신은 뜻 모를 미소를 지으며 옛 일을 회상했다.

김경신은 왕족 혈통이긴 했으나 왕위 승계와는 거리가 먼 귀족 신분이었다. 조정 내 입지 확보를 위해 양성해 둔 사병 조직이 어느덧 국가 권력을 위협하는 군벌 세력으로 확대됐다. 정변 공모로 즉위한 선덕왕(김양상)이 김경신을 상대등에 제수하고 그의 심기를 살폈다. 풍전등촉의 허약한 왕권을 목도하며 김경신의 또 다른 야망이 요동쳤다.

어느 해 봄날. 김경신이 서라벌 북쪽 알천(閼川) 변을 산책하다 노거수(老巨樹) 아래에 잠시 몸을 기댔다. 김경신이 갑자기 복두(幞頭·과거 급제자가 홍패 받을 때 쓰는 관)를 벗어 던졌다. 흰 갓을 쓴 채 12 현금을 메고 천관사(寺) 우물 속에 빠졌다. 비명을 지르며 사경을 헤매다가 소스라치게 놀라 깨니 꿈이었다.

알천 너머 들녘에는 아지랑이가 스멀댔고 장다리 무꽃에는 호박벌이 분주했다. 아무래도 불길한 흉몽 같았다. 무격(巫覡·무당과 박수)을 청해 해몽을 들었다.

"복두를 벗은 건 관직에서 물러날 징조요, 금(琴)을 든 것은 칼을 쓸 조짐이며, 우물 속으로 들어감은 옥에 갇힐 예견이옵니다."

김경신은 무격이 괘씸했지만 예상대로라며 식음을 전폐하고 두문불출로 근신했다. 소식을 접한 아찬(17관등 중 6급) 여삼(餘三·?~?)이 정

159

반대 점괘를 내밀며 미혹했다. 술사였던 여삼은 김경신의 야심을 명경지수처럼 꿰뚫고 있었다.

"복두를 벗음은 공(公)의 윗자리에 앉을 타인이 없음이요, 흰 갓을 쓴 것은 왕의 면류관을 상징합니다. 12 현금은 내물왕 12대 손이 왕통을 이을 징조이고, 천관사 우물은 궁궐로 들어갈 징조이옵니다." 여삼은 "알천 신에게 지성으로 제사 지내면 필히 경사가 뒤따를 것이다."고 덧붙였다.

김경신은 내심 쾌재를 부르면서 여삼에게는 입조심할 것을 거듭 당부했다. 혹여 왕실에서 알면 대역죄로 치리될 흉계에 해당됐기 때문이다. 그후 김경신은 부인을 통해 알천 신(神) 제사를 매년 궐사 않고 은밀히 봉행토록 했다. 자신도 알천을 지날 때마다 꿈을 꾼 거목 앞에 극비리 제물을 바쳤다.

서라벌 북쪽 20리 밖에 살던 김주원이 도성 안으로 입궐하려면 반드시 알천을 건너야 했다. 선덕왕이 홍서하고 차기 왕을 추대하던 날, 서라벌에는 지척을 분간 못할 엄청난 폭우가 순식간에 쏟아졌다. 급격히 불어난 알천 물이 빠지길 기다리는 사이 김경신이 귀족회의의 추대를 받아 왕으로 등극한 것이다.《삼국유사》권2 원성대왕 조(條)에 수록된 내용이다.

탑전(榻前)에 오른 원성왕(이하 왕)은 선대 가계의 신분부터 급조해 군왕의 반열로 격상시켰다. 억지 등극에 대한 정당성 부여와 명분 확보를 위한 극약 처방이었다. 고조부 김법선은 현성(玄聖)대왕, 증조부 김의관은 신영(神英)대왕, 조부 김위문은 흥평(興平)대왕, 아버지 김효양은 명덕(明德)대왕으로 각각 추존했다. 동시에 장남 김인겸(?~791)을 태자로 책봉해 후계 왕계 구도를 명확히 천명했다.

시정의 민심은 흉흉했다. 당시 김경신은 김주원보다 낮은 차재(次宰)

원성왕이 '명주군왕'으로 봉했던 김주원의 묘. 강릉 김씨 시조로 강원도 강릉시 성산면에 있다.

서라벌 북쪽 20리 밖에 살던 김주원이 도성 안으로 입궐하려면
반드시 알천을 건너야 했다. 선덕왕이 훙서하고 차기 왕을
추대하던 날, 서라벌에는 지척을 분간 못할 엄청난 폭우가
순식간에 쏟아졌다. 급격히 불어난 알천 물이 빠지길 기다리는 사이
김경신이 귀족회의의 추대를 받아 왕으로 등극한 것이다.

신분이었다. 백성들은 상재(上宰) 김주원을 홍수 핑계로 무력화시킨 뒤 억지 즉위한 내막을 소상히 알고 있었다. 김주원은 29대 무열왕의 6세손으로 당시 진골 세력을 대표하고 있었다.

김경신과 김양상(37대 선덕왕)이 공모해 36대 혜공왕(진골계)을 살해한 후 17대 내물왕계의 귀족 세력은 급부상했다. 반면 무열왕계 진골 세력은 급속히 몰락했다. 김경신의 38대 임금 추대는 귀족 세력이 진골 세력을 제압한 것이다. 단순한 왕위 찬탈이 아니라 신라 하대의 왕위 승계 혈통을 변환시킨 역사적 사건으로 사서는 기록하고 있다.

정통성이 결여된 왕권 유지를 위해서는 조정 대신들의 위무와 민심 수습이 급선무였다. 즉위하던 해(785) 왕은 김인겸을 상대등에, 김세강을 시중으로 앉혀 친정 체제를 강화했다. 문·무 백관들에게는 1급씩의 특진 시혜로 환심을 유도했다. 내밀궁에 은거 중이던 구족왕후(선덕왕 부인)를 강제 출궁시켜 전조(前朝)의 흔적을 일소시켰다. 정변 동지의 부인을 내친 권력의 비정함에 백성들이 혀를 찼다.

생명의 위협이 목전에 닥친 건 김주원이었다. 백성들은 용상을 탈취당한 김주원을 동정했다. 조정 대신 중에도 김주원의 권토중래를 고대하는 세력이 점차 증가했다. 김주원은 하늘에 태양이 둘일 수 없음을 잘 알았다. 785년 초여름 김주원은 서라벌을 탈출해 명주(강원도 강릉)에 당도했다. 온갖 세상의 인연을 단절하고 무념무욕으로 여생을 유유자적했다.

왕은 김주원을 가상히 여겨 명주군왕(郡王)에 봉하고 익령·근을어 땅을 식읍으로 내려 천수를 누리도록 했다. 김주원은 죽어 명주(강원도 강릉시 성산면 보광리 산 285-1번지)에 묻혔다. 강릉을 관향(貫鄕)으로 삼는 강릉 김씨의 시조가 되었다. 갑좌(甲坐·동에서 북으로 30도) 경향(庚向·

서에서 남으로 30도)의 김주원 묘는 오늘날까지도 '명주군왕릉'으로 회자된다.

매년 수차례씩 천재지변이 엄습했다. 왕은 격앙된 민심을 돌이킬 방도가 전무했다. 봄 가뭄과 기근, 한여름 우박과 서리, 초가을 폭설과 메뚜기 떼, 한겨울 홍수와 태풍, 여기에다 지진·역병·일식·유성 출현 등이 신라 전역을 공포에 떨게 했다.

왕 2년 9월. 왕실 비축미 3만 3,240석을 긴급 방출했으나 순식간에 바닥났다. 1개월 후 3만 3천여 석을 다시 구휼미로 풀었지만 조족지혈이었다. 왕 10년(794)에는 견성사(서울 봉은사)를 창건해 지성으로 불공을 드렸지만 시련은 종식되지 않았다.

왕 4년(788) 봄. 왕은 독서삼품과(三品科)를 조정의 관리 등용문으로 대폭 개방했다. 종전까지 신라 조정의 관리 등용은 궁술과 인물 평가에 전적으로 의존해왔다. 독서삼품과는 상품·중품·하품으로 구분돼 학문의 심도와 수학 능력에 따라 벼슬을 제수하는 획기적인 행정 체제였다. 역사학계에서는 무관 중심에서 문관 발탁의 개혁과 우리나라 과거제도의 효시로 평가하고 있다.

- 상품:《예기》《춘추좌씨전》《문선》에 능통하고《논어》와《효경》까지 통달한 자
- 중품:《논어》《효경》《곡례기》를 읽고 해석할 줄 아는 자
- 하품:《효경》과《곡례기》에만 지식이 있는 자.

이 제도의 시행으로 후기 신라의 인재 등용은 폭넓게 확대되었다. 왕은 또 문적(文籍) 출신이 아닌 자도 당에서 학사(學士)가 된 자는 조정 관리로 채용했다.

왕은 불교 중흥을 위해 승관(僧官)을 두고 정법전(政法典)이라 호칭했다. 수리 시설 확충을 위해 김제 벽골제를 증축(790)했다. 일길찬(17관등 중 7급) 백어(?~?)를 북국(발해)에 보내(790) 적대 관계의 청산을 요청했다. 발해는 남국 신라와의 통교를 원하지 않았다.

왕 8년(792)에는 김정란(?~?)이란 신라 미인을 당 황제에게 조공했다. '그녀는 국색(國色)으로 온몸에서 향기가 절로 났다.'는 기록이《삼국유사》에 전한다.

왕 재위 시 발해에서는 경천동지의 정변이 연이어 발생했다. 4대 폐왕(大元義 · 재위 793~794)이 살해(794)되고, 5대 성왕(大華興 · 재위 794~795)이 천신만고 끝에 즉위했다. 성왕은 수도 동경을 상경용천부로 천도(794)한 뒤 대청윤(?~?)을 책봉 사절로 당에 파견했다.

발해의 왕권은 또 요동쳤다. 대숭린(大崇璘)이 성왕을 시해(795)하고 왕위에 오른 것이다. 6대 강왕(재위 795~809)이다. 당은 이 같은 신라 · 발해의 불안한 내정을 약점 삼아 번국왕의 책봉을 지체하고 과도한 조공을 요구했다.

당에서는 9대 황제 덕종(재위 779~805)이 차(茶) 나무에까지 세금을 부과하자 격분한 농민들이 민란을 일으켜 내란으로 확산됐다. 일본 50대 천황 간무(桓武 · 재위 781~806)가 장강(長岡)에서 평안경으로 천도(794)하며 일본 열도 통일의 전기를 마련한 것도 이즈음이다.

신라 56대 왕 992년 역사를 통틀어 38대 원성왕 즉위는 후일의 역사가조차 예상 못한 대변환을 형성한 시기다. 성골 · 진골로 대표되던 신권(神權) 시대는 가고, 하대(下代) 권력 구조의 특징인 귀족들에 의한 권력 분산이 이뤄지기 때문이다.

원성왕릉에 있는 문무인석 1쌍. 관복을 갖춰 입은 문관상(좌)과 장검을 짚고 있는 무관상(우). 신라 복식과 이국적 풍모는 학계의 연구대상이다.

39대 소성왕부터 56대 경순왕까지 모든 임금은 17대 내물왕 계(系)의 후손이다. 소성왕 이후부터 전개되는 왕족들 간 살육전은 세계 왕조사에도 유례가 없는 참극의 연속으로 상상을 뛰어 넘는다. 살육 대상 모두가 부모·형제·부부·자매·숙질 등 친인척 사이였다.

798년 12월 29일 재위 13년 11개월 만에 원성왕이 훙서했다. 조정에서는 元聖(원성)이란 시호를 지어 올리고 왕의 유언에 따라 봉덕사 남쪽 토함악 동굴에서 화장했다. 왕실에서는 왕을 추복(追福)하기 위한 사찰 숭복사를 건립하고 경북 경주시 외동읍 괘릉리 산 17번지에 화장한 유골을 매장해 능으로 조영했다.

원성왕릉은 서라벌의 동남쪽 통일시대 오악(五嶽) 가운데 동악으로 숭배하던 토함산 서쪽 자락에 있다. 왕궁이 있던 월성에서 11.7km 떨어져 있다. 42대 흥덕왕릉과 함께 왕경에서 가장 먼 거리에 용사된 신라 왕릉이다.

괘릉으로도 불리는 원성왕릉은 9세기 말~10세기 초 신라인의 뛰어난 조각 수법이 원형 가깝게 남아있는 묘역으로 유명하다. 자좌오향(子坐午向·정남향)의 원성왕릉은 전형적인 원형 봉토분으로 봉분 높이 7.4m, 직경은 22m다. 봉분 하부는 봉토를 보호하기 위한 지대석과 면석, 탱석, 갑석 등으로 둘러싸여 있다.

원성왕릉의 호석(護石)은 면석과 탱석이 각각 36개로 구성돼 있다. 그 중 탱석은 십이지신상이 부조된 12개와 새기지 않은 24개가 1개 건너 2개씩 둘려져 있다. 십이지신상은 무복(武服)을 입고 있으며 한 손 또는 양손에 지물(地物·땅 위에 존재하는 여러 물체)을 들고 있다. 지물의 평균 크기는 가로 67.3cm, 세로 92.5cm다.

호석(護石) 밖으로는 부채꼴 모양의 박석이 깔려 있으며 박석 가장자리에 난간석(欄干石)을 둘렀다. 봉분 남쪽에는 화표석 1쌍, 문·무인석 1쌍, 석사자 2쌍이 동서 대칭형으로 배치돼 있으며 동서 석물 간 이격 거리는 평균 25m다. 남북 석물 간 거리는 최소 5.5m에서 최대 10m로 전체 조성 길이는 31.4m다. 북쪽의 마지막 석사자와 봉분 남쪽 난간석 끝의 거리는 74.4m다.

봉분 하부의 탱석에는 무복(武服) 차림의 십이지신상이 부조돼 있다. 능역의 모든 상설(象設)은 조각 수법이 뛰어나 10세기 전후의 신라 미술사 연구에 소중한 자료로 평가되고 있다.

화표석(華表石)은 단면이 정팔각형이며 상부에 둥근 반원이 봉긋 솟아 있는 팔각기둥 형태를 취하고 있다. 모자와 복장은 물론 얼굴 표정까지 서역인(아라비아人)을 닮았다. 역사학계에서는 8세기 당시 신라·중동 간 교역 관계와 신라의 국제적 위상을 입증하는 징표로 평가하고 있다.

원성왕릉은 화장 후 매장한 특이한 고대 장법이다. 관계 기관의 정밀 탐색 결과 능 밑에 지하수가 흐르고 있는 것으로 확인됐다. 국가 사적 제26호로 괘릉리 국도변에 있다.

원성왕은 왕비 숙정(淑貞·각간 김신술 딸) 왕후를 통해 장남 김인겸(초봉 태자·조졸), 차남 김의영(태자·조졸), 3남 김예영(45대 신무왕 할아버지)과 장녀 대룡부인, 차녀 소룡부인을 낳았다. 이들 5남매의 가계도를 면밀히 주목해야 신라 후기 왕권 승계 구도를 숙지할 수 있다.

원성왕은 재위하는 동안 태자로 책봉된 장남, 차남이 차례로 죽고 장손자가 왕위를 승계했다. 복잡다단하기 이를데 없는 친족 간 촌수와 극적인 등극 과정은 해당 왕조에서 다루기로 한다.

즉위 13년 11개월째 되던 798년 섣달 그믐 밤. 조왕이 승하했다. 이튿날은 기묘년(799) 정월 초하루였다. 이런 곡절 끝에 김준옹이 보탑에 오르니 39대 소성왕이다. 소성왕은 초봉 태자 김인겸의 장남으로 태어나 궁중에서 성장했다.

소 성 왕

경북 경주시 서악동 고분군에 있는 왕릉급 무덤. 소성왕을 포함,
왕릉으로 비정 안 된 신라왕들이 다수 예장됐을 것으로 추정한다.

유년시절부터 허약 체질이라
즉위 1년 5개월만에 급서하다

39대 소성왕으로 즉위한 원성왕의 장손(長孫) 김준옹(金俊邕·?~800)은 유년시절부터 허약 체질이었다. 미량의 과식에도 토사곽란이 빈번했고 대궐 내 사소한 울력(여럿이 하는 일)마저 극복하지 못해 안색이 창백했다. 할아버지 38대 원성왕(재위 785~798·이하 조왕)은 근심이 태산 같았다. 조왕은 이런 장손을 일찍이 입궐시켜 특별 양육하고 고위 벼슬을 제수했다.

소성왕(재위 799~800) 1년 3월. 그날도 소성왕(이하 왕)은 대궐 난간에 기대선 채 화사한 봄볕을 응시하며 조왕 이후 지난(至難)했던 가족사를 회상했다. 어느덧 왕의 보령도 30을 넘겼다. 불현듯 왕실 안 옛 일들이 주마등처럼 스쳐갔다. 왕은 지그시 눈을 감았다.

'지은 업보대로 갚음을 받는다는 인과응보란 무엇인가. 권력의 속성이 무엇이기에 인간 위에 군림하며 무고한 인명을 함부로 살상하는가.'

생각사록 조왕이 당한 참척(慘慽)은 참으로 가혹했다. 조왕은 즉위(785)하던 해 2월 장남 김인겸(金仁謙·?~791)을 태자로 책봉했다. 후계 왕통 구도를 둘러싼 역모의 소지를 사전 차단하기 위함이었다. 조왕은 김준옹도 어릴 때 입궐시켜 엄격한 제왕 교육을 받도록 했다.

조왕 5년(789) 10월에는 김준옹을 당나라 사신으로 파견해 국제 외교술 습득과 허약 체질의 보강도 겸하도록 했다. 김준옹은 789년 당에서 대아찬 작위를 받고 790년에는 파진찬에 제수되었다. 조왕은 조정 대신들에게 성대한 연회를 베풀었다.

조왕 7년(791) 1월 초. 시중으로 임명됐다 파면된 김제공(?~791)이 앙심을 품고 반란을 일으켰다. 조왕이 김준옹과 김언승(金彦昇·?~826) 두 손자에게 명해 역모를 제압토록 했다. 역모가 진압되자 조왕은 김제공과 가담자 전원을 색출해 능지처참하고 3족을 멸했다.

공로를 인정받은 김준옹이 시중에 임명됐으나 병으로 1년 6개월 만에 물러났다. 김언승은 초봉 태자 김인겸의 둘째 아들(소성왕 동복아우)로 후일 41대 헌덕왕(재위 809~826)으로 즉위했다.

김제공 일당 처형 후 열흘이 지나기도 전, 이 해 서라벌에는 대지진으로 가옥 수백 채가 매몰됐다. 석자(1m)가 넘는 가을 폭설이 내려 1천여 명의 동사자가 발생했다. 거리마다 시신이 즐비하고 아사자도 속출했다. 백성들이 유리걸식으로 전국을 떠돌며 도적 떼로 변해 노략질을 일삼았다.

왕실에도 재앙이 닥쳤다. 태자 김인겸이 원인 모를 괴질로 온몸을 뒤틀며 발작을 일으키더니 순식간에 급사했다. 조왕은 삭신이 오그라드는 공포로 등골이 오싹했다. 백성들은 김양상(37대 선덕왕)과 공모해 혜공왕(36대)을 참살한 업보라며 태자의 죽음을 외면했다. 조왕은 수라상의 반찬 수를 줄이고 대신들의 조회도 폐했다. 민심이 이반하고 흉흉한 소문이 난무했다.

조왕은 오히려 태연했다. 김준옹에게 국정의 재량권을 대폭 이양한 뒤 친정 체제를 공고히 했다. 이듬해(792)에는 둘째 아들 김의영(金義英·?~794)을 태자로 책봉해 왕권 승계 구도를 굳혔다. 조왕 10년(794) 2월 또 다시 왕경 서라벌에 대지진이 닥쳤다. 지축이 요동쳐 태산이 붕괴되고 땅이 치솟더니 개천이 거꾸로 흘렀다. 수많은 백성들이 집을 잃고 거리로 내몰렸다.

조정 대신들은 불길한 조짐을 직감했다. 예상은 적중했다. 왕경의 재앙이 수습되기 전 태자 김의영이 음식을 먹다 급체해 그대로 쓰러져 절명했다. 그래도 조왕은 굴하지 않았다. 김준옹을 병부령에 임명해 병권을 장악하고 김언승은 시중으로 내세워 귀족 세력의 이탈을 방지했다. 조왕 11년 1월에는 김준옹을 태자로 책봉해 왕권 사수를 천명하고 권력 누수를 차단했다.

불심이 돈독했던 조왕은 명산대천에 천도재를 봉행하고 무주고혼(無主孤魂)들에게 지성으로 공양했다. 시조 묘(廟)에 제향을 올리며 왕실의 태평과 국태민안을 기원했다. 조왕은 자신에게 닥친 불행한 가족사에 치를 떨었으나 겉으로는 내색하지 않았다.

조왕 14년(798) 3월. 궁성 남쪽 누교(樓橋)의 원인 모를 화재로 내밀궁이 전소됐다. 동년 10월에는 망덕사 내 두 탑이 서로 부딪쳐 무너져 내렸다. 망덕사(경북 경주시 배반동 소재)는 679년(30대 문무왕 19년) 당나라가 침공하자 문무왕이 이곳에서 문두루(文豆樓) 비법으로 당군을 격퇴시켰다는 영험 사찰이다.

삼척 삼화사 수륙대제 의식. 소성왕은 민심의 이반을 두려워해 명산대천에 천도재를 봉행하고 무주고혼
들에게 지성으로 공양했다.

왕은 권력 배분으로 부당하게 누리는 함량 미달의 조정 대신들이
혐오스러웠다. 국립 교육 기관인 국학을 활성화시켜 그곳에서 배출된
인재들을 공정하게 등용하고자 했다. 왕 1년 3월 청주 노거현을 국학생도
녹읍으로 삼아 국학 운영의 종자돈이 되도록 배려했다. 지방 유학생들의
숙식 해결을 위한 기숙사 개념의 도입이었다. 학문적 성취 없이
매관매직으로 벼슬길에 오른 신료들은 바싹 긴장했다.

조왕은 절망했다. 온 천하가 무간(無間) 지옥 같았다. 자신만이 혼자 고립된 압박감에 밤마다 가위 눌렸다. 산해진미의 궁중 수라는 소태나무 껍질을 씹는 듯 썼고 마시는 물에서는 흙내가 났다. 즉위 13년 11개월째 되던 798년 섣달 그믐(12월 29일) 밤. 조왕이 승하했다. 이튿날은 기묘년(799) 정월 초하루였다. 이런 곡절 끝에 김준옹이 보탑에 오르니 39대 소성왕(昭聖王)이다.

역사학계에서는 조왕 이후 신라 후기의 왕계 혈통을 주목하고 있다. 친인척 간 벌어지는 항렬과 촌수를 알아야 부자 · 모자 · 부부 · 형제 · 자매 · 사촌 · 숙질 · 처남 · 매제 · 외척 간 살육전을 납득할 수 있기 때문이다. 이들 사이 계촌(計寸)을 정확히 파악하지 못하면 왜 그들이 불구대천 원수지간으로 참혹한 살생을 반복했는지 오리무중에 빠지고 만다. 설상가상으로 신라 후기의 왕들은 묘호(廟號)까지 흡사해 혼란은 더욱 가중되고 만다.

조왕은 정비 숙정왕후(각간 김신술 딸) 와의 사이에 장남 김인겸, 차남 김인영, 3남 김예영(金禮英 · ?~?)을 출생했다. 이들 3형제 소생들이 친인척 간으로 얽히면서 살육전을 이어갔다. 누가 신라의 '천년 역사'를 '화려한 천년 사직'이라 일컬었던가. 이때부터 신라는 망조가 들기 시작했다는 게 역사학계의 공통된 견해다.

왕(소성왕)은 초봉 태자(김인겸)의 장남으로 태어나 궁중에서 성장했다. 일찍이 권력 사수를 위한 조정 대신들의 온갖 권모술수와 친인척 간 비리를 명경지수처럼 관통하고 있었다.

미관말직의 한직(閑職) 하나를 채용하는 데도 온갖 암행 거래와 뇌물

경남 진주향교. 소성왕은 경남 노거현(진주) 향교 전답을 국학 생도의 녹읍으로 하사했다.

공여가 판을 쳤다. 등용 인물의 능력이나 자질보다는 자파 세력 확장이 우선이었다. 재물을 건네고 관직을 산 탐관오리들은 줄어든 재산을 몰래 회수하느라 가렴주구를 일삼았다.

왕은 권력 배분으로 부당하게 누리는 함량 미달의 조정 대신들이 혐오스러웠다. 국립 교육 기관인 국학을 활성화시켜 그곳에서 배출된 인재들을 공정하게 등용하고자 했다.

왕 1년(799) 3월 청주(菁州 · 경남 진주) 노거현을 국학생도 녹읍(祿邑)으로 삼아 국학 운영의 종자돈이 되도록 배려했다. 지방 유학생들의 숙식 해결을 위한 기숙사 개념의 도입이었다. 학문적 성취 없이 매관매직으로 벼슬길에 오른 신료들은 바싹 긴장했다.

왕 1년 5월에는 조졸한 아버지 혜충 태자를 혜충(惠忠) 대왕으로 추봉했다. 동년 8월에는 어머니 김씨도 성목태후로 추존해 왕통 승계의 정통성을 확보했다. 이 해 조왕이 예장된 괘릉(掛陵)에 십이지신상, 문 · 무인석, 석사자상 등을 건립해 왕릉 위용을 갖췄다.

왕은 당에 유학 중이던 승려 범수(?~?)가 귀국하자 크게 환영하고 대

불길한 조짐의 태양(좌)과 폭설(우). 소성왕 때 재앙을 예고하는 자연 재해가 빈번했다.

중공양을 내렸다. 범수가 당에서 가져 온 《후분〈後分〉화엄경》과 《관사의소(官師義疎)》를 설하자 왕은 큰 위안을 얻었다. 일순간에 도를 깨치는 활연대오(豁然大悟)의 경지를 체득하기도 했다. 즉위 1년 5월. 우두주(강원도 춘천) 도독이 기이한 전갈을 올렸다.

"우두주에 소와 흡사한 짐승이 나타났는데 몸매는 집채만 하고 꼬리 길이가 석자(1m)나 되옵니다. 벌름거리는 코가 흉물스러웠는데 현성천에서 나타나 오식양 쪽으로 사라졌습니다."

왕은 소심했다. 역모 조짐이 아닐까 근심하며 수라상의 반찬 가지 수를 줄이고 조회를 폐했다. 역사학계에서는 당나라에서 넘어온 코끼리일 것으로 추정하고 있다.

즉위하던 해 7월에는 의기소침해 있던 왕에게 희귀한 낭보가 날아들었다. 동잠성(경북 금릉) 농부가 심산유곡에서 작업 도중 전장(全長)이 아홉자(2m 70cm)나 되는 산삼을 캤다며 진상해 왔다. 조정 대신들은 1천 년은 족히 넘었을 영약이라며 왕실의 홍복이라고 조아렸다. 왕의 의중은 달랐다.

"이토록 귀한 약재를 감히 신라왕이 먹을 수 있느냐?"며 당 덕종(9대 황제 재위 779~805)에게 진상했다. 당 조정에서 면밀히 살펴본 결과 산

176

삼이 아니라며 사신을 통해 돌려보냈다. 왕은 크게 상심했다. 백성들은 배알도 없는 신라왕이라며 왕을 조롱했다.

이 무렵 발해 6대 강왕(대숭린·재위 795~809)은 왕족 대창태(?~?)를 일본 사신으로 파견했다. 동해를 거치는 험한 뱃길이었다. 대창태는 양국 간 교역 규모를 확대하고 일본 천황으로부터 융숭한 환대를 받았다. 대창태는 일본 답방사와 발해로 동반 귀국하며 두 나라의 우호 관계를 더욱 굳게 다졌다.

왕 2년(800) 1월. 왕은 서둘러 부인 김씨(대아찬 김숙명 딸)를 계화(桂花) 왕후로 진봉했다. 계화왕후는 등극 전 이미 장남(청명)·차남(제명)과 딸 장화를 낳았다. 그해 6월 기력이 쇠진한 왕은 시녀들의 부액을 받으며 장남 청명을 태자로 책봉했다.

왕의 건강이 급속히 악화됐다. 4월에는 궁궐 기왓장이 벗겨지는 폭풍이 내습해 임해전의 두 전각이 붕괴됐다. 불길한 흉조였다. 10여일 후 왕이 급서했다. 재위 1년 5개월 만이었다. 태자 청명이 13세 어린 나이로 즉위하니 40대 애장왕(哀莊王)이다. 신라 후기 왕조사의 비극은 이때부터 시작된다.

조정에서는 소성(昭聖)이란 시호를 봉정하고 왕경 서라벌 일원에 능을 조영했으나 장소에 관한 기록은 전하지 않고 있다. 역사학계에서는 경북 월성군 내남면 부지리 산 8번지의 35대 경덕왕릉(사적 제23호)을 소성왕릉으로 비정하고 있다. 사서의 간헐적 기록에 의한 추정으로 단정할 수는 없다.

소성왕은 서둘러 13세 된 장남 김청명을 태자로 책봉했다. 부왕이 즉위한 지 1년 5개월 만인 서기 800년 6월 하순 숨을 거두었다. 이튿날 태자 김청명이 왕통을 이어 등극하니 40대 애장왕이다. 애 장왕은 어렸지만 총명했다.

경주 계림 숲 인근의 고분군. 저 무덤 중 하나가 숙부에게 피살 당
한 애장왕릉일 것으로 추정된다.

애

장

왕

왕권 강화를 위한 개혁은
기득권층의 도전에 직면하다

불길한 징조는 적중했다. 서기 800년 4월 하순. 서라벌 하늘에 까마 귀가 떼 지어 날며 천둥 번개가 요란하게 치더니 임해전(臨海殿) 대들보에 벼락이 떨어졌다. 임해전은 30대 문무왕 14년(674)에 축조된 왕실 누각 으로 왕이 군신(群臣)들에게 잔치를 베풀며 은총을 내리던 연회장이었다. 중병에 든 소성왕(39대)이 자신의 죽음을 직감했다.

같은 해 6월 중순. 소성왕(이하 부왕)은 서둘러 13세 된 장남 김청명 (金淸明·778~809)을 태자로 책봉했다. 부왕의 용태는 며칠 사이 급전직 하로 악화됐다. 임종을 앞둔 부왕은 장성한 숙부들과 사촌들 사이에서 울 고 있는 어린 태자가 눈에 밟혔다.

부왕이 동복 둘째 아우 김언승(金彦昇·?~826)을 지목해 유명(遺命) 을 내렸다. 당시 김언승은 병부령(兵部令) 직을 수행하며 군권을 장악한 조 정의 실세였다.

부산 앞바다의 오륙도 해상. 신라시대 일본으로 출항하던 모항(母港)이었다. 애장왕은 일본과의 교빙을 성사시켜 33대 성덕왕 이후 단절됐던 외교 관계를 회복시켰다.

저히 받았다. 왕은 섭정으로 조정에 군림하는 병부령 김언승(이하 숙부)의 눈치를 살피며 성년이 돼 친정할 날만을 고대했다. 등극 이후 모든 정사는 숙부에 의해 처결됐다. 신라의 성년 나이는 15세였다. 왕은 술사의 진언을 수용해 어휘(御諱)를 중희(重熙)로 개명했다.

　왕 2년(801) 2월. 숙부는 종묘의 역대 제왕에 대한 4대 봉사(奉祀)를 당과 동일하게 5묘제(五廟制)로 개정했다. 숙부는 어룡성(御龍省)을 새로 설관해 사신(私臣)이 되었다가 상대등 위(位)에 스스로 올랐다. 왕 다음의 최고 벼슬이었다. 왕은 자신을 능멸하며 안하무인으로 '왕권'을 행사하는 숙부가 두렵고도 싫었다. 유일하게 의지하던 김수종(셋째 숙부·후일 42대 흥덕왕) 세력마저 숙부 편에 가담하며 왕은 고립무원의 처지가 되고 말았다.

　왕 3년(802) 왕의 보령이 15세가 되었다. 왕은 조정 대신들과 신궁에 제사 지내며 왕의 친정 도래를 간절히 기원했다. 하지만 숙부는 섭정을 거두지 않고 무소불위 왕권을 계속 행사했다. 위기를 감지한 왕이 아찬(17 관등 중 6등급) 김주벽(?~?)의 딸을 후궁으로 들이며 친왕 세력의 외연 확장을 시도했다. 왕은 숙부에게 섭정 철회를 요구했으나 숙부는 이를 거부했다.

시정 백성들은 "숙부파의 왕위 찬탈 음모가 불을 보듯 명백하다."며 사전 분쇄를 바랐다. 하늘도 섭정 숙부를 돕지 않았다. 유성우(流星雨)가 자주 쏟아져 백성들이 혼비백산했다. 홍수·대지진이 발생할 때마다 산이 무너지고 물길이 새로 났다. 왕 3년 숙부는 친왕파 김균정(?~836)을 가(假) 왕자로 위장시켜 일본에 볼모로 보내려다 사전 탄로 났다. 친왕파의 균열을 노린 숙부의 비열한 음모였다.

대신들이 격노하고 민심이 이반하자 숙부도 물러섰다. 왕이 18세 되던 왕 6년(805) 비로소 왕의 친정 시대가 도래했다. 왕은 먼저 왕의 생모 김씨를 황태후로, 첫 부인 박씨를 왕후로 각각 추봉해 왕통의 당위성을 확보했다.

친정에 든 왕은 공식(公式·조정 복무 규정) 20조를 반포해 왕권 강화를 위한 제도 개혁에 박차를 가했다. 친정과 동시 경사가 겹쳤다. 당 10대 황제 순종이 왕에게 작호를 보내오며 신라왕으로 정식 책봉한 것이다. 왕은 사은 사신에게 진귀한 방물(方物)을 안겨 조공하고 황제에 대한 충성을 맹세했다. 숙부의 세력은 초조해졌다.

당시 국경을 마주한 3국(당·발해·일본) 중 당 조정의 내홍이 가장 극심했다. 당은 9대 황제 덕종(재위 779~805)을 거쳐 10대 순종이 즉위했으나 6개월도 못 넘겼다. 환관 왕수진·구문진 등이 중풍으로 와병 중

법보사찰 해인사는 애장왕 3년 왕의 도움으로 창건되었다. 해인사는 불보사찰 통도사와 승보사찰 송광
사와 더불어 한국의 삼보종찰이다.

대신들이 격노하고 민심이 이반하자 숙부도 물러섰다.

왕이 18세 되던 왕 6년 비로소 왕의 친정 시대가 도래했다.

친정에 든 왕은 공식 20조를 반포해 왕권 강화를 위한 제도 개혁에

박차를 가했다. 친정과 동시 경사가 겹쳤다.

당 10대 황제 순종이 왕에게 작호를 보내오며 신라왕으로

정식 책봉한 것이다.

인 순종을 시해하고 아들 이순(李純)을 옹립했다. 11대 황제 헌종(재위 805~820)이다.

순종의 재위 기간은 805년 2월 28일부터 동년 8월 5일까지 5개월 6일이었다. 아들 11대 황제 헌종(재위 805~820)은 환관의 난을 제압하고 정기 우편 제도를 정착시키는 등 괄목할 만한 치적을 남겼다. 역대 중국 문학사의 백미로 손꼽히는 〈장한가(長恨歌)〉가 완성된 것도 바로 이 시기다.

북국(北國) 발해는 대숭린(大崇璘)이 6대 강왕(康王 · 재위 795~809)으로 즉위하며 연호를 정력(正曆)으로 교체하고 재도약을 시도했다. 강왕은 일본과의 적극적인 사신 외교로 교역 규모 확대와 내치 안정에 주력했다. 당과의 교빙을 통한 선진 문물의 과감한 수용으로 문화가 번성했고 백성들의 생활수준도 대폭 향상됐다. 그러나 남국(南國) 신라와는 별다른 교류 없이 불가근불가원(不可近不可遠) 관계를 오랫동안 유지했다.

일본은 25년 간 재위하던 제50대 환무(桓武〈간무〉· 재위 781~806) 천황이 죽고 제51대 평성(平城〈헤이제이〉· 재위 806~809) 천황이 즉위했다. 도검(刀劍) 문화가 보편화된 일본 조정은 왕권이 교체될 때마다 혈해시산(血海屍山)의 참극이 반복됐다.

일본은 서기 670년(신라 30대 문무왕 10년) 국호 '왜(倭)'를 일본(日本)으로 개칭한 뒤 각국 조정에 통고한 바 있다. 그 후 '왜'로 부르는 나라는 비우호적으로 경원시했다. 805년 당에서 귀국한 일본 승려 최징(最澄)이 천태불교를 창시해 일본 천태종의 종조가 되었다.

이처럼 변경국의 정치 환경이 급변하는 와중에도 신라는 친왕파 · 숙부파 간 권력 암투로 국정이 마비됐다. 왕은 숙부의 섭정 때부터 왕의 주장을 굽히지 않았다. 부왕이 미제로 남긴 조정 개혁을 과감히 감행했다. 일본과의 교빙을 성사(804)시켜 33대 성덕왕 30년(731)이후 단절됐던 외교 관계를 회복시켰다. 73년 만이었다. 일본은 수교 대가로 황금 500냥을 신라왕에게 진상했다.

왕의 국정 동력에 탄력이 붙었다. 양산 통도사 3층 석탑을 건립(801)한 뒤 이듬해에는 왕실 직영 사찰로 합천 해인사를 창건(802)했다. 왕 8년(807)에는 각 도에 사신을 파견해 주·군·읍 경계를 새로 설정했다. 위화부(位和府) 소속 금하신(衿荷臣)을 영(令)으로 격상시키고 예작부(例作部)에 성(省) 2인을 배치하는 등 관제 개혁도 단행했다. 백성들은 기뻐했다.

왕은 귀족·특권층의 토지 과다 보유와 가렴주구를 민생의 공적으로 인식했다. 주·군·읍의 신설 경계 구획으로 이들의 토지 상당 부분이 국가 소유로 귀속되자 백성들에게 배분했다. 왕은 또 불교의 귀족화와 사찰의 사유화를 크게 우려했다. 당시 귀족들은 개인 절을 원찰(願利)로 둔갑시켜 천문학적 재산을 관리토록 했다. 각종 명목의 대제(大祭)와 기원 법회를 수시로 개최해 서민 가정을 파탄냈다.

왕 7년(806) 3월 왕이 긴급 교지를 하달했다. 전국 사찰의 사치스런 행사를 금지하기 위한 어명이었다.

"금일 이후 개인 소유 사찰의 창건을 엄금하고 퇴락 사찰의 보수만을 허용한다. 법회 시 금수(錦繡) 가사와 금은기(金銀器) 사용은 물론 시주까지도 금지한다."

귀족들은 격노했고 민초들은 사찰의 접근이 훨씬 수월해졌다. 백성들은 환호했다. 이렇듯 왕이 정사를 친히 관장하자 표류하던 왕권이 급속히 회복됐다. 반면 귀족·특권층은 왕의 강경 기조를 탄압으로 받아들였다.

당시는 신라 중대(中代)의 전제주의가 붕괴되고 귀족 세력이 난립하

불심이 깊은 애장왕은 양산 통도사 3층 석탑을 건립했다.

는 하대(下代) 사회 구조였다. 왕권 강화를 위한 청년 왕의 개혁 초치는 거대한 기득권층의 조직적 도전에 직면했다. 상대적으로 국정에서 소외됐던 숙부파에게는 더 없는 절호의 기회였다.

왕의 재위 10년째 되던 809년 7월. 숙부 김언승이 그의 조카 10여 명과 함께 군사를 일으켜 궁궐로 진입했다. 이들은 내밀궁에 은신 중이던 왕과 왕의 일족을 남김없이 참살했다. 이튿날 김언승이 왕위에 오르니 41대 헌덕왕(재위 809~826)이다.

궁정 반란으로 왕위를 찬탈한 김언승 일파는 거의가 또 다른 숙질(叔姪) 간이었다. 김수종 김제옹 김양종 김원홍 김충영 김균정 김헌정 김숭정

186

능역 안의 예감(瘞坎). 왕릉 제향 후 축문을 사르는 곳이다.

김영공 등으로 그 이름이 사서에 전한다. 근친 간인 이들은 후일 왕위 쟁탈전으로 죽이고 죽는 살육을 거듭한다. 항렬과 촌수가 너무 복잡해 해당 왕조 편에서 상세히 다루기로 한다.

조정에서는 시해 당한 왕에게 슬프고(슬플 哀) 씩씩한(씩씩할 莊) 왕이었다는 의미를 담아 애장(哀莊)이란 시호를 지어 봉정했다. 애장왕은 정비 박씨와 후궁 김씨의 두 부인을 두었으나 소생들 모두 김언승 일파에게 몰살당했다.

왕릉에 관한 기록도 전하지 않는다. 역사학계에서는 44대 민애왕(재위 838~839)의 능(경북 경주시 내남면 망성리 산 40번지)이 애장왕의 능일 것으로 추정하고 있으나 확실한 실증 자료는 없다.

애장왕의 재위 10년 째 되던 809년 7월. 숙부 김언승이 그의 조카 10여 명과 함께 군사를 일으켜 궁궐로 진입했다. 이들은 내밀궁에 은신 중이던 왕과 왕의 일족을 남김없이 참살했다. 이튿날 김언승이 왕위에 오르니 41대 헌덕왕이다.

신라 41대

헌
덕
왕

조카의 왕위를 찬탈한 헌덕왕은 재위기간 내내 역모와 자연 재해로 시달렸다. 왕릉은 자좌오향의 햇볕 잘 드는 정남향이다.

조카를 살해하고 왕좌에 오르니
정통성 확보가 급선무라

　　조카 애장왕(40대)을 무참히 살해하고 왕위에 오른 41대 헌덕왕(憲德王·재위 809~826)은 극도의 불안과 공포에 시달렸다. 자신을 친자식처럼 총애했던 형왕(兄王·39대 소성왕)이 밤마다 꿈에 나타나 헌덕왕의 용상 주변을 배회했다. 가위에 눌리다 소스라치게 놀라 깨면 또 꿈이었다. 눈만 감으면 "보위를 내줄 테니 살려만 달라."던 조카 애장왕의 읍소가 귓전을 맴돌았다.

　　헌덕왕(이하 왕)은 궁궐 경비를 엄중 강화하고 신변 강화에 편집(偏執) 증세를 보였다. 군신(群臣)의 동태를 밀착 감시하며 근접 진언을 절대 불허했다. 목숨 걸고 왕권 찬탈에 동참했던 정변 공신들이 조정의 요직을 장악토록 했다. 왕은 냉담해진 민심을 수습하고 당 황제의 책봉을 속히 받아 정통성을 확보하는 게 급선무였다.

　　왕 1년(809) 8월. 이찬(17 관등 중 2급) 김종빈(?~?)을 상대등에 제수하고 살인범을 제외한 모든 잡범들에게 대 사면령을 내렸다. 9월에는 측근 김창남(?~?)을 사신으로 당에 파견해 신라왕의 작호를 받아왔다. 금은보화 등 진귀한 방물(方物·번국 왕이 황제에게 바치던 조공품)을 확인한 당 황제 헌종(11대·재위 805~820)은 매우 흡족해 했다.

당 황제로부터 책봉을 받은 왕은 평상심을 회복했다. 대신들을 수행해 신궁에 제사(810)를 올리고 국정 방향을 구상했다. 주변국과의 사신 외교로 국격(國格) 향상을 도모해야 한다는 대신들의 봉장(封章·상소)을 쾌히 가납했다.

왕은 외교 경험이 풍부했다. 일찍이 할아버지였던 38대 원성왕(이하 조왕) 6년(790) 대아찬(5급) 벼슬을 제수 받고 당에 입조했다. 당시 양국 간 현안 문제를 원만히 조율해 조왕의 큰 신임을 받았다. 20대 초반의 훤칠한 장정 시절이었다.

어느 날 해 질 무렵. 궁궐 뜰을 산책하던 왕이 노송 가지에서 자리싸움하는 까마귀 떼를 목격했다. 까마귀들은 머리가 벗겨지지도록 찍어대며 좋은 자리를 차지하려 했다. 왕경 서라벌에는 유난히도 까마귀가 많았다. 왕은 고개를 돌렸다. 불현듯 뜻 모를 회한이 엄습했다. 조왕 이후 불행한 가족사가 주마등처럼 스쳐갔다.

조왕은 숙정왕후 김씨(각간 김신술 딸)와의 사이에 왕자 세 명을 출산했다. 초봉 태자 김인겸(장남)은 조졸했으나 ①김준옹(39대 소성왕) ②김언승(41대 헌덕왕) ③김수종(42대 흥덕왕)의 세 아들을 두어 모두 왕위에 올랐다.

김인겸을 이은 조왕의 두 번째 태자 김의영(2남)도 조졸했다. 조왕은 3남 김예영을 제치고 장남 김인겸의 아들 김준옹을 원손으로 책봉해 39

대 왕위를 잇도록 했다. 장성한 숙부(김예영)를 두고 어린 조카를 등극시킨 게 피비린내 나는 왕권 다툼의 단초가 되었다.

일찍부터 조왕은 건장한 체구와 명석한 예지력으로 좌중을 압도하는 초봉 태자(김인겸)의 2남 김언승을 총애했다. 이후 김언승은 시중(794) 이찬(795) 병부령(796) 등으로 초고속 승진하며 조왕 시대 이미 정치적 세력 기반을 확고히 다졌다. 형왕(김준옹) 훙서 후 어린 태자 김청명(조카)이 40대 애장왕으로 등극하자 김언승이 섭정 위(位)에 올랐다. 조정의 세력 판도는 이미 김언승에게 기운지 오래였다.

여기에서 생각이 멈춘 왕이 문득 사방을 둘러보니 시중과 단 둘이었다. 시중이 몇 걸음 물러섰다. 왕은 자신의 용상 탈취 가책을 스스로 정당화하며 자문자답했다.

'짐이 동방 신국(神國) 신라를 강국으로 지켜내며 종묘·사직을 보전하면 될 것 아닌가.'

국정의 암초는 뜻밖에도 측근들이었다. 논공행상에 불만 있는 공신들이 노골적으로 반목하며 왕을 압박했다. 반란에 동조한 공신들 모두 자신의 공이 우선이라며 물러서지 않았다. 왕에게는 권좌에 혈안이 된 이들의 무마가 다급한 현안이었다.

왕은 등극(809)하던 해 7월 김숭빈을 상대등에 제수한 이후 재위하는 17년 3개월 동안 고위 관료를 수시로 교체했다. △810년 1월 시중 김양종, 811년 1월 시중 김원흥, 812년 3월 시중 김균정, 814년 8월 시중 김헌창, 816년 1월 시중 김장여, 817년 1월 시중 김충공, 819년 2월 상대등 김수종, 821년 4월 시중 김영공, 822년 1월 부군(副君·차기 왕 승계자) 김수종 등.

헌덕왕릉 앞의 배석(拜石). 배수구가 있는 특이한 구조다.

어느 날 해 질 무렵. 궁궐 뜰을 산책하던 왕이 노송 가지에서
자리싸움하는 까마귀 떼를 목격했다. 까마귀들은 머리가 벗겨져지도록
찍어대며 좋은 자리를 차지하려 했다. 왕경 서라벌에는 유난히도
까마귀가 많았다. 왕은 고개를 돌렸다. 불현듯 뜻 모를 회한이 엄습했다.
조왕 이후 불행한 가족사가 주마등처럼 스쳐갔다.

왕은 사절 교환을 통한 외교 전략이 국가 간 전쟁 예방의 첩경임을 터득했다. 섭정 재임 시 왕권 투쟁에 몰두하느라 소홀했던 사신 파견을 재개했다. 변경 국가 조정은 정통성이 결여된 신라왕에게 냉담했다. 재위 기간 중 당에만 9회(809, 810, 815, 817, 818, 819, 820, 822, 825년)의 사신을 파견했으나 당은 답방 사절을 거부하고 방물만 접수했다. 일본에 보낸(810) 사신도 외면당했다.

왕은 북국 발해와도 관계 개선을 시도했다. 왕 4년(812) 9월 급벌찬(9급) 김숭정(?~?)을 특사로 보내 수교를 요청했으나 발해 조정은 거부했다. 고구려 유장(遺將) 대조영(?~719)이 건국(698)한 발해는 신라에 대한 경멸과 반감이 백성들의 의식 속에 강렬히 작용하고 있었다. 외세(당)와 야합해 동족 고구려를 멸망시켰다는 적개심이 팽배했다.

왕 재위 기간 발해는 당(11회), 일본(5회)과는 빈번히 사신을 교환하면서도 신라와는 견원지간을 고수했다. 일본과 교역 시에도 단거리 직항 육로인 신라를 우회해 풍랑이 거센 동해 바다를 경유했다. 신라도 발해의 영토 통과를 허락하지 않았다.

당은 신라와 발해의 밀착을 훼방했다. 발해왕이 교체될 때마다 신라와 달리 사신을 파송해 신속히 신왕(新王)을 책봉해 주었다. 신라왕에게는 인색했다. 당의 교활한 이간책을 신라도 훤히 관통했다. 약소국 신라는 초대 강국 당의 횡포에 대응할 묘안이 전무했다. 신라의 고립무원은 뜻밖에도 국경을 접한 변경 국가들의 정정 불안에서 돌파구가 마련됐다.

당은 11대 헌종(재위 805~820)-12대 목종(재위 820~824)-13대 경종(재위 824~826)으로 황제가 바뀌었다. 권력의 공백기를 틈탄 왕승종(?~?)의 반란(809), 연이은 토번(吐藩·티베트)의 침공, 환관들의 횡포

등으로 정국이 요동쳤다. 때를 맞춰 중원 각지 번국들도 당 조정의 과도한 조공 수탈에 반기를 들고 봉기했다.

헌종 15년(819) 절도사 이사도(李師道 · ?~819, 고구려 유민)가 주도한 반란은 당 조정에서도 속수무책이었다. 헌종은 신라에 황급히 구원병을 요청했다. 왕 11년(819) 7월 왕은 이찬(2급) 김웅원(?~? · 김유신 후손)에게 3만 병사를 안겨 당에 급파했다. 나당 연합군에 생포된 이사도 부자는 현장에서 참수됐다. 고구려 유민과 김유신 후손과의 뼈아픈 악연이었다.

이를 뒤늦게 안 발해 9대 간왕(簡王)이 절치부심했다. 치열한 왕권 싸움과 잦은 도읍 이전으로 국정이 혼란스러웠지만 이사도의 참수 사건으로 신라와 발해는 돌이킬 수 없는 불구대천의 관계로 더욱 악화됐다. 당이나 일본에 파견된 양국의 사신끼리도 서로 대국임을 자처하며 앞자리 다툼을 했다.

두 나라 간 반목은 7대 정왕(定王, 大元瑜 · 재위 809~813) 때부터 노골화됐다. 양국 간 앙금은 8대 희왕(僖王, 大言義 · 재위 813~817)-9대 간왕(簡王, 大明忠 · 재위 817~818)-10대 선왕(宣王, 大仁秀 · 재위

신라 무역항이었던 일본 요코하마항. 헌덕왕은 일본과 빈번히 사신을 교환하면서 발해를 견제했다.

818~830) 이후에도 남·북국 사이의 적대 관계는 해소되지 않았다.

신라의 국내 사정도 녹록치 않았다. 왕 3년(811) 12월 신라 해적선 20여 척이 대마도를 비밀리 정찰하다 나포됐다. 이듬해 3월에는 신라의 무장 군인 110여 명이 일본 땅 소영도를 기습 상륙해 토착민과 교전했다. 일본 전역에 주전론이 확산돼 위기감이 고조됐다.

신라 조정은 오히려 '신라역어(譯語)'라는 통역원을 설치(815)하고 일본에 법사 파견을 요청했다. 일본이 이에 응하며 전쟁은 가까스로 면했다. 52대 차가(嵯峨, 재위 809~823)와 53대 쥰나(淳和, 재위 823~833) 천황이 재위할 즈음이다.

신라의 민생은 더욱 피폐됐다. 강원도 평창 월정사를 중건(810)해 민심을 수습하려 했으나 기근과 홍수로 아사자가 속출했다. 초적(草賊·곡식단을 훔치는 좀도둑) 떼가 창궐하고 자식을 팔아 연명하는가 하면 굶주린

풍우에 마모된 헌덕왕릉 표지석.

사람끼리 서로 잡아먹는 상식(相食)이 만연했다.

주민들은 당에까지 가 구걸하고 민간인 300여 명이 밀항해 일본에 귀화했다. 왕은 대신들에게 책임을 전가하며 고위 관직 인사를 수시로 단행했다. 극심한 인사 편중에 정난공신들도 지쳐 등을 돌렸다. 왕은 친위 세력들이 두려워졌다.

조정에서 상대등·시중 등 고위직을 역임한 친인척 다수는 언제라도 즉위 가능한 왕족 서열이었다. 그중 웅천주(경남 진해) 도독으로 좌천시킨 김헌창(?~?·이하 헌창)이 공포의 대상이었다. 헌창은 김주원(?~?·강릉 김씨 시조)의 아들로 29대 무열왕 7세손이었다.

김주원은 37대 선덕왕이 후사 없이 승하하자 화백회의에서 왕으로 추대됐던 인물이다. 갑작스런 홍수로 알천을 건너지 못해 38대 원성왕(김경신)에게 왕위를 빼앗겼다. 원성왕은 17대 내물왕 12대 손으로 신라 귀족

판석과 판석 사이의 십이지신상 중 자상(子像·쥐). 현재는 5개의 신상만 남아 있다.

197

계열이었고 김주원은 무열왕 6세손으로 가야의 혈통이었다. 신라와 가야의 암중 대결이었다.

헌창은 항상 아버지가 왕위를 도둑맞았다는 피해 의식에 함몰돼 있었다. 애장왕 8년 시중에 임명됐으나 애상왕 시해 반정에 가담했다. 그 공로로 헌덕왕 즉위 이후에도 관직을 유지했다. 당시 조정은 왕의 반정 동지이자 친동생인 김수종에게 장악됐다.

왕 14년(822) 1월 신변에 위협을 감지한 왕이 두 왕자를 제쳐두고 김수종을 부군(副君·차기 왕 후계자)으로 지명했다. 대세에 밀려 아우에게 굴복한 것이다. 등극을 기대했던 헌창은 모든 희망을 상실했다. 왕 14년(822) 3월 마침내 헌창이 봉기했다.

헌창이 무진주(전남 광주), 청주(경남 진주), 완산(전북 전주), 사벌(경북 상주) 등의 외직을 거친 인연으로 4개주가 동시에 공조 거병했다. 내란이었다. 헌창은 국호를 장안(長安)으로, 연호를 경운(慶雲) 원년으로 선포한 뒤 왕을 참칭했다.

헌창군이 초기에는 파죽지세로 승기를 잡았으나 관군의 조직적 진압작전에 참패하고 말았다. 헌창은 반란군이 웅거 중인 웅성(충남 공주)에서 관군에게 포위돼 반란 10일 만에 자결했다. 왕은 헌창 가족까지 멸족시키고 도당 229명을 모조리 효수했다.

왕은 만사를 포기했다. 부군 김수종에게 정사를 내맡기고 4년을 소일하다 왕 18년(826) 10월 허망하게 숨을 거뒀다. 황아(숙부 김예영 딸) 왕후와의 사이에 김헌상 김장렴 두 아들을 출산했으나 김수종에게 왕위를 내줘 역사의 전면에서 사라졌다.

조정에서는 왕에게 헌덕(憲德)이란 시호를 지어 올렸다. 경주시 북천의 북안 평지(경북 경주시 동천동 80번지)에 자좌오향(子坐午向 · 정남향)으로 예장했다. 좌청룡 우백호 남주작 북현무가 평지 물형과 어우러진 보기 드문 명당이다.

헌덕왕 능은 봉분 직경 25.8m, 높이 6.3m의 원형 봉토분으로 하단에 1.5m의 호석을 둘렀다. 판석과 판석 사이의 탱석(撑石)에 십이지신상을 양각해 놓았으나 현재는 5개만 남아 있다. 5개의 십이지신상은 평복(平服) 차림이며 모두 우측을 향하고 있다. 조각의 깊이는 30mm 정도로 낮아 전체적으로 평면적인 느낌을 준다. 십이지신상의 평균 크기는 가로 61cm, 세로 1m 05cm다.

조선 21대 영조(재위 1724~1776) 때 홍수로 봉분의 절반 이상이 유실된 것을 탁자형 상석과 함께 복원했다는 기록이 전한다.

당시 조정은 헌덕왕의 반정 동지이자 친동생인 김수종에게 장악됐다. 왕은 만사를 포기했다. 부군
(副君) 김수종에게 정사를 내맡기고 4년을 소일하다 왕 18년 10월 허망하게 숨을 거뒀다. 김수종이
친형을 이어 왕좌에 오르니 42대 흥덕왕이다.

신라 42대

흥

덕

왕

사랑했던 조카딸 장화부인(정목왕후)과 합장된 흥덕왕릉. 장보고
를 청해진 대사로 임명해 지방 군벌이 활개 치는 전기가 됐다.

정상에 올랐으나 권력도 별것이랴
국가적 시련만 중첩하니

왕권 교체 소용돌이가 수습된 병오년(826) 섣달 하순. 왕경(王京) 서라벌은 정미년(827) 새해를 맞이하기 위한 벅찬 기대로 가득 차 있었다. 목화송이 같이 탐스런 함박눈이 며칠째 내리고 있었다.

석 달 전(826년 10월) 42대 왕으로 즉위한 흥덕왕(재위 826~836)은 논공행상에 따른 조정의 개편과 민심을 안정시키기 위한 방안을 구상하는데 몰두했다. 정난(靖難) 공신 모두가 고위직 제수(除授) 만을 고대했다. 용상에 좌정한 흥덕왕(興德王 · 이하 왕)이 분주한 정무를 잠시 내려놓고 망중한에 들었다.

'형왕(兄王 · 41대 헌덕왕)과 합세해 어린 조카 애장왕(40대)을 참수하고 왕이 되기까지 얼마나 많은 국가 동량들이 희생당했는가. 나 역시 천신만고의 생사 고비를 얼마나 넘겼던가. 막상 정상에 오르고 나니 권력도 별것 아닌 것을…'

흥덕왕릉의 난간석 구멍. 두 개의 석봉이 봉분을 둘렀던 흔적이다.

왕은 회한이 겹쳤다. 용상에 기대 지그시 눈을 감았다. 순간 내밀궁 시종의 다급한 전갈이 왕의 귀를 의심케 했다.

"전하, 방금 장화 부인께서 승하하셨사옵니다."

청천벽력이었다. 황급히 내밀궁 침전에 드니 왕자 김능유(金能儒·?~831)가 죽은 어미의 옷소매를 부여잡고 구슬피 울고 있었다. 왕은 허망했다. 천지신명을 원망했다. 돌연 인과응보로 연계되는 불가(佛家)의 삼계육도(三界六道) 윤회가 흉중을 압박했다. 모골이 송연해졌다. 불현듯 옛일이 뇌리 속을 스쳤다.

39대 소성왕(김준옹), 41대 헌덕왕(김언승), 42대 흥덕왕(김수종)은 김인겸(38대 원성왕의 장남·초봉 태자)의 친아들이다. 왕이 죽인 40대

흥덕왕은 당의 차 원산지 기후와 비슷한 지리산 하동 쌍계사 인근에 시험 재배토록 윤허했다. 신라의 차나무는 27대 선덕여왕 때부터 식재했다고 전하나 일반에 대중화되며 번성하기는 이 시기부터다.

애장왕(김청명)은 장화(章和 · ?~826) 부인과 함께 소성왕 소생으로 친남매 간이다.

　왕은 즉위 전 조카딸(장화)을 부인으로 맞아 극진히 사랑했다. 두(김언승 · 김수종) 숙부가 장화부인의 오빠(애장왕)를 죽이고 왕이 되었다. 장화는 참혹한 골육상잔에 몸부림쳤다. 골수에 맺힌 한은 곧 중병으로 전이됐다.

　왕은 죽은 장화부인을 정목(定穆) 왕후로 추봉한 뒤 주야로 낙루하며 정무를 등한시했다. 국사가 사사(私事)보다 엄중하다는 대신들의 상소가 빗발쳤다. 애도함이 지나치자 대신들이 새 왕비의 책봉을 서둘렀다. 왕이 수라상을 거부하고 통곡하며 완강히 거부했다.

　"홀로 된 새도 짝 잃은 슬픔이 극진하거늘 어찌 좋은 배필을 잃고 무정하게 후궁을 취하겠느냐?"

　왕은 시녀도 가까이 않고 환관만 곁에 있도록 엄명을 내렸다. 일찍부터 국모 자리는 하루도 비워 둘 수 없는 존위(尊位)인 법이다. 백성들은 개인사에 연연한 왕이 옹졸하다며 조롱했다. 왕도 심기일전해야 했다. 세월이 흐르면서 왕도 어쩔 수 없이 새 왕비 박씨(?~?)를 간택해 입궐시켰다.

왕은 등극 전 수종(秀宗)이란 이름을 경휘(景暉)로 개명했다. 왕 2년(827) 1월 신궁에 제사를 올려 왕이 되었음을 조상신에게 고유(告由)했다. 같은 달 사신 편에 풍성한 방물을 안겨 당에 파견했다. 신라왕의 책봉을 받기 위함이었다. 당 11대 황제 문종(재위 826~840)이 흡족해 하며 작호 책봉서(2월)를 보내왔다. 왕은 활력을 찾았다.

재앙이 잇따랐다. 동년 5월 서라벌에 서리가 내려 농작물이 동사하고 8월에는 한발까지 겹쳤다. 백성들이 도적떼로 변했다. 왕은 시중 김영공(?~? · 44대 민애왕 장인)에게 책임을 물어 파면시켰다. 이듬해(828) 1월 김우징(45대 신무왕)을 시중으로 임명됐다. 이것이 친족 간 무차별 살상 비극의 단초가 될 줄은 아무도 예상치 못했다.

당대 권력자가 후일의 사가(史家) 평가까지를 의식하며 통치하기란 불가능한 일이다. 사소한 일상적 국정이 유장한 역사의 분기점으로 부각되는 경우도 허다하다. 왕이 재위하는 10년 2개월 동안 신라에서는 한민족 역사에 방점을 찍는 중대 현안들이 돌출했다. 해상 왕 장보고(張保皐 · ?~846)의 제해권 장악과 당에서 입수한 차(茶) 나무의 본격 재배가 대표적이다.

왕 3년(828) 4월. 당 군중 소장으로 위세를 떨치던 장보고가 신라로 귀국해 청해진(전남 완도)에 거점을 확보했다. 빈천(貧賤)한 장정들이 결집하고 지방 호족들이 자진 투항해 금세 1만 대군으로 불어났다. 청해진은 왕경 서라벌(경북 경주)과는 머나먼 천리 길이었다. 왕은 장보고를 청해진 대사(大使)에 임명하고 지방 군권을 위임했다.

이후 장보고는 서라벌의 왕족 간 왕권 계승 싸움에 적극 개입했다가 비참한 최후를 맞았다. 평민 출신으로 자수성가해 동북아 최대 해상 왕국을 건설했던 장보고에 대해서는 해당 왕조 가사에서 상세히 기술하기로 한다.

왕 3년(828) 5월. 당에 사신으로 파견됐다 귀국한 김대렴(金大廉 · ?~?)이 차(茶)나무 종자를 소지하고 귀국했다. 왕은 당의 차 원산지 기후와 비슷한 지리산 하동 쌍계사(대한불교조계종 제13 교구본사) 인근에 시험 재배토록 윤허했다. 신라의 차나무는 27대 선덕여왕(재위 632~647) 때부터 식재했다고 전하나 일반에 대중화되며 번성하기는 이 시기부터다.

왕 1년(826) 승려 홍척(洪陟 · ?~?)이 당 지장(735~814) 법사의 신법(神法)을 전수 받고 귀국해 전북 남원에 실상사를 창건했다. 홍척은 구산선문(九山禪門) 중 실상(實相) 선문의 개산조가 됐다. 풍수지리상 실상사는 한반도 정기가 일본으로 설기(泄氣)되는 것을 차단하는 지리산 혈맥(穴脈)의 중심에 해당한다.

왕은 왕실 내탕금을 시주해 부산 동래 범어사를 창건(835)토록 했다. 진감(眞鑑 · 774~850) 국사가 세공사(歲貢使)로 당에 파견됐다가 귀국(830)하며 어산범패(魚山梵唄 · 불교 제례 의식)를 전수해 왔다. 진감이 하동 쌍계사에서 어산범패를 처음 시연한 이후 현재까지 전수되고 있다. 같은 해 왕은 도승(度僧) 150명에게 도첩을 내려 불교 중흥을 도모했다.

국가적 시련은 중첩됐다. 극심한 가뭄(827, 832, 833), 태산이 붕괴되는 대지진(831, 834), 유행병 창궐(833) 등으로 전 국토가 피폐됐다. 백성들은 고향을 떠나 유리걸식하고 장정들은 도적 떼로 변해 관가를 습격했

전남 완도에서 발굴된 법화사지 유적. 해상왕 장보고가 군사훈련을 시키던 곳으로 추정된다.

당대 권력자가 후일의 사가(史家) 평가까지를 의식하며
통치하기란 불가능한 일이다. 사소한 일상적 국정이 유장한
역사의 분기점으로 부각되는 경우도 허다하다.
왕이 재위하는 10년 2개월 동안 신라에서는 한민족 역사에
방점을 찍는 중대 현안들이 돌출했다. 해상 왕 장보고의 제해권 장악과
당에서 입수한 차 나무의 본격 재배가 대표적이다.

다. 절체절명의 생사 고비와 마주한 백성들은 죽음을 두려워하지 않았다. 조정은 속수무책이었다.

왕 3년(828)에는 한산주(경기도 광주)에 사는 백발 기인(奇人)이 단시일 내 부자가 되는 술법이 있다며 주민들을 현혹했다. 기만 당한 빈민들이 전 재산을 탕진하고 부랑자가 되었다. 민란의 조짐으로 확대됐다. 뒤늦게 조정에서 추포해 머나먼 무인도로 귀양을 보냈다.

장화부인을 잃은 왕의 상실감은 날이 갈수록 심각해졌다. 주야장천 눈물로 지새우며 식음을 전폐하다시피 했다. 혼령 위로를 위한 명산대천 제사에 국고를 축냈고 병석에 눕는 날이 잦아졌다. 왕의 실정으로 인한 국정 공백은 곧 혼란으로 이어졌다.

당에서 귀국하는 사신이 이를 안타깝게 여겨 앵무새 한 쌍을 가져 와 진상했다. 얼마 안 가 암놈이 병들어 죽자 수놈도 구슬피 울다 굶어 죽었다. 왕의 슬픔은 한층 깊어졌고 병이 더욱 도졌다.《삼국유사》에는 왕이 직접 '앵무새 노래'를 지었다는 기록이 전하나 가사의 내용은 멸실돼 전하지 않는다.

왕 6년(831) 당시 나당 양국 관계는 소원했다. 그해 2월 조정에서 왕자 김능유를 단장으로 승려 9명과 함께 진사(陳謝) 사절단을 파견했다. 왕자 일행은 양국 간 원만한 교빙 개선에 합의하고 그해 7월 귀국길에 올랐다. 거친 서해 바다의 해로는 언제나 위험했다. 이들 일행이 망망대해에서 거센 태풍을 만나 10명 모두 익사했다.

설상가상이었다. 왕은 모든 희망을 잃었다. 왕자 없는 금상의 와병은 왕위 쟁탈전으로 이어졌다. 왕은 사촌 동생 김균정, 5촌 조카 김제륭, 5촌 조카 김우징(김균정과 부자간)에게 정사 일체를 위임하고 혼수상태를 거듭했다.

이들 3인은 조정의 인사권을 함부로 행사하며 상대등과 시중 자리를 교대로 역임했다. 왕 10년(835)에는 김유신(595~673)을 흥무(興武) 대왕으로 추봉했다. 김헌창 난의 평정에 공이 큰 김유신 후손들에 대한 무마책이었다. 일부 군신(群臣)들은 친족 간 살육전을 미리 예견하며 벼슬을 내던지고 향리로 낙향했다. 목숨 보전책이었다.

풍전등화의 신라 정국과 달리 북국 발해는 태평성대를 구가했다. 10대 선왕(宣王, 大仁秀 · 재위 818~830)이 즉위하며 발해 역사상 최고의 전성기를 누렸다. 대야발(大野勃 · 시조 대조영 동생)의 4세손인 선왕은 연호를 건흥(建興)으로 개원하고 영토 확장에 전력했다. 당에서도 발해를 두려워했다. 당이 서둘러 해동성국(海東盛國)으로 공인하고 사신을 파견해 선왕을 발해의 국왕으로 책봉했다.

발해의 해동성국 명성은 11대 대이진(大彝震 · 재위 830~858, 연호 咸和) 왕 즉위 초까지 맹위를 떨쳤다. 대이진왕 시대 수도 이전에 따른 가렴주구와 지나친 사치 풍조가 해동성국의 몰락을 자초했다. 이후 발해는 국세를 회복하지 못하고 내정 혼란에 휘말렸다.

당도 14대 문종이 15년을 재위(826~840)하는 동안 환관들의 전횡으로 민심이 떠났다. 민란이 확대돼 번국으로 번졌다. 일본은 53대 준나(淳和 · 재위 823~833)-54대 닌묘(仁明 · 재위 833~850) 천황으로 교체됐다. 각국의 신구 세력이 교체될 때마다 무고한 인명들이 살상됐다.

왕 11년(836) 12월 왕이 병마를 떨치지 못하고 승하했다. 조정에서 왕에게 봉정한 시호는 흥덕(興德)이었다. 차기 왕은 살육으로 얼룩진 왕위 다툼 끝에 흥덕왕의 5촌 조카 중 김제륭(김헌정 아들)이 43대 희강왕(僖

헌덕왕릉 입구의 거북이 상이 참배객들을 맞이하고 있다.

康王)으로 등극했다. 김헌정은 흥덕왕과 사촌 간이다. 한민족 왕조 역사상
가장 참혹한 왕권 전쟁의 시작이었다.

흥덕왕은 생전 유언대로 왕비 장화부인의 곁에 합폄으로 예장됐다. 왕
릉은 어래산 남동쪽 육통리 마을(경북 경주시 안강읍 육통리 산 42번지)
뒷산에 있다. 경주에서 벗어난 외곽에 있지만 풍수지리 상 길격(吉格)을
고루 갖춘 명당자리다. 자좌오향(子坐午向)의 정남향으로 국가 사적 제30
호로 지정돼 있다.

왕릉은 봉분 직경 20m, 높이 6.2m의 원형 봉토분으로 봉분 하단에
호석(護石)을 설치했다. 호석 외곽으로 석난간(石欄干)을 둘렀는데 방향을
표시하는 십이지신상이 양각돼 있다. 북쪽의 자상(子像ㆍ쥐), 남쪽의 오상
(午像ㆍ말)을 기준으로 각 방위에 따라 열두 방향을 수호하고 있다. 십이
지신상은 무복(武服) 차림으로 양손 혹은 한손에 무기를 들고 있으며 양감
(量感)이 강하게 표현돼 있다.

흥덕왕릉은 능역의 석물 조영이 특이하다. 전면 진입부의 화표석 2기,

문·무인석 각 2기가 대칭형으로 직립해 있다. 봉분 네 방향에는 4기의 석사자가 배치돼 있고 봉분 서남쪽에는 능비를 세웠던 귀부(龜趺)가 놓여 있다. 능역 사우(四隅·모서리)에 네 마리 사자상이 각기 다른 방향을 응시하며 능을 수호하고 있다. 사실적으로 표현된 사자상의 형태 보존이 양호하다. 화표석(華表石)은 능역의 표시로 세우는 돌기둥인데 흥덕왕릉에는 능 입구 시작점에 있다. 조선시대 왕릉의 망주석(望柱石)과 동일한 상징물이다.

흥덕왕 11년 12월 왕이 병마를 떨치지 못하고 승하했다. 차기 왕은 살육으로 얼룩진 왕위 다툼 끝에 흥덕왕의 5촌 조카 중 김제륭이 43대 희강왕으로 등극했다. 희강왕은 욕망의 화신으로 왕위에 올랐다가 자살로 생을 마감한 비참한 임금이다.

신라 43대

희
강
왕

일반 민묘보다 초라한 희강왕릉. 왕족 간 무자비한 살상 끝에 등
극했으나 왕족의 반란으로 자살했다.

욕망의 화신으로 왕위에 오르나
자살로 생을 마감하니 비참하도다

역사학계에서는 신라의 '천년 역사'를 상대(上代)·중대(中代)·하대
(下代)로 구분해 인식한다.

상대는 시조(1대) 박혁거세거서간(재위 BC 57~AD 4)부터 28대 진
덕여왕(재위 647~654)이 지배했던 711년간이다. 박·석·김 세 성씨가
교대로 왕권을 행사한 성골시대였다. 타 성씨 간 왕권이 바뀔 때마다 숱한
인명이 희생됐다. 권력 간 충돌의 허망한 대가였다.

중대는 29대 태종무열왕(재위 654~661)부터 37대 선덕왕(재위
780~785)까지의 131년간으로 진골 세력이 통치했다. 진골은 왕위 계승
권에서 멀어졌던 신라 왕족이다. 후기가야 멸망(562) 시 신라로 투항한
가야 왕족도 신라 진골 계급으로 편입됐다. 중대 신라왕은 신라·가야의
혼혈이었다.

하대는 38대 원성왕(재위 785~798)과 56대 경순왕(재위

927~935)이 통치한 150년 동안이다. 진골(혼혈 왕족)·귀족(신라 왕족) 간 왕권 싸움에서 승리한 귀족들이 권력을 쟁취했다. 서로 왕이 되고자 친족 간 살상을 무차별 자행했다.

삼국통일 이후로 외부의 도전 세력이 제거되자 친족 간 살육전으로 격화된 게 이 시기다. 음모와 배신의 이합집산이 난무하며 한민족 역사상 최단 기간(6개월)의 단명 왕이 출현하기도 했다. 45대 신무왕(재위 839년 윤1월~839년 7월)이다.

사가(史家)들의 탄식이 절로 나오는 사실(史實)이지만 후일의 찬자(撰者)는 오직 옛 사료를 저본(底本) 삼아 기록에 충실할 뿐이다.

43대 희강왕(재위 836~838)은 욕망의 화신으로 왕위에 올랐다가 자살로 생을 마감한 비참한 임금이다. 희강왕(僖康王)은 만 1년 1개월 동안 용상에서 군림했다. 왕의 본명은 김제륭(金悌隆·?~838)이다.

왕의 등극 과정과 짧은 치세를 추적하려면 왕의 출생 배경 및 전(前) 왕과의 촌수 파악이 필수 전제다. 복잡다단하기 비할 데 없지만 38대 원성왕부터의 왕계 혈통이 납득 안 되면 신라 하대 역사의 이해는 요원해지고 만다.

원성왕의 3남 김예영(?~?)이 장남 김균정과 차남 김헌정 두 아들을 두었다. 김균정은 아들 김우징과 김의정을, 김헌정은 아들 김제륭과 김예징을 낳았다. 김균정과 김제륭은 숙질(3촌) 간이고 김제륭과 김우징은 4촌 사이다. 김인겸(원성왕 장남)의 3남 김수종이 정변을 일으켜 42대 흥덕왕으로 즉위하자 이들 일족이 조정의 고위직을 앞다퉈 독점했다. 다른 친인척들도 이에 가세했다.

김균정은 4촌 형인 김수종(원성왕 장남 김인겸의 3남)이 42대 흥덕왕으로 재위(826~836)할 당시 왕의 배려로 조정의 요직을 두루 역임했다. 김균정은 835년 2월 상대등에 임명된 후 기존의 사병(私兵) 규모를 더욱 확대했다.

어느덧 김균정의 군이 국가 정규군을 위협하는 군벌로 형성되자 조정의 유력한 대신들이 김균정 휘하로 결집했다. 흥덕왕은 왕권까지 능멸하는 4촌 동생 김균정파 세력을 견제하려 했으나 워낙 세력이 막강해 통제 불능이었다.

김제륭(김헌정 장남)은 41대 헌덕왕(당숙)·42대·흥덕왕(당숙)과 공모해 40대 애장왕(6촌)을 참살하고 공신 반열에 올랐다. 김헌정은 김예영(원성왕 3남)의 2남이다. 흥덕왕 재위 시는 김균정(숙부)의 농간으로 권좌에서 철저히 배제됐다. 김균정은 김예영의 장남이다.

김제륭은 절치부심하며 정예 사병을 대폭 양성했다. 조정에서도 이 사실을 간파했지만 아버지 김헌정(흥덕왕 4촌 동생)의 후광으로 해산하지 못했다. 왕실은 불안했다.

흥덕왕 11년 12월 신라에 국상이 났다. 후계자를 정하지 못한 채 흥덕왕이 승하한 것이다. 용상이 비었다. 왕족 가운데 누구든 차지하면 임자였다. 김균정과 김제륭의 군사가 동시 거병해 대궐로 진입했다. 둘은 숙질(3촌) 간이었다.

아찬(17관등 중 6급) 김우징(김균정 아들·45대 신무왕), 김예징(김제륭 친동생), 김양 등이 김균정 편에 섰다. 시중 김명(김균정 처남·44대 민애왕), 아찬 이홍, 배훤백 등은 김제륭 편이었다. 형제(김제륭·김예징) 간에도 가는 길이 달랐다.

치열한 격전 중 김제륭이 숙부 김균정을 향해 독화살을 정조준했다.

희강왕릉 앞 계곡 절벽. 폐묘와 다름없다.

　치열한 격전 중 김제륭이 숙부 김균정을 향해 독화살을 징조준했다.
명중이었다. 김균정이 선혈을 쏟으며 즉사했다. 김균정의 군이 순식간에
궤멸돼 대궐 밖으로 도주했다. 대궐 밖에 진을 쳤던 김제륭 군이
패잔병을 남김없이 추포해 주살했다. 이튿날 김제륭이 용상에 오르니
43대 희강왕이다. 날이 새고 나니 희강왕 2년 정월이었다.

명중이었다. 김균정이 선혈을 쏟으며 즉사했다. 김균정의 군이 순식간에 궤멸돼 대궐 밖으로 도주했다. 대궐 밖에 진을 쳤던 김제륭 군이 패잔병을 남김없이 추포해 주살했다. 이튿날 김제륭이 용상에 오르니 43대 희강왕이다. 날이 새고 나니 희강왕 2년(837) 정월이었다.

무력으로 왕위를 차지한 희강왕(이하 왕)은 다급했다. 분노한 민심 무마와 정통성 확보가 당면 과제였다. 사형수를 제외한 모든 죄인을 방면해 귀향시키고 획기적인 조세 감면 정책을 공포했다. 백성들에게는 신왕 교체 시마다 반복되는 회유책이어서 충격 요법이 되지 못했다.

왕은 생부 김헌정을 익성(翌成)대왕, 생모 포도(包道)부인 박씨(대아간 박충연 딸)를 순성(順成)태후로 추봉해 왕통 승계의 정통성을 확보하려 했다.

막상 용상에 등극하고 나니 뜻밖에도 주변의 친족들이 주적으로 돌변했다. 왕은 내란 승리에 공이 지대한 김명을 상대등에 제수하고 이홍은 시중으로 임명했다. 측근 심복을 전면 배치해 군신(群臣)들을 감시했다. 왕은 내란에서 패해 행방이 묘연한 4촌 동생 김우징(숙부 김균정 장남)의 생포에 사활을 걸었다. 삼족을 멸족시켜 역모 소지를 발본색원함이 승자의 수순이었다. 왕의 심복 김명과 이홍도 김우징을 잡는데 혈안이 됐다.

인간이 생사기로의 궁지에 몰리면 무슨 짓인들 못하겠는가. 당시 청해진(전남 완도)에는 당(唐) 서주에서 귀국한 장보고(?~846·본명 弓福)가 정병 1만 명을 거느린 채 웅거하고 있었다. 장보고(張保皐)는 당-신라-일본-동지나해를 내왕하는 해상권을 장악하고 신라 조정의 관령(官令)조차 거부했다.

세력을 확대한 장보고는 지방 군벌 호족으로 독립 권력을 행사하며 중앙의 왕권을 위협했다. 왕위 쟁탈전으로 민심이 떠난 조정으로서는 통제할 길이 막연했다. 조정에서는 장보고를 달래기 위해 청해진대사(大使)를 제수하고 동태를 살폈다.

김우징은 어떤 수모를 감수하고라도 살아남아야 했다. 왕 2년(837) 5월 가족을 걸인으로 위장시켜 청해진으로 야반도주 시켰다. 천신만고 끝에 장보고를 면대한 김우징이 우슬착지(牛膝着地·오른쪽 무릎을 땅에 꿇고 예를 표함)하고 자신의 억울함과 구명을 호소했다. 신라 왕족이 변방출신 평민 군장에게 왕실 내홍의 고급 정보를 소상히 고해 바쳤다.

"대사이시여, 왕위를 찬탈한 김제륭은 금수만도 못한 역도 무뢰배로 무고한 인명을 대량 살상했습니다. 숙부 김균정을 살해해 천륜을 거역한 망종이옵니다. 김균정은 바로 시생(侍生)의 생부입니다. 부디 총명을 밝혀 칭왕(稱王) 무리들을 징벌하소서."

군막에서 보고를 듣던 장보고의 미간이 일그러졌다. '징표도 없는 낭인을 어찌 왕족으로 신임하며 국란 중 피신자를 수용함이 온당한 도리인가.' 장보고가 군령을 내려 엄히 감시하고 제반의 실상을 상세히 파악토록 했다.

왕 2년(837) 6월 심산유곡에서 은신 중이던 김예징(희강왕 친동생)과 김양순이 서라벌을 탈출해 김우징과 조우했다. 신분을 의심 받던 김우

깊은 산속 왕릉 이정표(좌). 왕릉을 지키고 있는 표지판(우). 왕릉임을 확인하는 유일한 시설물이다.

심산유곡에서 지도로 왕릉을 찾는 필자(좌)와 한학자 박기권(우) 선생.

징에게는 천군만마였다. 장보고는 비로소 이들이 탈출 왕족임을 인정하고 신분에 합당한 안식처를 제공했다.

청해진의 김우징, 김예징, 김양순은 동력을 얻었다. 서라벌의 김제륭 (희강왕), 김명(상대등) 이홍(시중) 등이 김균정을 참살한 역도 무리라 공표하고 전국 백성들에게 반란을 선동했다. 조정이 정부군을 출동시켰으나 장보고의 지방군에 압도돼 도처에서 패퇴했다. 왕은 좌불안석이었고 김명과 이홍도 동요했다. 김명은 정통성이 결여된 왕의 통치력에 한계를 직감했다. 불현듯 용상이 눈앞에 어른거렸다.

왕 3년(838) 1월 김명이 조정 대신회의를 긴급 소집했다. 역도 진압에 대한 이론이 분분했고 친족 간 왕권 싸움에 조정은 표류했다. 궁궐에 매복해 있던 김명의 정예군이 친왕 세력만 선별해 모조리 주살했다. 왕은 고립무원 혈혈단신이 됐다. 왕은 치를 떨었다.

'저 인간들이 목숨 걸고 역모를 도모했던 동지들이란 말인가. 내 저들의 칼에 죽느니 차라리 자진(自盡)하리라.'

왕은 김명의 반란군에게 추포되기 전 궁궐 대들보에 목을 매 자결했다. 왕은 김명의 여동생 문목부인을 왕비로 들였고 김명은 처남이었다. 다음 날 김명이 용상에 등극하니 44대 민애왕(재위 · 838~839)이다.

희강왕은 문목왕후 김씨(갈문왕 김충공 딸)에게서 김의종·김계명의 두 아들을 출산했다. 김충공은 김인겸(원성왕 장남)의 4남이다. 김의종은 당에 입국해 숙위로 복무한 기록이 사서에 전한다. 김계명은 후일 48대 경문왕(재위 861~875)의 아버지다.

왕이 재위하는 1년 여의 짧은 기간 동안 변방국 왕권에는 변화가 없었다. 발해는 11대 대이진(재위 830~858), 당 14대 문종(재위 826~840), 일본 54대 닌묘(仁明·재위833~850) 천황이 신라의 친족 간 왕권 싸움을 주시했다.

신라 조정에서는 자진한 왕에게 희강(僖康)이란 시호를 봉정하고 경북 경주시 내남면 망성리 34번지에 장사지냈다. 표고 120m의 망산(望山) 정상부 사면을 삭토해 조영한 왕릉으로 주변의 민묘보다 규모가 작다. 능 앞의 아찔한 낭떠러지 급경사가 이곳이 정말 왕릉인가 싶다.

왕릉 좌향은 계좌정향(癸坐丁向)으로 남에서 서쪽으로 15도 기운 남향이다. 왕릉 높이에 비해 저면(底面)이 넓게 축조되었으며 봉분 직경 16m, 높이 3m의 타원형 봉토분이다. 희강왕 능 앞에는 사적 제220호란 문화재 표석만 있을 뿐 아무런 석물도 없다. 죽은 뒤 소산(蘇山)에 장사지냈다는 기록에 따라 이곳을 희강왕릉으로 비정했다.

무상한 게 권력이다. 폐묘와 다름없는 희강왕릉 앞에 서면 부질없는 인간 욕망에 대한 장탄식이 절로 나온다. 더 오를 데 없는 높은 벼슬자리에서 무엇을 더 얻고자 김제륭은 왕이 되려 했던가.

왕릉의 웅장한 석조물은 왕권에 의해 무수히 희생된 권력의 잔재(殘滓)일 뿐이다.

왕 3년 1월. 희강왕에게 불만을 품은 김명이 역모 세력과 공모해 다시 반란을 일으켰다. 자신이 추대한 희강왕을 축출하기 위한 역모였다. 궁지에 몰린 희강왕이 목매 자결하자 김명이 왕위에 올랐다. 44대 민애왕이다.

6촌 형이자 매형인 희강왕을 죽이고 왕이 된 민애왕의 능. 신라 역
사상 왕권 싸움이 가장 치열했던 시기로 민애왕도 피살당했다.

무력으로 왕위를 찬탈했다
무력으로 찬탈 당하다

9세기 중엽 신라 왕실·조정의 권력 판도는 복잡하기 이를 데 없다. 근친혼으로 인한 친인척 간 인과관계가 구절양장처럼 뒤엉켜 있기 때문이다. 신라 말기 역사를 이해하려면 당시 권력 전면에 부상했던 주역들의 가계와 행적을 추적하는 게 첩경이다. 그 핵심 인물 중 정점에 섰던 인물이 44대 민애왕(재위 838~839)으로 등극한 김명(金明·?~839)이다.

김인겸(金仁謙·?~791)은 38대 원성왕(재위 785~798)의 장남이다. 785년 혜충(惠忠)태자로 책봉됐으나 괴질에 걸려 조졸(791)했다. 김인겸의 동생 김의영(?~794)이 세자로 책봉됐으나 그 역시 질병으로 급사(794)했다.

원성왕은 3남 김예영(?~?)이 있었으나 태자로 책봉하지 않았다. 원성왕은 초봉 태자 김인겸의 장남 김준옹(39대 소성왕)에게 왕위를 승계시켰다. 소성왕이 죽자 어린 태자 김청명(김준옹 아들)이 40대 애장왕으로 등극했다. 장성한 숙부들이 애장왕을 살해하고 용상을 찬탈하며 친족 간 왕위 쟁탈전은 60년 넘게 이어졌다.

김인겸은 조졸했으나 아들 4형제를 두었다. ①김준옹(39대 소성왕) ②김언승(41대 헌덕왕) ③김수종(42대 흥덕왕) ④김충공(44대 민애왕 아버지)이다. 이들 혈족(형제·숙부·4촌·5촌 당숙·6촌·7촌·7촌 재당숙·처남·매제) 사이 왕위 쟁탈전은 앞서 이미 언급한 바 있다.

신라의 권력 구조는 말기로 접어들면서 왕족·귀족 내부의 혈족 관념이 완전 실종되고 만다. 왕권 찬탈을 위한 음모와 배신의 이합집산이 더욱 심화된다. 이 과정에서 역모를 위한 도원결의가 순식간에 파기되고 불구대천의 원수지간으로 돌변한다. 이로 인해 혈통 개념의 분지화(分枝化)가 철저히 고착되며 중앙 권력은 분산되고 지방 호족들이 창궐했다.

왕족 중 친형제 간인 김인겸(장남) 계(系)와 김예영(3남) 계의 대립이 극에 달했다. 김의영(2남)은 후손을 두지 못했다. 김예영계 내에서도 친형제 사이인 김균정(45대 신무왕 아버지)파와 김헌정(43대 희강왕 아버지)파의 알력이 극심했다. 종래에는 이 싸움이 단초가 돼 신라 몰락을 자초했다.

김명은 아버지 김충공(?~835·김인겸 4남)과 어머니 귀보(貴寶)부인 박씨 사이에서 태어났다. 김충공은 39대 소성왕(김준옹)·41대 헌덕왕(김언승)·42대 흥덕왕(김수종)의 친동생이다. 김충공은 집사부시중(817)과 상대등(835)을 17년 간 역임한 당대 최고 권력자였다. 헌덕왕 14년(822)에는 김헌창의 난을 진압한 공으로 조정의 인사 정책을 총괄하는 전주(銓主)로 군림했다. 이 같은 아버지 덕분에 김명의 벼슬길은 탄탄대로였다.

김명은 욕망이 차고 넘치는 집요한 왕족이었다. 두 숙부(김언승·김수종)와 공모해 사촌형(40대 애장왕)을 살해하고 둘째 숙부 김언승을 41대 헌덕왕으로 즉위시켰다. 1등 공신으로 책록돼 조정 고위직만 역임하며 사병 군사력을 증강시켰다.

42대 흥덕왕으로 등극한 김명의 셋째 숙부 김수종이 후사 없이 승하했다. 무주공산의 왕위를 놓고 김균정(김예영 장남)과 김제륭(김예영의 2남 김헌정 아들) 간에 싸움이 벌어졌다. 김균정과 김제륭은 숙질(3촌) 사이였다. 김명은 김제륭 편에 가담해 당숙 김균정(5촌)을 죽였다. 조명부인(김명 누이)이 김균정의 후처로 시집가 김균정은 김명의 당숙이자 매형이기도 했다.

43대 희강왕이 된 김제륭은 김명의 6촌 형이었다. 김명 동생 문목부인이 김제륭의 부인이어서 둘은 처남 매부 사이였다. 희강왕은 처남 김명을 상대등에 임명했다. 김명의 욕망은 멈출 줄 몰랐다. '나도 원성왕의 엄연한 혈손인데 용상에 못 오를 이유가 뭔가.'

836년 12월. 김명, 이홍, 배훤백 등은 숙부 김균정을 죽인 김제륭을 희강왕으로 추대했다. 왕 3년(838) 1월. 희강왕에게 불만을 품은 김명이 이들과 공모해 다시 반란을 일으켰다. 자신이 추대한 희강왕을 축출하기 위한 역모였다. 궁지에 몰린 희강왕이 목매 자결하자 김명이 왕위에 올랐다. 44대 민애왕(閔哀王 · 이하 왕)이다.

왕은 등극하자마자 아버지 김충공을 선강(宣康)대왕, 어머니 귀보부인 박씨는 선의(宣懿)태후로 각각 추존했다. 왕의 대통을 승계했다는 명분 확보였다. 부인 김씨(각간 김영공 딸)는 윤용(允容)왕비로 책봉해 내밀궁의 위계를 정립하려 했다.

왕은 궁정 반란에 대공을 세운 김귀와 김헌숭을 상대등과 시중으로 각

민애왕릉의 둘레석을 떠받치고 있는 받침돌.

급보를 접한 왕이 모든 걸 직감했다. 대감 김민주에게 3천 병사를
내주며 장보고군을 격퇴토록 명했다. 장보고군과 조정군이 무주에서
첫 교전을 벌였다. 전술에 능한 장보고군의 전술에 말려 조정군이 전멸했다.
기세가 오른 장보고군은 곧장 서라벌로 향했다. 청해진과 서라벌은
천리 길이었다. 무지막지한 장보고군이 휩쓸고 지나는 촌락마다
쑥대밭으로 변했다. 백성들은 치를 떨었다.

각 임명해 동요 중인 조정 대신들을 무마토록 했다. 왕의 일상은 수시로 엄습하는 공포로 좌불안석이었다. 왕은 청해진(전남 완도)으로 도주해 절치부심하며 역모를 도모 중인 6촌들 일당이 늘 근심이었다.

'내가 왕을 죽게 하고 왕이 되었으니 나도 용상을 탈취 당한 뒤 비참한 최후를 맞는 건 아닌가.'

왕의 불길한 예감은 적중했다. 등극하자마자 5촌 당숙 김균정(당숙 겸 매형)·김헌정(당숙·김제륭 아버지) 계의 도전에 직면한 것이다. 왕 1년(838) 김우징(45대 신무왕)이 김양과 함께 장보고 군 5천 병사를 차출 받아 거병했다.

김우징은 왕의 당숙이자 매형인 김균정의 장남으로 왕과 6촌 사이였다. 김양(金陽·808~857)은 38대 원성왕과의 왕권 싸움에서 패한 김주원(강릉 김씨 시조)의 증손자다.

김우징이 출정하기 전 해상왕 장보고를 대면한 대화 내용이 사서에 전한다.

"장군, 김명은 왕을 죽이고 스스로 왕이 되었습니다. 이홍 또한 공모자로서 같은 하늘 아래 머리를 맞대고 살 수 없는 원수지간입니다. 원컨대 장군의 군대를 빌려 임금과 아버지 원수를 갚고자 합니다."

장보고가 조아리는 김우징에게 왕족에 대한 예우로 화답했다.

"정의를 보고도 실천하지 않는 자는 용기가 없는 자입니다. 내 비록 미천하고 용렬하나 청병에 따르겠습니다."

감격한 김우징이 굳은 결기로 철석같은 맹세를 했다.

"장군의 덕으로 내가 등극하면 반드시 장군의 딸을 후궁으로 들여 결초보은 하겠습니다."

장보고의 군령이 떨어졌다. 김양이 평동장군에 임명됐다. 정년, 낙금, 장변, 이순행, 염장, 장건영 등 백전 명장들 호위를 받으며 민애왕 토벌군의 선봉에 섰다. 장보고가 여러 장수 중 죽마고우 정년(鄭年 · ?~?)을 향해 외쳤다.

"자네가 아니면 이 난국을 평정치 못할 것이네."

의기양양해진 정년이 수기(帥旗)를 높이 들며 5천 병사들과 필승 전의를 다졌다. 함성이 우레와 같아 하늘을 찌를 듯 했다.

급보를 접한 왕이 모든 걸 직감했다. 대감 김민주(?~?)에게 3천 병사를 내주며 장보고 군을 격퇴토록 명했다. 장보고 군과 조정 군이 무주(전남 광주)에서 첫 교전을 벌였다. 전술에 능한 장보고 군의 전술에 말려 조정 군이 전멸했다. 기세가 오른 장보고 군은 곧장 서라벌로 향했다. 청해진과 서라벌은 천리 길이었다. 무지막지한 장보고 군이 휩쓸고 지나는 촌락마다 쑥대밭으로 변했다. 백성들은 치를 떨었다.

해가 바뀌어 왕 2년(839) 윤 1월 19일. 입김초차 얼어붙는 혹독한 엄동설한이었다. 장보고 군이 달구벌(경북 대구)까지 입성했다는 급보가 전해졌다. 왕경 서라벌(경북 경주)과 달구벌은 지근 거리였다.

왕은 이찬 김대흔, 대아찬 김윤린, 김의훈 등에게 군사를 나누어 맡겨 격퇴토록 했다. 조정 군은 장보고 군의 적수가 되지 못했다. 조정 군을 궤

문화재 표지판(좌). 왕릉에 오르는 길(우). 안내자 없이는 찾기 힘든 심산유곡이다.

전남 완도에 있는 장보고 동상. 장보고의 피살로 신라의 해상왕국시대가 막을 내렸다.

멸시킨 장보고 군이 서라벌로 진격했다.

중과부적이었다. 조정 군은 전의를 상실했다. 장보고의 토벌군이 노도처럼 밀려오자 대신들은 가족부터 챙겨 도망쳤다. 왕은 혼자였다. 왕도 궁궐 서쪽 교외의 월유댁(月遊宅)으로 황급히 도망가 은신했다. 왕경 지리에 밝은 김우징과 김양이 장보고 군의 정밀 수색을 지휘했다. 다락방에 숨어 있던 왕이 발각되고 말았다.

포승에 결박된 왕이 김우징 앞에 무릎 꿇렸다. 분노에 이글거리는 김우징이 차고 있던 장검을 뽑아 목을 내리쳤다 선혈이 뿜어져 솟구치며 왕의 목이 땅에 굴렀다. 김우징은 왕의 가족까지 찾아내 모조리 참수했다. 아버지를 죽인 원수를 마침내 되갚은 것이다. 839년 윤 1월 22일로 왕이 재위한지 13개월 만이었다.

민애왕이 재위하는 동안 남긴 치적은 아무것도 없다. 무력으로 왕위를 찬탈했다가 무력으로 왕위를 찬탈 당했다. 백성들은 허망한 권력 쟁탈전을 조롱했다. 변방국 왕들은 발해 11대 대이진, 당 14대 문종, 일본 54대 인명 천황 그대로였다.

민애왕을 살해한 김우징이 신왕으로 등극하니 45대 신무왕(재위 839년 윤 1월~839년 7월)이다. 한민족 고대 왕조 임금 중 6개월을 재위한 최단명 왕이다. 신무왕은 6촌 김명에게 민애(閔哀)란 시호를 내리고 벽도산록에 장사토록 했다.

민애왕릉은 경북 경주시 내남면 망성리 산 40번지에 있다. 묻힌 자를 확인할 수 없는 전(傳) 왕릉이다. 벽도산 남동쪽 구릉 경사면을 깎아 평지를 조성한 뒤 능을 조영했다. 해좌사향(亥坐巳向·동으로 30도 기운 남향)으로 역마살(驛馬煞)을 피할 수 없는 좌향이다.

전 민애왕릉은 봉분 직경 12m, 높이 4m의 원형 봉토분으로 봉분 하단에 호석을 둘렀다. 반(半)육각형으로 다듬은 받침석이 호석을 떠받치고 있다. 능 바로 앞에는 이끼 낀 2매의 판석이 얹힌 상석이 있다. 능역이 국가 사적 제190호로 지정돼 있다.

전 민애왕릉은 43대 희강왕릉과 가까운 지점에 있다. 낮에도 햇볕이 들지 않는 첩첩산중으로 안내자 없이는 초행자가 찾기 힘든 오지 중의 오지다. 역사학계에서는 이 능을 40대 애장왕릉으로 비정하고 있으나 전거(典據)가 부족하다.

김우징은 장보고 정예군 5천 명을 지원받아 서라벌을 공략했다. 김우징이 숨어 있는 김명(44대 민애왕)을 색출해 잡아 죽이고 45대 신무왕이 됐다. 김명은 왕의 아버지 김균정을 죽이고 김우징은 김명을 죽여 아버지 원수를 갚은 것이다.

신 무 왕

6개월을 재위한 신라의 최단명왕. 신무왕은 청해진 장보고 군을 동원해 민애왕을 시해하고 용상에 올랐다. 죽고 죽이는 혈육 간 싸움이었다.

철천지 아비의 원수를 갚았건만
최단명 왕이 되다

왕(王)은 전제 군주시대 나라를 다스리던 최고 통치자였다. 임금·군왕(君王)·인군(人君)·군주(君主)·상감마마(上監媽媽)·주군(主君)·왕자(王者)·성상(聖上)·나라님 등으로도 불렸다.

중국 은(殷 또는 商)나라(BC 16세기~BC 1066년) 때 이윤(伊尹·?~?)은 왕의 통치 유형에 따라 구주(九主·아홉 가지 군주)로 분류했다. 전한(前漢·BC 202~AD 23)의 10대 선제(재위 BC 91~BC 49) 황제 당시 학자였던 유향(BC 77~AD 6)이 구주를 재해석해 일반에 널리 유포됐다. 전한시대 역사학자 사마천(?~?)이 편찬한 사기(史記)에도 이 내용이 수록돼 있다.

· 법군(法君): 만사를 법으로 다스리려는 왕
· 전군(專君): 자기 혼자 모두 치리하느라
　　　　　신하들에게 아무것도 맡기지 않는 왕

신무왕릉을 둘러싼 곡장. 민가의 도로변에 있다.

- 수군(授君): 자력으로 다스릴 능력이 없어

  신하에게 정사를 위임한 왕

- 노군(勞君): 천하를 위해 노고를 다하는 왕

- 등군(等君): 신상필벌을 실상에 맞게 처리하는 왕

- 기군(耆君): 자신은 위에서 교만을 부리며

  아래로는 백성을 힘들게 하는 왕

- 고군(固君): 군사력만 증강하느라 백성들을 도탄에 빠뜨리는 왕

- 파군(破君): 상대국을 가볍게 여기다가 외적을 불러들이는 왕

- 삼세군주(三歲君主): 어린 나이에 등극한 왕

왕에 대한 여러 호칭의 해석도 다양했다.

- 왕(王): 여럿 중의 가장 으뜸인 자

· 임금(상주 · 常主): 죽을 때까지 우두머리

· 금상(今上): 현재 용상에 있는 왕

· 성상(聖上): 자국의 생존 왕에 대한 극존칭

· 폐하(陛下): 황제나 황후를 높여 부르는 칭호

· 전하(殿下): 왕이나 왕비를 일컬음

· 명군(名君): 이름이 유명하거나 뛰어난 왕

· 명왕(名王) · 명주(明主) · 명군(明君) · 명왕(明王):

　　　　　　정사에 밝고 현명한 왕

· 성군(聖君) · 성왕(聖王) · 성제(聖帝) · 성주(聖主):

　　　　　　덕과 지혜로 나라를 다스리는 어질고 훌륭한 왕

· 천자(天子): 천제의 아들로 천명을 받아 천하를 다스린다는 황제

· 만승지군(萬乘之君): 여러 왕 중에서도 가장 뛰어난 왕

· 황제(皇帝): 제국의 왕. 중국 진시황 이후 청나라까지의 왕.

　　　　　　우리나라는 대한제국 때의 고종 · 순종황제

· 대제(大帝): 위대한 황제를 높여 부르는 호칭. 러시아 대제

· 제왕(帝王): 황제와 국왕의 통칭

· 국왕(國王) · 국군(國君): 한 나라의 왕

· 폭군(暴君): 잔학하고 포악한 왕

· 난군(亂君): 여색을 지나치게 탐해 국정을 그르치는 왕

· 폐군(廢君) · 폐주(廢主) · 폐왕(廢王): 정사를 그르쳐 폐위되거나

　　　　　　쫓겨난 왕

· 망주(亡主): 잘못된 판단으로 나라를 망국에 이르게 한 왕

신무왕릉 봉분 아래 돌출된 호석. 풍우에 씻겨 모습을 드러냈다.

왕이 정무를 살필 때 앉는 자리의 이름도 다양했다. 용상(龍床) 옥좌(玉座) 보탑(寶榻) 어좌(御座) 보좌(寶座) 제좌(帝座) 등으로 높여 불렀다. 왕의 죽음에 대한 호칭도 대신이나 일반 백성들과 구별했다. 황제의 죽음은 붕(崩) 또는 붕어(崩御)였다. 번국(藩國) 왕은 승하(昇遐) 등하(登遐) 선어(仙馭) 안가(晏駕) 훙서(薨逝) 훙거(薨去) 훙(薨)이라 했다. 황제국은 번국 왕에게 붕 또는 붕어 사용을 못하도록 했다.

왕 이름인 어휘(御諱)도 백성들의 동일 자(字) 사용을 엄금했다. 어휘는 자전(字典)에서도 색인(索引)이 어려운 벽자(僻字) 만을 골라 썼다. 어휘와 한 자라도 같으면 왕실에 대한 능멸로 간주했다. 당 조정은 번국 왕 이름이 당 황제와 같을 경우 개명을 강요했다.

신라 33대 성덕왕(재위 702~737)은 초명 김융기(金隆基)가 당 6대 황제 현종(재위 712~756)의 이융기(李隆基)와 隆基가 같았다. 당 조정에서 무엄하다며 일부러 사신을 보내 개명을 강요했다. 성덕왕은 김흥광(金興光)으로 고쳤다.

왕들의 생애는 천양지차였다. 어명 일성(一聲)이면 천하가 요동치고 일사천리일 듯 싶었지만 천만의외였다. 명암이 교차하고 굴곡이 극심했다. 친족 간 왕위 쟁탈전으로 비참한 최후를 맞는가 하면 원인 불명의 질병으로 단명 왕이 되기도 했다. 정변으로 찬탈 당한 왕좌는 정변으로 찬탈 당해 멸문지족의 참화를 입었다. 정적(政敵)의 간교로 독살되고 별궁에 유폐돼 생을 마감한 왕도 있다.

반면 조정 대신들의 간언(諫言)을 경청하고 초야 민심을 가납해 선정을 베푼 왕도 있다. 이런 군왕 치하의 장정들은 영토 확장 전쟁의 국가 부름에 앞다퉈 자원했다. 백성들은 태평성대를 구가하며 격양가(擊壤歌)를 높이 불렀다. 왕은 대제국 야망을 실현한 영웅이 되었고 청사에 길이 남았다. 백성들은 선민(選民)의 긍지로 득의양양했다.

한반도의 고대 삼국 왕 중 최단명 왕은 재위 기간이 겨우 6개월이었다. 신라 45대 신무왕(재위 839년 윤1월~7월)과 백제 29대 법왕(재위 599년 12월~600년 5월)이다. 비록 1년도 되지 않는 짧은 기간이지만 역사에 공백이란 있을 수 없어 역대 왕으로 추앙되고 있다.

역사학계에서는 왕의 단명 원인을 여러 가지 측면에서 고찰하고 있다. 성장 전부터의 과도한 성생활, 고단백 진상 음식의 영양 과다 섭취, 시중·부액 등으로 인한 운동 부족, 정변·음모에 의한 살해·독살 등을 요인으로 꼽고 있다.

다음은 삼국(신라·백제·고구려)의 단명 왕을 각국 재위 순으로 열거한 것이다. (신무왕·법왕은 제외)

·신라: 39대 소성왕(799년 1월~800년 6월·1년 5개월) 43대 희강왕(836년 12월~838년 1월·1년 1개월) 44대 민애왕(838년 1월~839년 윤1월·1년 1개월) 50대 정강왕((886년 7월~887년 7월·1

왕릉 제향 시 임금이 절하는 배석. 신하는 능 앞에서 별도의 예를 표했다.

왕은 아버지의 철전지 원수를 갚았다며 비로소 안도했다.
그러나 아니었다. 그날 이후 왕은 이홍이 꿈에 나타나 왕의 등을
활로 쏘는 악몽에 시달렸다. 기이하게도 이홍의 활에 맞은 부위에
종기가 돋아나 등창으로 도졌다. 등창은 전신의 피부병으로 전이됐다.
피가 나도록 긁어도 가렵고 또 가려웠다. 견디다 못한 왕은
차라리 죽는 게 낫다고 생각했다

년).

·백제: 7대 사반왕(234년~234년 · 1년 미만) 12대 계왕(344년 10월~346년 9월 · 1년 11개월) 15대 침류왕(384년 4월~385년 11월 · 1년 7개월) 23대 삼근왕(477년 9월~479년 11월 · 2년 2개월) 28대 혜왕(598년 12월~599년 12월 · 1년).

·고구려: 4대 민중왕(44년 10월~48년 ?월 · 약 4년) 5대 모본왕(48년 ?월~53년 11월 · 약 5년)

고구려는 단명왕이라고 해도 재위기간이 다소 길었다. 왕권의 안정을 의미한다.

삼국의 장수한 왕들도 기록에 전한다.

고구려는 6대 태조왕(53년 11월~146년 12월 · 93년 1개월) 20대 장수왕(413년 10월~491년 12월 · 78년 2개월)으로 태조왕의 재위 기간은 경이적인 기록이다. 신라는 1대 박혁거세거서간(BC 57년 ?월~AD 4년 3월 · 61년) 26대 진평왕(579년 7월~632년 1월 · 54년 6개월)이며, 백제의 8대 고이왕(234년 ?월~286년 1월 · 52년) 등이다.

신라의 최단명왕 신무왕(이하 왕)은 6개월간 용상에 있었다. 왕의 이름은 김우징(金祐徵)으로 41대 헌덕왕(김언승 · 5촌 당숙) 당시 아버지 김균정(시중 · 헌덕왕 4촌)을 도와 막강한 정치 세력을 형성했다. 왕의 재위기간은 짧았다. 왕의 즉위 전 관직 경력이 신라 말기 역사에서 차지하는 위상은 매우 크다.

헌덕왕 때는 김균정 · 김우징 부자가 김헌창 반란군을 진압해 헌덕왕의 왕권 유지에 지대한 공을 세웠다. 왕은 42대 흥덕왕(김수종 · 왕의 5촌 당숙) 3년(828) 시중에 임명되며 조정의 중추 세력으로 급부상했다. 조정 대신들이 이들 부자에게 조아렸다.

탄탄대로로 승승장구하던 왕(김우징)의 벼슬길을 가로막는 자가 있었다. 834년 김균정이 상대등에 제수되자 왕의 6촌 김명(44대 민애왕)이 부자 간 상피(相避)를 근거로 결사반대했다. 김명은 왕의 아버지 김균정의 처남으로 왕과는 6촌 사이였다. 왕이 시중 직을 사퇴하며 둘은 원수지간이 되고 말았다.

836년 42대 흥덕왕이 후사 없이 훙서하자 왕은 김균정(아버지)을 즉위시키고자 했다. 김균정과 김제륭(왕의 4촌) 사이 격렬한 왕권 싸움이 벌어졌다. 김명은 매형(김균정)을 놔두고 6촌 김제륭 편에 가담했다. 김제륭이 김균정을 살해하고 43대 희강왕으로 등극하자 김명은 상대등이 되었다. 목숨이 경각에 달린 왕이 청해진(전남 완도)으로 도주해 장보고에게 의탁하며 이를 갈았다.

김명이 다시 반란을 일으켜 김제륭을 죽이고 44대 민애왕이 됐다. 왕(김우징)은 장보고 정예군 5천명을 지원받아 서라벌을 공략했다. 김우징이 숨어 있는 김명(44대 민애왕)을 색출해 잡아 죽이고 45대 신무왕이 됐다. 김명은 왕의 아버지 김균정을 죽이고 김우징(왕)은 김명을 죽여 아버지 원수를 갚은 것이다. 백성들은 혀를 찼다.

왕은 등극하며 할아버지 김예영(38대 원성왕 3남)을 혜강(惠康)대왕, 아버지 김균정은 성덕(成德)대왕, 어머니 진교(眞矯)부인 박씨는 헌목(憲穆)태후로 추봉했다. 아들 김경응(金慶膺)을 태자로 책봉해 왕통을 바로 세웠다. 왕위 등극 일등 공신인 장보고에게는 감의군사(感義軍使)를 제수하고 식읍(食邑) 2천 호를 내렸다.

신무왕릉 안의 베어진 나무 등걸.

　왕은 자신과 대척 관계였던 반대파를 용서하지 않았다. 김명과 공모해 김제륭(희강왕)을 죽인 뒤 심산유곡으로 도망친 이홍(利弘·?~839)의 추포에 혈안이 됐다. 군사를 동원해 토굴에 숨어있던 이홍을 기어이 찾아냈다. 왕은 이홍의 사지를 네 마리의 말에 묶어 찢어 죽이는 거열형(車裂刑)으로 처단했다.

　왕은 아버지의 철천지 원수를 갚았다며 비로소 안도했다. 그러나 아니었다. 그날 이후 왕은 이홍이 꿈에 나타나 왕의 등을 활로 쏘는 악몽에 시달렸다. 기이하게도 이홍의 활에 맞은 부위에 종기가 돋아나 등창으로 도졌다. 등창은 전신의 피부병으로 전이됐다. 피가 나도록 긁어도 가렵고 또 가려웠다. 견디다 못한 왕은 차라리 죽는 게 낫다고 생각했다.

소문을 접한 시정 백성들은 하늘이 내린 천벌이라며 왕족 간 살육전을 조롱했다. 839년 7월. 그날도 왕은 이홍의 화살에 맞는 꿈에 가위 눌리다 깨어나지 못하고 세상을 떠났다. 시상판(屍床板)에 안치된 왕의 시신을 본 대신들은 눈길을 돌렸다. 전신에 헌데(부스럼 딱지)가 덕지덕지했다.

태자 김경응이 책봉 6개월 만에 46대 문성왕으로 등극했다. 조정에서는 신무(神武)라 시호를 지어 올리고 능을 조영한 뒤 신주를 종묘에 입묘했다. 이날 서라벌 창공에는 까마귀 떼가 끼룩대며 줄지어 날았고 멀쩡한 하늘에 천둥 번개가 요란했다.

신무왕릉(사적 제185호)은 경북 경주시 동방동 660번지의 민가 주변 도로가에 있다. 건좌(乾坐·북에서 서로 45도) 손향(巽向·동에서 남으로 45도)의 주역 괘(卦)로 동남향이다. 경주 형제봉 서쪽 남천(南川)에 자리 잡고 있다.

능은 민묘 형태의 원형 봉토분으로 봉분 직경 15m, 높이 3.3m이다. 능 저부에 호석(護石)으로 보이는 자연석이 노출돼 있고 능 앞에 상석과 표석이 있다. 신라 왕릉 가운데 규모가 작다. 경주 시내에서 불국사 가는 4.2km 지점이며 주의 깊게 관찰하지 않으면 설핏 지나치기 쉽다.

부왕과 정종태후의 장남인 문성왕의 이름은 김경응이다. 부왕이 등극하던 해(839) 윤1월 태자로 책봉됐다. 조정은 편한 날이 없었다. 38대 원성왕(재위 785~798) 이후 50여 년 동안 지속 중인 친족간 왕권 싸움은 가일층 격화됐다.

신라 46대

문

성

왕

경주시 서악동 고분군 안에 있는 문성왕릉. 혹독한 천지재앙과 빈번한 인사이동으로 민생은 피폐됐고 장보고를 죽여 제해권을 상실했다.

천지재앙 무리한 인사요구
첩첩산중 악재로 편할 날 없네

등극 후 첫 조정회의가 열린 839년 7월. 옥좌에 앉은 46대 문성왕(재위 839~857)이 시립한 대신들을 응시하며 깊은 시름에 잠겼다. 군신(群臣)들 거의가 정변에 가담해 44대 민애왕을 살해하고 아버지 김우징을 45대 신무왕으로 즉위시킨 공신들이었다.

저마다 일등 공신을 자처하며 논공행상에 명운을 걸고 있는 어전회의였다. 5천 정예병을 차출해 민애왕을 타도시킨 청해진(전남 완도) 대사 장보고도 완전 군장한 채 버티고 있었다. 왕의 등골이 서늘했다. 저들 모두를 어찌할 것인가.

문성왕(文聖王 · 이하 왕)은 고뇌했다. 엄밀한 의미에서 군신들에 대한 대 · 소 훈상은 신무왕(이하 부왕)의 몫이었다. 불행히도 부왕이 즉위 6개월 만에 훙서해 왕의 유산으로 승계됐을 뿐이었다. 하지만 부왕의 태자로서 등극한 왕과도 무관한 일은 아니었다. 침묵 끝에 왕이 윤음(綸音)을 내

246

렸다.

"논공행상을 논함에 있어 명실공히 최고 수훈은 장보고 대사입니다. 군사를 일으켜 국법 질서를 수호했고 반역 도당을 척결해 국가 위기를 구했소이다. 장보고 대사를 해진(海鎭)장군에 제수하니 장군은 신국(神國 · 신라) 보위에 더욱 전념토록 하오."

조정이 술렁였다. 왕실 · 귀족 출신의 고위 대신들은 수개월이 지나도록 무리지어 동요했다. 왕경 서라벌 귀족들의 유별난 선인(選人) 의식과 자존심에 대한 심대한 도전으로 간주했다. 당시 서라벌 귀족 · 상류층은 지방 백성들은 물론 변방 호족까지 무시하며 하대했다. 특히 남 · 서 해안의 섬사람들은 해도인(海島人)이라 하여 교유는커녕 면대조차 회피했다.

대신들은 우려했다. "해도인 출신 장보고가 어찌 감히 신라 해군을 지휘한단 말인가. 이는 필시 지방 호족들의 발호를 묵인 동조하는 선례로 작용해 국가 미래의 큰 장애 요인으로 대두될 것이다."

왕은 회유책이 시급했다. 왕 2년(840) 1월. 5촌 당숙 김예징(?~849 · 43대 희강왕 친동생)을 상대등, 7촌 재당숙 김의종(?~? · 42대 흥덕왕 아들)을 시중으로 임명했다. 친족들을 전진 배치한 왕족 무마용 인사였다. 조정 대신 중 타 성씨는 극소수였고 아직도 고위 관직을 학수고대하는 친족들이 부지기수였다.

부왕과 정종태후의 장남인 문성왕의 이름은 김경응(金慶膺)이다. 부왕이 등극하던 해(839) 윤1월 태자로 책봉됐다. 조정은 편한 날이 없었다. 38대 원성왕(재위 785~798) 이후 50여 년 동안 지속 중인 친족 간 왕권 싸움은 가일층 격화됐다.

김균정(왕의 조부) 계와 김충공(왕의 재종조부) 계의 치열한 왕위 쟁탈전은 더욱 격화됐다. 부왕의 간청으로 장보고 정예군이 참전했다. 장보고 덕분으로 부왕이 6촌 김명(44대 민애왕)을 죽이고 45대 신무왕으로 등극했다. 부왕이 장보고에게 결초보은을 맹세했다.

"내가 아버지(김균정) 원수를 갚고 즉위하도록 도와주면 대사의 딸을 후비(后妃)로 간택하겠소. 신라 왕통은 대사의 혈계로 승계될 것이며 대사의 평민 신분은 귀족으로 격상될 것이오."

부왕의 갑작스런 승하로 왕권 투쟁 과정에서 파생된 숱한 모순들이 왕에게로 부과됐다. 지지부진한 공신 예우로 폭발 일보 직전에 있던 왕실·귀족들이 장보고의 해진장군 임명을 극렬 반대하고 나섰다.

장보고는 청해진에 거주하는 딸을 서라벌로 데려와 왕을 채근했다. 청해진에서 급격히 군사력을 강화한 장보고 병력은 신라 조정 군을 능가하고도 남았다. 왕은 진퇴양난이었다.

장보고는 청해진으로 귀환해 장정들을 모병하며 군사력을 계속 증강했다. 서라벌 조정에게는 국기(國基)가 송두리째 위협 받는 지방 군벌의 책동이었다. 왕 4년(842) 12월 일본에 파견된 신라 사신한테서 긴급 첩보가 입수됐다.

왕 2년(840) 12월. 장보고가 왕의 윤허 없이 독자적으로 일본에 사신(私臣)을 파견했다. 신라 조정의 혼란을 노린 일본 조정이 장보고 사신에게 연회를 베풀고 환대했다. 장보고는 청해진에서 당-신라-일본-동지나해 해적들을 소탕한 뒤 제해권을 완전히 장악해 해상 왕으로 군림하고 있었다.

왕은 분노했다. '신라에 왕이 둘이란 말인가.' 왕권을 능멸하는 지방 군벌의 준동이 금도를 넘은 것이다. 설상가상으로 장보고가 파견한 사신을

왕릉 표지석이 유일한 석물이다.

왕 2년 12월. 장보고가 왕의 윤허 없이 독자적으로 일본에 사신을
파견했다. 신라 조정의 혼란을 노린 일본 조정이 장보고 사신에게 연회를
베풀고 환대했다. 장보고는 청해진에서 당~신라~일본~동지나해 해적들을
소탕한 뒤 제해권을 완전히 장악해 해상 왕으로 군림하고 있었다.
왕은 분노했다. '신라에 왕이 둘이란 말인가.' 왕권을 능멸하는
지방 군벌의 준동이 금도를 넘은 것이다.

환대해 중앙 조정과 지방 군벌을 이간시키는 일본 조정이 더욱 가증스러
웠다. 그러나 이미 손 쓸 수 없게 비대해진 장보고 세력에 대해 조정은 속
수무책이었다.

왕 8년(846) 3월. 장보고가 1만 대군을 거병해 서라벌 진격을 준비
중이란 급보가 전해졌다. 딸의 왕비 책봉 불발에 분개한 장보고가 보복 공
격에 나선 것이다. 대항 능력이 없는 조정이 발칵 뒤집혔다. 왕은 안절부절
못했다. 이때 왕의 호위무사 염장(閻長 · ?~?)이 선뜻 나서 아뢰었다.

"조정에서 저를 믿어 주신다면 맨손으로 장보고의 목을 베어와 충성을
다 하겠습니다."

염장은 무주(武州 · 전남 광주) 사람으로 당초 장보고의 휘하 무장이
었다. 청해진의 정예병을 이끌고 민애왕의 조정 군을 격퇴한 뒤 부왕(신무
왕)을 시봉하다 대를 물려 왕(문성왕)의 심복이 된 불퇴전 맹장이었다. 6
척(1m 80cm) 장신에 담력이 남달라 맨손으로 호랑이를 때려잡는 힘센
장사였다.

왕은 염장의 결기를 믿고 반드시 죽이라는 필살 어명을 내렸다. 청해
진에 당도한 염장이 왕을 배신하고 탈출한 척 위장해 장보고 앞에 우슬착
지(右膝着地)했다. 염장이 낙루하며 원통함을 호소했다. 장보고는 옛 부하
를 의심 없이 반겼다.

"장군, 신라 왕실은 무인지경으로 곧 멸망합니다. 실성한 왕의 잦은 망
발로 조정은 통제 불능이고 굶주린 백성들이 도적 떼로 변해 연일 관가를
습격합니다. 소장을 청해진 섬놈이라며 죽이려고 해 겨우 몸만 빠져 나왔
습니다."

장보고는 염장의 무사귀환을 쌍수 들어 환영했다. 성대한 주연을 베

문성왕릉 상의 연약한 갈대가 오랜 세월을 버텨내고 있다.

풀고 새 임무를 염장에게 부여했다. 염장이 올린 술잔을 높이 들어 건배한 뒤 아무런 의심 없이 장보고가 마시기 시작했다.

순간, 호위용으로 세워 둔 장검을 염장이 뽑아 장보고의 목을 내리쳤다. 전광석화의 찰라 간에 자행된 끔찍한 참사였다. 장보고의 목이 술상 위에 나뒹굴었다. 염장이 장보고의 목과 피 묻은 장검을 높이 쳐들고 외쳤다.

"모두 나를 따르라! 한 놈이라도 거역하면 당장 사지를 찢어 버릴 것이다. 무엇들 하는가, 무릎을 꿇지 않고!"

배석한 장보고의 부장(副將) 모두가 염장 앞에 엎드렸다. 염장은 즉시 장보고의 목을 말에 싣고 서라벌로 달려가 왕에게 바쳤다. 왕은 염장의 공을 높이 치하하고 아간(阿干) 벼슬을 제수했다. 평민 신분으로 동지나해 해상권을 장악했던 풍운아 장보고의 허망한 말로였다.

장보고는 죽었지만 왕은 불안했다. 염장이 두려웠다. 자고로 한번 배역한 자는 두 번 세 번 등을 돌린다는 만고이치를 터득하고 있었기 때문이다. 조정 대신들도 차제에 청해진을 혁파하라는 상소가 빗발쳤다. 이번에는 왕이 염장을 배신했다.

왕 13년(851) 2월 왕은 청해진을 완전 해체해 버렸다. 이 지방 토호들과 장보고의 잔존 세력들은 벽골군(전북 김제)으로 강제 소개시켜 각자 도생토록 방치했다. 청해진의 민초들은 절치액완(切齒扼腕)하며 장보고를 죽인 염장의 화상(畵像)을 송곳으로 쑤시고 불태웠다.

장보고는 남해안 섬(일설에는 전북 부안)에서 평민의 아들로 태어났다. 소싯적부터 물길 질에 익숙하고 궁술이 출중해 궁복(弓福)으로 불렸다. 어린 궁복은 희망 없는 평민의 섬 생활에 절망했다. 의기투합한 죽마고우 정년(鄭年·?~?)과 몰래 당으로 무단 입국해 서주의 무령군(武寧軍)에 입대했다.

장보고는 승진을 거듭해 장교로 복무하며 고급 군사 전술을 습득했다. 환관의 횡포와 민란으로 당이 혼란해지자 흥덕왕 3년(828) 신라로 귀국해 청해진(靑海鎭)을 세웠다. 희망 없이 좌절하던 지방의 장정들이 부지기수로 몰려들었다.

당이 내란으로 동북아 제해권을 상실했다. 무역 상선이 오가는 동지나해에 해적들이 들끓었다. 장보고는 군함으로 개조한 상선을 이끌고 수시 출몰하는 해적들을 무자비하게 소탕했다. 잔학무도한 해적들도 청해진 수기(帥旗)만 보면 무조건 줄행랑쳤다.

바닷길은 회복됐고 무역선은 자유롭게 항해했다. 신라인 장보고가 동지나해까지 제해권을 장악한 것이다. 신라의 국제적 위상은 급격히 부상했다. 이 지역 국가 간 활발한 무역 거래로 각국의 경제는 성장했다. 장보고의 명성은 하늘을 찔렀다.

청해진 원근의 농민들이 장보고의 휘하로 자진 결집했다. 1만 병력으로 세력을 불린 장보고는 당 산동성에 새로운 거점을 확보했다. 그곳에 집

왕의 혈계와 치적이 적시된 문화재 표시판.

왕은 장보고만 제거되면 만사여의할 줄 알았다. 오히려 시련이
가중됐다. 왕이 재위하는 18년 2개월 동안 온갖 악재들이 끊이지
않았다. 인력으로 감내하기 힘든 천지재앙과 대신들의 무리한 인사
요구가 왕에게는 가장 큰 고통이었다. 왕의 어떤 묘책으로도 마음이
떠난 대신들을 충족시킬 수가 없었다. 계속되는 정정 불안은
역모와 반란으로 이어졌다.

보령 성주사지. 문성왕 7년 승려 낭혜무염이 당에서 귀국해 충남 보령 성주사에 성주산문을 개창하고 선풍을 진작시켰다. 구산선문 중 성주산문의 원찰이다.

단 거주하는 신라방(坊) 사람들이 장보고를 지도자로 추앙했다. 장보고는 신라방과 청해진을 내왕하며 번국 왕에 버금가는 지위를 향유했다. 장보고가 청해진에 체류할 때 민애왕에게 쫓긴 부왕(김우징)이 딸의 왕비 책봉을 맹세하며 신변을 의탁했다. 이게 화근이었다.

장보고는 벼슬에 눈이 먼 부장(副將)의 배신으로 비참한 최후를 맞았다. 그의 죽음으로 18년 동안 유지돼 오던 청해진 해상 왕국은 순식간에 와해되고 말았다. 동지나해 무역 길은 다시 해적 소굴로 변해 버렸다.

역사학계에서는 장보고의 비명횡사로 좌절된 한반도의 영토 제국 야망을 안타까워하고 있다. 백제의 요서경략 이후 중원 대륙을 경략할 절호의 기회를 상실했다는 것이다. 장보고가 경영했던 산동성의 신라방 흔적은 현재까지도 남아있다.

왕은 장보고만 제거되면 만사여의할 줄 알았다. 오히려 시련이 가중됐다. 왕이 재위하는 18년 2개월 동안 온갖 악재들이 끊이지 않았다. 인력으로 감내하기 힘든 천지재앙과 대신들의 무리한 인사 요구가 왕에게는 가장 큰 고통이었다.

농작물을 고사시키는 극심한 가뭄(840, 848), 서라벌의 전염병 창궐(841), 여름의 우박·서리와 겨울 기근(840, 844, 848, 850, 851), 공포의 일식 및 혜성 출현(844, 850), 메뚜기 떼 극성(853), 3개 태양의 동시 출현 등. 이때마다 백성들은 제반 원인을 왕의 부덕 탓으로 돌리며 왕을 원망했다.

귀족·대신들의 압력으로 행해지는 인사이동도 왕으로선 불가항력이었다. 839년 해진장군 장보고, 840년 상대등 김예징, 시중 김의종, 843년 시중 양순, 844년 시중 김여, 847년 시중 위흔, 848년 시중 김계명, 849년 상대등 김의정, 852년 웅주 도독 진양.

왕의 어떤 묘책으로도 마음이 떠난 대신들을 충족시킬 수가 없었다. 계속되는 정정 불안은 역모와 반란으로 이어졌다. 홍필 반란(841), 장보고 반란(846), 양순·흥종 모반(847), 김식·대흔 모반(849).

이 중 장보고의 핵심 인맥인 양순·흥종의 모반은 신라 중앙 정부와 지방호족 세력 간 정면 대결로 비화돼 걷잡을 수 없는 혼란을 야기했다. 반란과 모반의 진압 과정에서 준비된 국가 동량들이 추풍낙엽처럼 목숨을 잃었다.

왕은 이찬 위흔(?~?)의 딸을 차비(次妃)로 간택(842년 3월)해 아들을 낳았다. 아들은 왕 9년(847) 태자로 책봉했으나 왕 14년(852) 1월 염병(장티푸스)으로 급사했다. 왕 7년(845)에는 승려 낭혜무염(朗慧無染·800~888)이 당에서 귀국해 충남 보령 성주사에 성주산문(聖住山門)을 개창하고 선풍(禪風)을 진작시켰다. 무염은 당나라 마조도일(馬祖道一·709~768) 선사의 선법을 신라에 전수시켰다.

북국 발해는 11대 왕 대이진(大彝震 · 재위 830~858, 연호 咸和)이 29년을 재위하며 대당 · 대일 외교에 치중해 민생을 안정시켰다. 남국 신라와는 일체의 교류 없이 일본 내왕 시에도 동해 · 서해의 먼 바다를 우회했다. 발해 백성들은 신라를 적대시했다.

당도 무령군 반란(849), 장중주 · 노용군 반란(857), 절동군의 난(855), 용주군 반란 (857) 등으로 왕권이 비틀댔다. 14대 문종(재위 826~840, 연호 大和)-15대 무종(재위 840~846, 연호 會昌)-16대 선종(재위 846~859, 연호 大中)으로 바뀔 때마다 환관 · 신료들이 집단으로 살해됐다. 무종 황제는 불교를 극렬 탄압(845)해 사찰 4만여 개를 폐사시키고 승려 26만여 명을 강제 환속시켰다.

일본은 54대 닌묘(仁明 · 재위 833~850)에서 55대 몬토쿠(文德 · 재위 850~858) 천황으로 바뀌었다. 일본 조정은 신라 · 발해 · 당 3국 간 절묘한 등거리 외교로 실익을 취했다. 855년 가을 일본 동대사(東大寺) 불두(佛頭)가 법회 도중 까닭 없이 부러져 겁먹은 도량 승려 모두가 자책하며 참회 법회를 봉행했다.

왕 19년(857) 8월 시중 김양(金陽 · 808~857)이 급서했다. 왕을 호위하며 왕권을 지탱해 주던 중신(重臣)이었다. 태자는 이미 죽었고 왕실엔 주인이 없었다. 한 달 후 상대등 김의정(왕의 숙부)과 시중 김계명(왕의 6촌 · 희강왕 아들)이 왕의 침전에 입시해 김의정에게 왕통 승계 유조(遺詔)를 내리라고 겁박했다. 왕은 순순히 응했다.

"숙부 김의정에게 차기 왕위를 의탁하노라."

857년 9월. 절망한 왕이 승하했다. 47대 헌안왕(재위 857~861)으로 등극한 김의정은 이미 연로한 노인이었다. 조카인 선왕(先王)에게 문성

(文聖)이란 시호를 헌정하고 경북 경주시 서악동 산 92-1번지에 안장토록 했다. 사적 제518호다.

문성왕릉은 선도산 남쪽 구릉 일부를 박토(剝土·깎아 냄)해 평지로 만든 후 타원형 봉토분으로 조영됐다. 건좌손향(乾坐巽向)의 주역 괘(卦)로 동남향이다. 묘제는 횡혈식 석실분(돌무덤)으로 추정되며 봉분 직경 18m, 높이 2.5m의 동서 장축(長軸)으로 용사돼 있다.

24대 진흥왕, 25대 진지왕, 47대 헌안왕이 함께 예장된 서악동 고분군 안에 있다. 네 왕릉 모두 문화재 표지석 외에는 봉분 앞 석조물이 아무것도 없다. 네 기(基)의 왕릉 모두 묘제 및 크기가 거의 동일한 데 무슨 근거로 각각 비정했는지 납득하기 어렵다.

신라 왕릉 취재 시마다 마주하는 한계이기도 하다.

유조는 이튿날 왕명으로 공포됐다. 군신들과 백성들은 인사불성으로 운신하지 못하는 문성왕이 어떻게 유조를 썼겠느냐며 서불한을 의심했다. 문성왕은 7일 후 세상을 떠났다. 857년 9월 서불한 김의정이 등극하니 47대 헌안왕이다.

신라 47대

헌

안

왕

탕평 인사로 왕족 간 싸움을 종결지으려 했던 헌안왕. 왕과 왕비
가 근친혼 후유증으로 극심한 고통을 받았다.

피붙이 간 왕권 쟁탈의 비극을 보고도
탕평할 힘이 부족하니

신라 왕조는 개국(BC 57) 당시부터 근친혼으로 왕통을 승계했다. 근친은 부계 6촌 이내의 혈족이다. 유교 이념상으론 금수(禽獸) 개념이 적용되겠지만 신국(神國)을 자처한 신라는 멸망(935)할 때까지 근친결혼 전통을 고수했다. 신라 중기부터 불교와 함께 유교가 통치 이념으로 대두되며 사상적 근간을 지배했지만 결혼 제도만은 예외였다.

신라 왕실은 항렬과 촌수도 개의치 않았다. 2촌 형제, 3촌 숙부, 4촌 종형제, 5촌 당숙, 6촌 재종형제, 7촌 재당숙, 8촌 삼종형제 등. 혼기가 찬 왕족 간에는 왕통 세습을 위한 정략결혼이 우선 과제였다. 15세 조카가 20세 친고모를 정부인으로 맞는가 하면, 부왕(24대 진흥왕)의 첩실(서모)과 아들((25대 진지왕)이 관계해 딸을 낳기도 했다.

삼국 중 고구려·백제는 물론 중원 제국(諸國)과 변방 번국(藩國·제후국)에서도 부모·조상을 능멸하는 번국(蕃國·오랑캐 나라)의 망종이라

260

고 멸시했다.

신라 왕실은 "신국(神國)에는 신국만의 법도가 있다."면서 일축했다. 이 같은 근친혼 제도는 신라 멸망 후 고려 왕실로 계승돼 국혼례의 인습으로 고착됐다. 유교 이념을 국시(國是)로 한 조선이 개국되면서 근친혼이 비로소 소멸됐다.

신라 왕실의 근친혼은 혈통의 정통성 유지라는 확고한 명분이 존재했다. 왕실 내 결속을 과시하고 귀족들과도 구별되는 초월적 존재임을 백성들에게 각인시켰다. 정변이나 역모를 통해 왕권이 전복되더라도 결국에는 한 조왕(祖王)의 후예라는 동질 개념이 근본적으로 내재돼 있었다.

때로는 부계가 동일해도 모계만 다르면 성장기를 달리했다는 방처혼(訪妻婚)적인 생활환경이 적용됐다. 여기서 파생된 게 신라·고려 왕족들 사이 성행했던 이복 남매 간 결혼이다. 근친혼으로 인한 순기능과 역기능도 다양했다.

근친혼의 장점과 모순이 가장 완벽하게 표출된 왕통 승계가 47대 헌안왕(憲安王) 등극이다. 헌안왕 왕계만 상세히 납득해도 신라 말 왕실 역사를 일목요연하게 조감할 수 있다. 왕실 항렬(行列)·계촌(計寸)이 거듭 반복되고 있지만 38대 원성왕 혈계 중 헌안왕의 선대가 제일 난해하다.

37대 선덕왕 홍서 후 김주원과의 왕위 경쟁에서 김경신이 승리해 38대 원성왕(이하 조왕)으로 등극했다. 당시 조왕은 왕족이 아닌 귀족 신분이었다. 귀족이 왕위에 오른 건 조왕이 처음이다. 조왕은 아들 3형제를 두었다. 장남 김인겸, 2남 김의영, 3남 김예영이다.

장남 김인겸(초봉 태자)은 아들 4형제를 낳았다. ①김준옹(39대 소성왕) ②김언승(41대 헌덕왕) ③김수종(42대 흥덕왕) ④김충공(44대 민애왕 아버지)이다. 2남 김의영은 무후로 아들이 없다. 3남 김예영은 장남 김균정과 2남 김헌정, 딸 귀승부인(황아왕후 41대 헌덕왕 부인)을 낳았다.

왕이 되기 위한 친족 간 혈투는 김인겸·김예영 형제의 아들 대(代)에서 극에 달했다. 불구대천의 원수가 된 이들은 사생결단으로 용상에 올랐다가 비참한 종말을 맞았다. 모두가 근친혼으로 맺어진 형제·4촌·처남·숙질 등의 친족 사이였다.

김충공(김인겸 4남)은 1남 2녀를 두었다. 1남 김명은 44대 민애왕이다. 장녀 조명부인은 김충공의 4촌 김균정(김예영 장남)의 후처로 시집갔다. 2녀 문목부인은 김충공의 5촌 당질 김제륭(김헌정 아들·43대 희강왕)의 왕비다. 김제륭과 문목부인은 6촌 간이다.

김명(김충공 아들)이 5촌 당숙 겸 매형 김균정과 6촌 매제 김제륭을 참살하고 44대 민애왕이 되었다. 민애왕은 6촌 김우징(45대 신무왕·김균정 아들)에게 보복 시해 당해 왕위를 빼앗겼다.

김균정 직계의 촌수는 더욱 복잡하다. 김균정 제1부인 진교부인 박씨는 김우징(45대 신무왕)을 낳고, 제2부인 조명부인(김명 누이)은 김의정(47대 헌안왕)을 출산했다. 김우징과 김의정은 이복형제 간이다. 김우징의 아들 김경응이 46대 문성왕이다.

견훤과 함께 후삼국(신라·후백제·후고구려) 시대를 열었던 풍운아 궁예(弓裔·857~918)가 헌안왕의 후궁 소생이다.

김헌정(김예영 2남) 계도 얽히고설키기는 마찬가지다. 김헌정이 장남 김제륭(43대 희강왕)과 2남 김예징을 낳았다. 김제륭이 6촌 동생 문목부인(김명 동생)과 결혼해 김계명을 출산했다. 김계명이 5촌 당숙 김우징(45대 신무왕)의 딸 광화부인(6촌 동생)을 아내로 맞아 김응렴을 낳았다.

유교의 성현을 기리기 위한 석전대제. 신라 중기부터 불교와 함께 유교가 국가 통치 이념으로 대두되었지만 신국(神國)을 자처한 신라는 멸망할 때까지 근친혼을 고수했다.

헌안왕은 3년 4개월 동안의 치세 기간 동안 괄목할 만한
치적을 남긴 게 없다. 왕 3년 4월 가뭄과 기근으로 백성들이
굶주리자 저수지 제방을 수리하고 농사를 적극 장려한 게 전부다.
왕은 정비에게서 얻은 두 딸을 왕 4년 9월 김계명의 아들 김응렴에게
시집보냈다. 왕의 후궁이 아들을 낳았으나 왕은 김계명과의
약속대로 사위에게 왕위를 승계시켰다.

김응렴이 48대 경문왕이다. 죽고 죽이는 살생이 거듭됐지만 이들 모두는 조왕 후손들이었다.

헌안왕(재위 857~861)은 이 살벌하고 처절한 왕실 비극의 정중앙에 서 있던 임금이다. 초명이 김의정(金誼靖)이었던 헌안왕(이하 왕)은 김균정의 후처(조명부인·김명 누이) 소생으로 박복한 운명이었다. 어릴 적부터 큰어머니(진교부인 박씨) 구박과 이복형(김우징·45대 신무왕, 진교부인 소생)의 질시 속에 기를 못 폈다. 왕을 더욱 궁지로 몰아넣은 건 근친혼이었다.

왕의 생모 조명부인 김씨는 김명(44대 민애왕)의 누이다. 조명부인이 5촌 당숙 김균정의 후처로 시집 가 왕을 낳은 것이다. 김명은 왕의 외삼촌이다. 왕권 투쟁에서 김명이 김균정(5촌 당숙 겸 매형)을 독화살로 즉사시키고 왕위에 올랐다. 왕에게는 외삼촌(김명)이 아버지(김균정)를 죽인 원수였다.

왕의 이복형 김우징은 외삼촌 김명과 6촌 간이다. 왕권 쟁탈전에서 김우징이 김명을 죽이고 왕위에 올랐다. 왕에게 이복형 김우징은 친 외삼촌을 죽인 원수였다. 철이 들면서 왕은 삼생(三生, 전생·금생·내생)을 거듭해도 풀길 없는 친족 간 악연에 몸부림쳤다.

김명의 동생 문목부인은 김제륭(43대 희강왕)에게 출가해 아들 김계명(48대 경문왕 아버지)을 낳았다. 김제륭은 왕의 4촌 형이자 6촌 매형이다. 김우징(45대 신무왕)과 김제륭(43대 희강왕)도 4촌간인데 같은 하늘 아래 머리를 두고 살 수 없는 원수지간이었다.

참으로 기구한 운명이었다. 왕에게는 아버지(김균정)를 죽인 외가(김

헌안왕릉 봉분 아래에 노출된 괴석(塊石). 횡혈식 석실분으로 추정되고 있다.

명)와 외삼촌(김명)을 죽인 친가(김우징)가 모두 원수였다. 왕의 생모 조명부인(김명 동생)에겐 남편(김균정)을 죽인 친정 오빠(김명)와 친정 오빠(김명)를 죽인 시가(김우징)가 원수였다. 문목부인은 천지신명을 원망하며 감당할 수 없는 운명 앞에 통곡했다.

왕은 조카인 46대 문성왕(43대 희강왕 아들) 즉위 초 시중에 임명된 후 병부령을 거쳐 849년 상대등에 제수됐다. 조정 고위직을 두루 역임했다. 왕은 왕족 피붙이 간 혈투로 멸족돼 가는 왕실의 비극을 탕평(蕩平)해 보고자 했다. 857년 8월 문성왕이 중병에 들었다. 이때 왕은 조정의 관직 중 최고위 직인 서불한(舒弗邯·각간)이었다.

소슬바람이 옷깃을 여미게 하던 이 해 초가을 이슥한 밤. 이찬(17 관등 중 2급) 김계명(金啓明·?~?)이 문성왕(김경응)을 찾아가 의미심장한 제안을 했다. 김계명 어머니 문목부인(희강왕 왕비)이 문성왕의 5촌 당고

모여서 김계명이 문성왕의 6촌 동생이기도 했다. 김계명은 문성왕의 여동생 광화부인과 결혼해 아들 김응렴(후일 48대 경문왕)을 두고 있었다. 김계명은 문성왕의 처남이었다.

"서불한이시여, 신국 왕족이 폐문 직전입니다. 서불한께서 필히 등극하셔서 용종(龍種)을 보전해야 합니다. 서불한의 두 딸을 제 자부(子婦)로 들여 왕통을 잇겠습니다. 성상의 선위 유조(遺詔 · 왕의 유언장)을 급히 작성하셔야 합니다."

《삼국사기》에 전하는 문성왕의 유조 내용은 매우 장황하다.

'과인이 부족한 자질로 보좌에 올라 위로는 하늘에 죄지을까 두려웠고 아래로는 백성들을 잘못 다스릴까 조바심했다. 주야로 깊은 물과 박빙을 딛는 듯 전전긍긍했으나 총명한 재상과 여러 신료들 덕분에 보좌를 유지했다. 이제 짐은 중병에 든 지 열흘이 넘었다. 정신이 혼미해 아침 이슬보다 빨리 세상을 하직할 듯싶다. 대저(大抵) 선조로부터 내려오는 사직에는 주인이 있어야 하며 국가 정무에 관한 사무는 잠시도 폐할 수가 없다. 서불한 김의정은 선왕(신무왕)의 이복 형제요 짐의 숙부다. 효성과 우애가 돈독하고 영민 · 관후한 데다 인자하다. 오래도록 재상 직에 있으면서 왕의 정사를 도왔으니 종묘를 받들 만하고 창생을 기를 만하다. 이제 짐은 무거운 정무에서 벗어나 어질고 덕 있는 서불한에게 후사를 맡기려 하는 바 다시 무슨 여한이 있겠는가. 인간의 생사와 만물의 시종(始終)은 하늘의 기약이고 장수와 단명 또한 정해진 몫이다. 죽는 것은 하늘의 이치려니 남는 자가 슬퍼할 일이 아니다. 군신(群臣)은 신국에 충성하고 산 자를 섬김에 예의를 다하라.'

유조는 이튿날 왕명으로 공포됐다. 군신들과 백성들은 인사불성으로 운신하지 못하는 문성왕이 어떻게 유조를 썼겠느냐며 서불한을 의심했다. 문성왕은 7일 후 세상을 떠났다. 857년 9월 서불한 김의정이 등극하니 48대 헌안왕이다.

헌안왕은 3년 4개월 동안의 치세기간 동안 괄목할 만한 치적을 남긴 게 없다. 왕 3년(859) 4월 가뭄과 기근으로 백성들이 굶주리자 저수지 김제 벽골제 제방을 수리하고 농사를 적극 장려한 게 전부다. 왕은 정비(성씨 미상)에게서 얻은 두 딸을 왕 4년(860) 9월 김계명의 아들 김응렴에게 시집보냈다. 왕의 후궁이 아들을 낳았으나 왕은 김계명과의 약속대로 사위에게 왕위를 승계시켰다.

발해는 왕 2년(858) 11대 왕 대이진(大彝震 · 재위 830~858)이 홍서하고 12대 왕 대건황(大虔晃 · 재위 858~871)이 즉위했다. 대건황은 일본과의 통상 외교에 국력을 기울였다. 858년 7월 정당성(省) 좌윤(左尹) 오효신(烏孝愼 · ?~?) 등 104인 파견, 860년 이거정(李居正 · ?~?) 등 105인 파견. 이들 중 일부는 발해로 귀국 않고 일본에 잔류해 야마도(大和) 족으로 동화됐다.

당은 국난으로 정국이 요동쳤다. 858년 6월 남만(南蠻)이 안남을 침입해 조정 군을 급파했다. 7월에는 남조(南詔) 추룡(酋龍)이 황제를 참칭하고 국호를 대리(大理)라 선포하며 반란을 일으켰다. 이 와중에 16대 황제 선종(宣宗 · 재위 846~859)이 도사가 제조한 약을 먹고 즉사했다. 17대 의종(懿宗 · 재위 859~873)이 즉위하며 도사 가문을 멸족시켰다. 이 해(858) 만당(晚唐)의 대표시인 이상은(李商隱 · 812~858)이 세상을 떠났다.

일본은 55대 몬토쿠(文德 · 재위 850~858) 천황이 즉위 9년 만에 서세했다. 56대 세이와(淸和 · 재위 858~876) 천황이 등극해 19년 간 통치했다. 세이와 천황은 일본 열도 내의 번국(藩國) 통일을 위해 전력투구했으나 뜻을 이루지 못했다.

861년 9월 신국 신라에 국상이 났다. 왕이 노환으로 훙서한 것이다. 왕의 사위 김응렴이 48대 경문왕으로 즉위해 장인에게 憲安(헌안)이란 시호를 봉정하고 종묘에 신주를 입묘했다. 헌안왕릉은 경북 경주시 서악동 산 92-2번지에 조영됐다.

왕릉 좌향은 손좌건향(巽坐乾向)으로 햇볕이 잘 드는 동남향이다.

이끼 낀 한자 표지석(좌). 한글로 음각된 왕릉 표지석(우).

사적 제179호로 46대 문성왕릉 서편에 인접해 있다. 횡혈식 석실분으로 추정되며 봉분 직경 16m, 높이 2.5m로 특이한 장식이 없다. 봉분 하단에 괴석 일부가 노출돼 있어 호석을 두른 흔적으로 유추하고 있다. (헌안왕릉 풍수 물형은 46대 문성왕릉 편 참조)

왕릉 좌측 바로 옆에는 조선 중기 문신 황정(黃晸 · 1689~1752, 21대 영조 때 호조참판 및 대사간) 묘가 있다. 황정 묘의 규모와 석물 배치가 헌안왕릉보다 월등히 크고 화려하다.

헌안왕의 쥐었던 손이 슬며시 풀리며 초로처럼 스러졌다. 이튿날 김응렴이 왕위에 오르니 48대 경
문왕이다. 38대 원성왕 훙서 후 10대 왕 60여 년을 거치는 동안 피로 얼룩진 왕권 교체가 무탈하게
승계된 것이다.

신라 48대

경

문

왕

왕릉으로 비정 안 된 경주 서악동 고분군 내 옛 무덤. 여러 고총 중
하나가 경문왕릉일 것으로 추정하고 있다.

사위로 대통을 승계하니
무탈하게 왕권이 교체되다

　　백발이 성성한 헌안왕은 이승과의 인연이 소진해감을 직감했다. 육신은 노쇠하고 정신이 몽롱했다. 눈앞을 어른거리는 허상(虛像)에 놀라는가 하면 현실이 꿈인 듯싶고 꿈이 현실인양 혼동되기도 했다. 죽음이 두렵긴 했지만 누구나 백년을 못 채우고 하직함이 인간 수명임을 터득한 지 오래였다.

　　나라가 염려였다. 47대 헌안왕(이하 선왕)에게는 공주만 둘 있었다. 선왕은 여자의 치국을 극도로 혐오했다. 27대 선덕여왕(재위 632~647)과 28대 진덕여왕(재위 647~654) 당시 변방국한테 당한 국가적 수모를 낱낱이 기억하고 있었다. 《신라본기》를 통해 전해오는 역대 왕들의 기록을 통해서였다.

　　고구려 · 백제는 "왕실에 오죽 왕재(王財)가 없으면 여자가 통치하느냐."며 신라를 능멸했다. 당은 "대국(당) 왕자를 신라왕으로 보낼 테니 여

272

왕을 폐위하라."며 신라의 여왕 책봉 요청을 거부했다. 신라 군신(軍臣)들이 격노했고 참다못한 비담과 염종이 반란을 일으키자 충격을 받은 선덕여왕이 급서했다.

선왕 4년(860) 9월. 서라벌 임해전(殿)에서 왕실·조정 대신 간 합동 연회가 성대히 베풀어졌다. 좌중에는 이찬(17 관등 중 2급) 김계명(47대 헌안왕 편 참조)이 15세 아들 김응렴(金膺廉·846~875)과 함께 상석을 차지하고 있었다. 선왕이 김응렴을 가까이 불렀다. 선왕에게는 김응렴이 종(從)손자였다.

"네가 상당기간 전국을 주유하며 민심을 살폈다고 들었도다. 혹여 선한 자들을 목격한 적이 있느냐?"

당시 국선(國仙·화랑도)의 수장으로 무용(武勇)이 출중하던 김응렴이 얼른 부복해 아뢰었다.

"성상이시여, 일찍이 세 사람을 보았사옵니다. 첫째 남 위에 군림할 만하면서도 남 아래 있으면서 겸양지덕으로 불만이 없는 자였습니다. 둘째는 모든 걸 소유한 부자이면서 사치하지 않고 검소한 옷을 입는 자였습니다. 셋째 고귀한 인품의 세력가이면서도 위세를 부리지 않는 겸손한 자였사옵니다."

선왕의 용안에는 흡족한 미소가 넘쳤고 대신들은 위축됐다. 이 중 부정으로 축재해 원성이 자자한 재상들의 오금이 저렸다. 선왕이 왕후를 바라보며 귀엣말을 건넸다.

"짐이 많은 사람을 겪었지만 응렴 만큼 훌륭한 자질을 갖춘 재목은 드물었소. 응렴은 군왕 자격으로 손색이 없소이다."

왕후도 응렴에 관해 들은 바가 있어 호감을 가지고 있었다. 왕후가 고개를 끄덕이며 미소로 화답했다. 얼마 후 선왕이 응렴을 대궐로 친히 불러 하문했다.

"언니는 스무 살이고 동생은 열아홉인데 배필로 누구를 원하는가?"

응렴은 당황했으나 망설임 없이 답했다.

"소생의 일생을 결정짓는 중대사이오니 부모님과 상의해 다시 알현하 겠나이다."

선왕은 응렴의 신중함에 더욱 만족했다. 귀가한 응렴에게 아버지(김계 명)와 어머니(광화부인·45대 신무왕 딸)는 "동생의 미모가 출중하며 성 품도 온순하다."고 귀띔했다. 응렴은 생각했다.

'누구라도 언니와 결혼하는 자가 차기 왕위에 오를 것이다.'

응렴은 그 길로 흥륜사 주지를 찾아갔다. 주지가 지혜를 보탰다.

"언니와 결혼하면 금상과 왕비가 기뻐해 대통을 승계시킬 것이오. 동 생은 등극 후 차비로 간택하면 내밀궁이 편안할 것입니다. 만사를 금상께 서 결정토록 미루시오."

응렴이 선왕을 다시 알현해 어명에 복종하겠다며 조아렸다. 선왕은 크 게 기뻐하며 큰딸 영화(寧和)공주를 시집보냈다. 이후 선왕의 옥체는 점점 미령해졌다. 헌안왕 5년(861) 1월 29일 저녁. 임종을 앞둔 선왕이 대신들 을 모아놓고 유조(遺詔)를 내렸다.

"짐은 불행히도 아들이 없어 딸만 둘 두었다. 신국 선대 역사에는 선덕 ·진덕의 두 여왕이 있었다. 이는 수탉이 아닌 암탉이 새벽을 알리는 일과 진배없어 본받을 수 없다. 사위 응렴은 비록 어리지만 성숙한 덕성을 갖춰 부족함이 없다. 경들이 그를 임금으로 받든다면 조종의 훌륭한 후계자를 잃지 않을 것이다."

강원도 철원 도피안사 석탑. 경문왕은 대·소불사에 친림해 불공을 드리며 시주했다.

선왕의 쥐었던 손이 슬며시 풀리며 초로(草露)처럼 스러졌다. 이튿날 김응렴이 왕위에 오르니 48대 경문왕(재위 861~875)이다. 38대 원성왕 홍서 후 10대 왕 60여 년을 거치는 동안 피로 얼룩진 왕권 교체가 무탈하게 승계된 것이다.

선왕은 생부(김균정)를 무참히 살해하고 즉위한 4촌 형 김제륭(43대 희강왕)을 과감히 품었다. 오히려 그의 손자 김응렴을 사위로 맞아 대통을 승계시켰다. 이 같은 선왕의 대승적 용서와 화해로 친족 간 왕권 투쟁이

상생 분위기로 전환됐다. 백성들도 안도했다.

경문왕(景文王·이하 왕)은 등극하며 수감 중인 죄인을 대거 방면했다. 왕 2년(862) 1월 신궁에 고유제를 올리고 상대등(김정)과 시중(위진)을 새로 임명해 조정 불만 세력을 무마시키고자 했다. 그해 8월 당에 책봉사로 보낸 부량(?~?) 일행이 해상 풍랑으로 익사하자 서둘러 다시 파견했다. 11월에는 흠모하던 선왕의 둘째 딸(공주)을 차비(次妃)로 맞았다. 큰딸 영화공주는 심사가 뒤틀렸다.

왕은 기인(奇人)이었다. 매일 밤마다 수십 마리의 큰 뱀이 왕의 침전으로 모여들어 함께 잤다. 굵은 독뱀들은 혀를 날름거리며 왕의 가슴을 기어다녔고 배 위에서 교미까지 했다. 시녀들은 기겁해 도망쳤고 풍문을 확인한 대신들이 무사를 시켜 잡아 죽이겠다고 했다. 왕이 비장한 표정으로 만류했다.

"짐은 뱀이 없으면 잠을 이룰 수가 없으니 더 이상 소문내지 말고 그냥 두어라."

어느 날엔 왕의 감투를 틀던 복두장(幞頭匠)이 기절초풍했다. 하루 밤 사이 왕의 두 귀가 한 뼘이나 커져 당나귀 귀처럼 축 늘어진 것이다. 복두장은 사시나무가 바람에 흔들리듯 전신을 와들와들 떨었다. 왕이 물었다.

"무엇을 보았는가?"

본대로 대답했다가는 목이 달아날 판이다. 복두장은 영리했다.

"전하, 소신은 아무것도 본 적이 없사옵고 보지도 않았사옵니다. 살려만 주시옵소서."

왕의 옥음이 떨어졌다.

"그래, 평생을 그리 살도록 하라."

감은사지 내의 동·서탑. 경문왕이 문무대왕의 수중릉에 망제를 봉행하던 사찰이다.

복두장이 중병에 걸렸다. 가슴 속 맺힌 비밀을 큰 소리로
내지른 뒤 죽고 싶었다. 비바람이 몰아치던 날 도림사의 대나무 숲
한 가운데로 갔다. 혼자였다. 복두장은 있는 힘을 다해 목청껏 소리 질렀다.
"우리 임금님 귀는 당나귀 귀다!"
복두장은 두어 번 더 큰 소리로 지르더니 피를 토하고 즉사했다.
그 후 비바람이 몰아치는 날이면 대나무 숲에서 곡 소리와 함께
귀성이 들렸다. "우리 임금님 귀는 당나귀 귀다."

왕이 복두장에게 금은보화와 함께 후한 상을 내렸다. 그 후 복두장은 천지 간 비밀을 혼자 보듬고 왕의 당나귀 귀를 표 나지 않게 감싸며 침묵했다. 왕후와 궁인들은 물론 대신들조차 이 사실을 모른 채 세월이 갔다.

복두장이 중병에 걸렸다. 가슴 속 맺힌 비밀을 큰 소리로 내지른 뒤 죽고 싶었다. 비바람이 몰아치던 날 도림사(서라벌 입도림〈入都林〉 소재)의 대나무 숲 한 가운데로 갔다. 혼자였다. 복두장은 있는 힘을 다해 목청껏 소리 질렀다.

"우리 임금님 귀는 당나귀 귀다!"

복두장은 두어 번 더 큰 소리로 지르더니 피를 토하고 즉사했다. 그 후 비바람이 몰아치는 날이면 대나무 숲에서 곡(哭) 소리와 함께 귀성(鬼聲)이 들렸다. "우리 임금님 귀는 당나귀 귀다!"

진노한 왕이 대나무를 모두 베고 산수유나무를 심도록 했다. 이번에는 비오고 눈보라 치는 날마다 "우리 임금님 귀는 길다!"는 괴성(怪聲)으로 바뀌었다. 백성들은 소스라치는 공포에 질려 도림사 근처를 범접 안했다. 《삼국유사》권2 경문왕 조(條)에 전하는 내용이다.

왕이 등극하며 왕실 근친 사이 살상극은 모면했지만 조정 대신들과 귀족들 간 이전투구는 한층 격화됐다. 최고위직(상대등 · 시중 · 이찬)으로 제수된 근신들의 모반이 재위 14년 6개월 동안 세 번이나 일어났다. 부와 권력을 독점하기 위한 고질적 병폐였다. 왕도 결국 지속되는 국정 혼란과 후기 신라의 사회적 모순을 극복하지 못했다.

등극 직후에는 소년 왕에 대한 대신들의 왕권 능멸로 소신 국정을 펼칠 수가 없었다. 왕 6년(866)에야 비로소 아버지 김계명(43대 희강왕 아들)을 의공(懿恭)대왕, 어머니 광화(光和)부인 김씨(45대 신무왕 딸)를 광

경주 분황사 삼층석탑(국보 30호). 경문왕은 분황사 법당에 친림해 관등법회를 주관했다.

의(光懿)태후, 부인 김씨(47대 헌안왕 큰 딸)를 문의(文懿)왕비, 아들 정(晸)을 태자로 책봉했다. 때마침 당에서도 왕에 대한 신라왕 책봉서가 도착했다.

모반은 왕 6년(866) 10월 윤흥·숙흥 형제와 이홍, 왕 8년(868) 1월 김예·김현, 왕 14년(874) 5월 이찬(2급) 근종 등이 주도했다. 왕은 관군을 투입시켜 진압한 뒤 주모자 전원의 삼족을 능지처참했다. 조정 내 대역, 반란이 진압될 때마다 근친 왕족이나 귀족 수는 급격히 감소했다.

왕은 불교를 지성으로 숭상했다. 왕 1년(861) 고승 혜철(785~861)이 입적하자 부의와 공물(供物)을 하사했다. 이 밖에도 왕은 불교 역사에 길이 남는 대작 불사에 직·간접으로 시주했다.

863년 대구 동화사 비로자나불좌상 및 3층 석탑 조성, 864년 2월 경주 감은사에서 문무대왕릉 망제(望祭) 봉행, 865년 철원 도피안사 철조비로자나불상 및 3층 석탑, 866년 1월 15일 황룡사 관등법회 주관, 868년 황룡사탑이 낙뢰로 붕괴하자 수라 양 줄이고 참회 법회, 871년 황룡사탑

개조 건립, 872년 황룡사 9층 목탑 찰주본기(刹柱本紀)를 완성하고 분황사에도 자주 친림했다.

왕 10년(870) 5월 왕비 김씨가 돌연사하자 왕은 3일간 식음을 전폐했다. 전 국토를 황폐시키는 천재지변에도 왕심은 크게 상했다. 왕은 지쳤고 옥체는 점점 쇠약해져 갔다.

867년 5월 유행병 만연, 8월 대홍수, 12월 혜성 출현, 870년 7월 대홍수 이후 돌림병 창궐, 겨울 가뭄, 872년 4월 서라벌 대지진, 8월 메뚜기 떼 습격, 875년 2월 서라벌 대지진과 일식 후 혜성 출현 등.

이즈음 발해에서는 12대 왕 대건황(재위 858~871)이 14년간 재위하다 871년 9월 급서했다. 13대 왕으로 즉위한 대현석(大玄錫·재위 871~893)은 대건황의 대당·대일 외교 기조를 그대로 유지했다. 왕족들 사치와 대신들 부정 축재로 국가 재정이 파탄날 때마다 역대 왕들은 수도를 자주 옮겼다. 대현석의 수도 이전은 기득권을 포기 않는 대신들의 반대로 뜻을 이루지 못했다.

당은 17대 황제 의종(재위 859~873)이 홍서하고 18대 희종(僖宗·873~888)이 등극했다. 혼군(昏君) 희종의 정치 미숙으로 가렴주구가 극심해지자 민중 봉기가 도처에서 빈발했다. 875년 급기야 왕선지의 난과 황소(黃巢)의 난이 동시기에 발발했다. 격분한 백성들이 앞다퉈 가담했다. 중원 대국 당이 혼란을 수습하지 못하고 망조에 들었다.

일본은 56대 세이와(淸和·재위 858~876) 천황이 무력과 탄압으로 왕권을 유지했다.

왕 15년(875) 7월 8일 화랑 요원랑(邀元郎) 예흔랑(譽欣郎) 계원(桂元) 숙종랑(叔宗郎) 등 4인이 금란(金蘭·강원도 통천)을 유람했다. 4인은 왕의 치세 내용이 담긴 향가 3수(首)를 지었다. 이들은 사지(舍知1·17관 등 중 13급) 심필(心必)에게 보내 대구(大矩)화상에게 전달토록 했다. 대구화상은 당대 최고의 운률(韻律) 선사였다.

대구화상이 현금포곡(玄琴抱曲), 대도곡(大道曲), 문군곡(文羣曲)으로 완성해 어전에 헌상했다. 왕의 용안에 화색이 만면했다. 시립한 대신들도 왕의 성덕을 경하하며 만수무강을 축수했다.

순간 왕의 고개가 앞으로 꺾어지며 향가 가사를 잡았던 어수(御手)가 풀어졌다. 황급히 내전 어의가 입시했으나 옥체는 이미 식어갔다. 875년 7월 8일, 왕이 용상에서 선어(仙馭)한 것이다. 왕이 받아들고 기뻐했던 향가 내용은 현재 전하지 않는다.

왕은 정비 김씨에게서 정(晸·49대 헌강왕)과 황(晃·50대 정강왕)의 두 왕자와 공주 만(曼·51대 진성여왕)을 얻었다. 배 다른 왕자 윤(胤)은 즉위 전 근친 여인과 관계해 낳은 사자(私子·사생아)였다. 서자 윤은 왕 9년(869) 1월 소판(蘇判) 벼슬을 제수 받은 뒤 조공사(朝貢使)로 당에 입조했다는 기록만 전한다. 차비 김씨에 대한 출생 여부는 전하지 않는다.

첫째 왕자 정이 49대 헌강왕으로 등극하며 왕의 시호를 경문(景文)이라 지어 올렸다. 명당을 택지해 정중히 예장했다는 기록은 전하나 왕릉의 소재는 불명이다. 역사학계에서는 당시 정황을 유추해 경주 일원의 왕릉급 무덤 중 1기를 비정하고 있으나 단정할 수는 없다. 장지(葬地)가 기록된 사서의 유실 탓이다.

48대 경문왕의 급서로 서둘러 등극한 49대 헌강왕은 대담했다. 왕이 재위하는 11년 동안 나라 안은
평온했다. 별다른 재해와 외침도 없었다. 거리에서는 노래·피리소리가 연이어 들리며 웃음소리도
끊이지 않았다.

신라 49대

헌 강 왕

내우외환 속에서도 선정을 베풀었던 헌강왕. 처용이 처용무를 춰
역신을 물리치자 백성들이 이를 따라해 잡귀를 물리쳤던 때다.

불력을 통한 불국정토 건설로
국가부흥과 왕실의 안녕 도모

48대 경문왕의 급서로 서둘러 등극한 49대 헌강왕(재위 875~886)
은 대담했다. 15세 소년왕은 등극 즉시 김위홍(金魏弘 · ?~888)과 박예겸
(朴乂謙 · ?~?)을 상대등 · 시중에 각각 임명했다. 노회(老獪)한 대신들도
대폭 교체했다. 조정이 들끓었다. 조정의 면모는 일신됐으나 승급에서 누
락된 일길찬(一吉飡 · 17관등 중 7급) 신홍(信弘 · ?~879)은 금상을 원망
하며 절치부심 했다.

누가 미래를 예단하며 현실을 도모할 수 있겠는가. 헌강왕(憲康王 · 이
하 왕)의 김위홍 · 박예겸의 발탁이 국정 혼란으로 이어져 훗날 신라 망국
의 근인(根因)이 될 줄을-.

김위홍은 49대 헌강왕, 50대 정강왕, 51대 진성여왕의 숙부로 경문
왕의 친동생이다. 박예겸(8대 아달라왕 후손)은 53대 신덕왕(이름 박경
휘)의 생부이자 54대 경명왕(박승영), 55대 경애왕(박위응)의 할아버지

다. 김위홍·박예겸 이 둘의 엽색 행각과 권모술수로 파생된 국정 농단은 해당 왕조에서 다루기로 한다.

예부터 이웃이 편안해야 내 집도 편안하다고 했다. 왕 재위 시 나라 안의 내우(內憂)는 다소 진정됐으나 변경국의 외환(外患)은 심각했다. 국기가 송두리째 붕괴된 당 내란과 왕통 승계를 둘러싼 일본 왕족·귀족 간의 피비린내 나는 참극이었다.

고구려의 유장(遺將) 대조영이 창업한 북국 발해는 달랐다. 당·일본과의 교역·교류는 활발하면서도 남국 신라와는 구원(舊怨·668년 나당 연합군의 고구려 멸망)을 청산하지 못하고 원수처럼 지냈다. 외세를 끌어들여 동일 민족끼리 망국 전쟁을 벌였다는 앙금 때문이었다.

신라 조정에 결정적 영향을 미친 건 당에서 일어난 황소(黃巢)의 난이었다. 이 난은 곧바로 신흥의 역모와 지방 호족들의 반란으로 전이됐다. 당(907)과 신라(935) 멸망의 역사를 운위하며 황소의 난을 간과하면 그 원인이 거두절미되고 만다.

황소의 난에 자극 받은 신라의 전국 토호들이 우후죽순처럼 지방 정권을 수립한 뒤 중앙 조정에 도전했다. 누구라도 새 나라를 건국할 수 있다는 동인(動因)이 제공된 것이다. 결국 신라는 견훤(후백제), 궁예(후고구려), 왕건(고려)이 창업한 후삼국 간 대결에서 패퇴해 '천년사직'을 내주고 말았다.

당 18대 황제 희종(僖宗·재위 873~888) 등극 당시 당나라는 환관(宦官·고환을 거세한 벼슬아치)들의 횡포가 극에 달했다. 황제를 독살한 뒤 새 황제를 옹립해 조정의 인사를 전횡했다. 국가의 각종 이권에 개입해 국부를 독차지했다. 환관들은 물산의 생산·유통을 독과점해 엄청난 부를 축적하고 환관 한 명이 수백 명이 넘는 첩실을 거느리기도 했다. 저자 거리에는 아사자가 즐비했다.

중원 제국(諸國)에서 염(鹽·소금)과 차(茶)는 국가 전유의 전매 품목이었다. 일반 식생활의 필수 식품이면서도 백성들에게는 금은보화보다 더 귀한 진귀품이었다. 백성들은 차를 유난히도 즐겼다. 차야 기호품이지만 소금은 인간 생존에 없어선 안 될 필수품이었다.

민초들은 밀매 상인을 통한 암거래로 거액을 선불한 뒤 소량이라도 구입해 목숨을 연명했다. 소금가마를 내건 투전판이 전국 도처에서 성행했다. 염분 부족으로 몸져누운 빈민들은 애지중지 키운 자식과 소금 몇 가마니를 맞바꾸기도 했다.

황소(黃巢·?~884)와 왕선지(王仙芝·?~878)는 둘 다 산동성 출신으로 염·차 암거래의 귀재였다. 황소는 벼슬에 뜻을 두고 여러 번 과거에 응시했으나 관리들의 부정으로 번번이 낙방했다. 왕선지는 어려서부터 투전판을 기웃거리다 소금 밀매업에 손을 대 거상(巨商)이 됐다. 둘은 암시장에서 만나 의기투합한 뒤 흉년에 굶어 죽는 농민들의 땅을 헐값에 매입해 토호(土豪)로 변신했다.

염·차의 밀매 성행으로 국가 세입이 급감하자 중앙 정부가 좌시할 리 만무했다. 전국 도, 소매상·졸부·토호는 물론 피골이 상접한 농어민들에게까지 엄청난 추징 관세를 부과해 재산을 몰수했다. 가렴주구로 강탈한 이들의 재산은 엉뚱하게 세리(稅吏)들의 배만 불렸다.

희종 2년(874·신라 경문왕 14년) 12월. 견디다 못한 왕선지가 먼저 허난성 장위안에서 봉기했다. 황소도 즉각 합류했다. 주거 부정의 번국 유민(流民)과 아사 직전의 농민 수만 명이 순식간에 규합됐다. 폭발 직전의

헌강왕릉 봉분 앞에는 상석 대신 배위가 있다.

왕이 술사의 주청을 가납해 망해사 개창을 명하니 운무가 걷혔다.
돌연 일곱 아들을 거느린 용이 나타났다. 용은 왕의 공덕을 높이
칭송한 뒤 악기를 연주하며 노래했다. 왕이 일곱 아들 중 하나를 강제로
데려와 왕경 서라벌에 거주하며 정사를 돕도록 했다. 그 아들의
이름이 바로 처용이다. 왕은 처용에게 급간 벼슬을 내리고
왕경 미인을 아내로 맞게 해 주었다. 미색을 탐낸 역신이 인간으로
변신해 처용 아내와 수시로 동침했다.

뇌관 심지를 조정이 당긴 것이다. 이른바 당의 직접적 패망 요인이 된 황소의 난이다.

황소의 난(이하 난)이 일어나자 난군(亂軍)은 성난 군도(群盜)로 돌변했다. 백성들은 굶어죽으나 싸우다죽으나 마찬가지였다. 초기 상황을 오판한 조정이 뒤늦게 조정의 관군을 투입했으나 실기하고 말았다. 난군이 허난성·산동성을 함락시키고 닥치는 대로 노략질하며 민생을 피폐시켰다.

878년 2월 왕선지가 황소의 극력 반대를 무릅쓰고 조정의 회유책에 넘어갔다. 조정은 왕선지가 항복하자마자 참수했다. 황소는 왕선지 군의 잔당까지 흡수해 세를 불렸다. 황소가 880년 수도 장안에 진입했다. 차마 희종 황제를 시해하지 못하고 촉(蜀)으로 강제 피란시켰다. 황소가 국호를 대제(大濟), 연호를 금통(金統)이라 선포하고 나라를 건국했다. 중원(中原)이 뒤집혔다.

국가 경영은 아무나 하는 게 아니었다. 황소 군(軍)은 국정 수행 능력이 전무한 오합지졸인 데다 황소의 통치 능력 또한 미숙했다. 장안의 황소 군은 돌궐 사타족(沙陀族) 이극용(李克用·856~908)에게 제압당했다. 884년 태산 동쪽으로 퇴각했던 황소가 자결하며 난이 종결됐다. 난은 토벌됐지만 황소·왕선지의 난은 희종에게 극도의 분노와 치욕을 안겨 주었다.

희종은 재위 15년 중 11년을 중원 각지 몽진처(蒙塵處)로 이어하며 천민만도 못한 고초를 감내했다. 신라 조정은 희종 몽진처의 견당사(見唐使) 파견 여부로 양분됐다. 왕 8년(882) 5월. 왕은 굴욕적이라며 반대하는 반당파 대신들의 주청을 묵살했다. 김직양(金直諒·?~?)을 사천성 희종 행궁으로 파견해 알현토록 했다. 희종은 감격했다. 백성들은 배알도 없는 임금이라며 약소국 신라의 처지를 탄식했다.

288

서악동 고분군의 3층 석탑에 동시 봉안된 불상과 동자상. 신라 후기에는 불교와 함께 도교가 성했다.

당시 국제 정치의 종주국이었던 당이 내란에 휩싸이자 변방국에서도 오비이락(烏飛梨落)격 이변이 잇따랐다. 일본에서는 한동안 무탈했던 왕실이 납득하지 못할 변고로 왕위 교체가 빈삭(頻數)했다. 56대 세이와(淸和·재위 858~876)-57대 요제이(陽成·877~884)-58대 고코(光孝·884~887) 천황의 교체였다.

신라에서도 나라에 망조가 들었다는 흉흉한 소문이 자자했다. 해상왕 장보고의 암살 이후 상권(商權)을 분담한 지방 호족들이 조정에 도전하며 왕권을 위협했다. 그들은 조정의 어떤 회유책에도 미동 않고 군사력만 증강시켜 세력을 확장했다. 반란의 조짐이었다. 다음은《삼국사기》《삼국유사》를 축약한 기록이다.

왕 5년(879) 가을. 일길찬 신홍의 모반(6월)을 평정한 왕이 개운포(현 울산)로 유람길에 나섰다. 정난공신들의 치하와 민심 파악을 겸한 순행이었다. 귀경길에 느닷없이 흑암 운무가 앞을 가려 길을 잃었다. 왕이 동행한 술사에게 물으니 동해 용왕의 조화라며 용을 위한 사찰 창건을 주청했다.

왕이 술사의 주청을 가납해 망해사(亡海寺) 개창을 명하니 운무가 걷혔다. 돌연 일곱 아들을 거느린 용이 나타났다. 용은 왕의 공덕을 높이 칭송한 뒤 악기를 연주하며 노래했다. 왕이 일곱 아들 중 하나를 강제로 데려와 왕경 서라벌에 거주하며 정사를 돕도록 했다. 그 아들의 이름이 바로 처용(處容)이다.

왕은 처용에게 급간(級干) 벼슬을 내리고 왕경 미인을 아내로 맞게 해 주었다. 미색을 탐낸 역신(疫神·천연두 마마)이 인간으로 변신해 처용 아내와 수시로 동침했다. 밤늦게 귀가한 처용이 아내의 방문을 여니 다리가 넷이었다. 처용이 문을 닫고 나서며 즉흥가를 불렀다.

동경명기월량(東京明期月良·동경〈서라벌〉밝은 달 아래)/
야입이유행여가(夜入伊遊行如歌·밤새도록 노닐다가 들어와)/
입량사침의견비(入良沙寢矣見毘·아내가 잠자는 침실을 보니)/
각오이사시량라(脚烏伊四是良羅·어인 연유인지 다리가 넷이로구나)/
이힐은오하어즐고(二肹隱吾下於叱古·예부터 둘은 내 것인데)/
이짐은수지하은고(二肹隱誰支下隱古·둘은 누구의 것인가)/
본의오하시여마어은(本矣吾下是如馬於隱·둘은 본래 내 것이지만)/
탈즐양을하여위리고(脫叱良乙何如爲理古·빼앗긴 것을 어찌하리오).

처용이 노래를 부르며 의연히 물러났다. 이에 감복한 역신이 인간의 몸을 풀고 처용 앞에 무릎을 꿇은 채 용서를 구했다.

"제가 공(公)의 처를 탐내 방금 범했는데도 공이 노하지 않으니 감탄스럽고 아름답습니다. 맹세컨대 앞으로는 공의 형상을 그린 초상만 보아도 그 문 안에는 절대 들어가지 않겠습니다."

이후 신라 전역에서는 새로운 풍습이 생겼다. 명절이나 액막이 굿을 할 때 처용의 형상을 반드시 대문에 걸어 악귀의 범접을 막았다. 이때 부른 노래가 처용가(歌)이고, 그림은 부적(符籍)이며 춤이 바로 처용무(舞)

다. 이 가운데 처용무가 1971년 1월 8일 국가무형문화재 제39호로 지정됐다.

역사학계에서는 《삼국유사》에 전하는 처용에 관한 설화를 두 가지 측면에서 해석하고 있다.

첫째는 처용이 비를 관장하는 용왕의 아들이었다는 점이다. 가뭄에 기우제를 지내는 강우(降雨) 직능으로 왕을 시봉했던 무격(巫覡)으로 판단하는 것이다. 용신제의(龍神祭儀)에서 처용을 용의 아들로 분장한 무당으로 접근하고 있는 것이다.

둘째는 고대 국가에서 통치 수단으로 활용했던 기인(其人)제도다. 기인제도는 지방 호족이나 군벌 자식을 왕경으로 불러 벼슬을 준 뒤 반란·역모를 사전 예방하던 내국인 볼모제도였다. 왕이 용의 일곱 아들 중 처용을 볼모로 데려와 벼슬을 주고 장가보낸 설정이 이를 방증한다. 처용을 용의 아들이 아닌 지방 군벌이나 유력 호족의 아들로 보는 시각이다.

왕은 불력(佛力)을 통한 불국정토 건설로 국가 부흥과 왕실 안녕을 도모코자 했다. 황룡사 백고좌(百高座) 법회에 당대 고승을 초청(876, 886)해 불경을 강론케 하고 대중공양을 베풀었다. 승려 지증(智證·824~882)이 문경 봉암사를 개창한 것도 이 시기(879)다. 삼랑사(경북 경주시 성건동 서천에 있던 고찰)에 친림해서는 배종한 문신(文臣)들에게 시 한 수씩을 지어 바치도록 했다.

국립 교육 기관인 국학을 적극 지원하며 직접 청강하기도 했다. 당의 정정 불안으로 귀국한 당대 석학 최치원(857~?)에게 한림학사 수병부시랑을 제수(885)해 후학을 양성토록 했다. 최치원은 당에서 벼슬하며 〈토황소격문(討黃巢檄文)〉을 지어 희종 황제를 감동시켰다.

일본 조정에서는 사신을 보내 황금 300냥과 야명주(夜明珠)를 신라왕에게 진상(882)했다. 왕은 만족해했다.

　　왕이 재위하는 11년 동안 나라 안은 평온했다. 별다른 재해와 외침도 없었다. 왕 6년(880) 9월 9일 왕이 좌우 시중을 거느리고 왕실 연회 장소인 월하루(月下樓)에 올랐다. 서라벌 사방을 조망하니 성 안에 초가집은 한 채도 없었고 기와집으로 가득 찼다. 거리에서는 노래·피리소리가 연이어 들리며 웃음소리도 끊이지 않았다. 왕이 그해 2월 시중에 임명된 민공(敏恭·?~?)에게 하문했다.

　　"짐이 들건대 지금 민가에서는 기와로 지붕을 덮고 숯으로 밥을 짓는다는 데 과연 그러한가?"

　　민공이 조아리며 화답했다.

　　"폐하께서 등극하신 이후 천지 음양이 조화로워졌사옵니다. 풍우가 순탄하고 해마다 풍년이 들어 백성들 식량이 넉넉하옵니다. 변경이 평화롭

헌강왕릉 표지석(좌). 깊은 산속의 안내판(우).

고 시정이 안정되니 이는 오직 폐하의 성덕 때문이옵니다."

왕이 내린 어사주(御賜酒)를 받아 든 근신 모두가 '신국 폐하 만수'를 외쳤다. 신선한 가을바람이 용안을 스쳤다.

민공은 신라 역사 상 가장 긴 6년 6개월을 재임한 최장수 시중으로 어진 재상이었다. 신라 하대의 극심한 빈부 차로 불안했던 정치적 동요를 지혜롭게 극복한 관리로 이 내용이《삼국사기》에 전한다.

이에 앞서 왕 3년(877) 1월 송악군(황해도 개성)에서는 한민족 역사에 획을 긋는 영웅호걸이 탄생했다. 신라를 이어 고려 왕조를 개국한 태조 왕건(王建 · 877~943)이다.

왕은 정비 의성왕후한테 적(嫡)왕자를 얻지 못하고 의성공주(53대 신덕왕 정비)를 낳았다. 후궁 김씨가 서(庶)왕자 요(嶢)를 출산해 52대 효공왕으로 대통이 승계됐다. 왕 12년(886) 7월 왕이 훙서할 때 요의 나이 한 살이어서 50대 왕위는 왕의 친동생인 황(晃 · 50대 정강왕)에게로 승계됐다.

886년 7월 왕이 승하했다. 왕에게는 헌강(憲康)이란 시호가 봉정됐고 경북 경주시 남산동 55번지에 안장됐다. 왕릉은 남산 북동쪽으로 뻗어 내린 구릉 말단에 위치하며 유좌묘향(酉坐卯向)의 정동향이다. 봉분 직경 12m, 높이 4m 의 원형 봉토분으로 사적 제187호다.

왕릉 봉분 하단에 둘러친 5단 호석 외에는 별도의 석물이 없어 민묘로 착각할 규모다. 인근 300m 아래 지점에 헌강왕의 친동생인 50대 정강왕릉이 있다. 한반도 동쪽에 위치한 왕경 서라벌은 해 돋는 곳이어서 신라 왕릉에는 동향이 많다.

형왕이 승하했다. 지엄한 왕명으로 김황이 보위에 오르니 50대 정강왕이다. 정강왕은 병약한 데다
천성이 유순해 왕제 시절부터 권력을 탐해본 적이 없었다. 군주시대 금상의 옥체 미령은 곧 역모의
빌미가 되기도 했다.

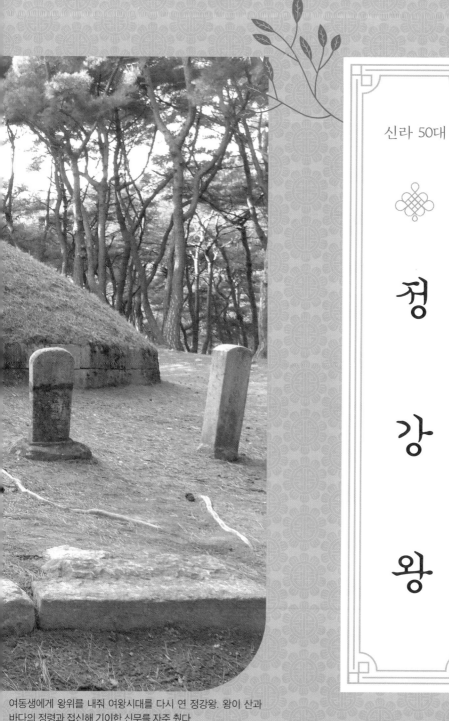

신라 50대

쩡

강

왕

여동생에게 왕위를 내줘 여왕시대를 다시 연 정강왕. 왕이 산과
바다의 정령과 접신해 기이한 신무를 자주 췄다.

병약하고 천성이 유순하나
옥체 미령으로 역모의 빌미가 되니

48대 경문왕의 둘째 왕자로 태어난 김황(金晃 · ?~877)은 소싯적부터 허약 체질이었다. 과도한 편식(偏食)으로 성장이 더딘데다 소량의 과식에도 급체해 탈진했다. 삼복 중 잦은 고뿔이 중병으로 도졌고 대낮 오수(午睡)에도 냉한(冷汗 · 식은 땀)을 쏟으며 가위에 눌렸다. 어전 의관이 초긴장 상태로 상시 대기했다.

우애가 극진했던 49대 헌강왕은 이런 아우가 늘 근심이었다. 헌강왕 12년(886) 7월 5일 헌강왕(이하 형황)은 자신의 수명이 다해 감을 감지했다. 형왕이 조정 고위 대신들을 입조시킨 가운데 유조(遺詔 · 왕의 유언)를 내렸다.

"왕자가 태어난 지 몇 달 밖에 안 돼 유충하니 아우 황이 보위를 잇도록 하라."

형왕이 승하했다. 지엄한 왕명으로 김황이 보위에 오르니 50대 정강왕(재위 886~887)이다. 정강왕은 병약한 데다 천성이 유순해 왕제(王弟) 시절부터 권력을 탐해본 적이 없었다. 군주시대 금상의 옥체 미령(靡寧)은 곧 역모의 빌미가 되기도 했다.

정강왕(定康王·이하 왕)은 즉위하자마자 준흥(俊興·?~?)을 시중에 임명한 뒤 정사 일체를 위임했다. 그해(886) 8월 왕경 서부지역에 극심한 가뭄이 내습했다. 대신들은 한발(旱魃) 사절을 급파해 민심을 위무하자고 주청했다. 10월에는 신라의 연호를 폐기하고 당의 연호인 광계(光啓·18대 희종)를 사용해 황제를 존숭하자고 소청(疏請)했다. 그때마다 왕은 "경들이 알아서 처결하라."며 윤허했다.

왕 1년(866) 신라 조정은 해괴한 조짐의 문자 해석을 둘러싸고 소모적 정쟁을 계속했다. 역사학계에서는 이 당시 이미 신라의 멸망이 예고된 민심의 동태로 해석하고 있다. 《삼국사기》와 《삼국유사》에 기록된 정쟁의 전말은 다음과 같다.

헌강왕 5년(879) 3월. 형왕이 신라 동쪽 주군을 순행할 때 일이다. 돌연 어디서 온지 모르는 네 사람이 어가를 뒤따르며 희한한 춤을 추었다. 기괴한 외모와 기상천외의 춤 동작에 놀란 시중들 모두가 비명을 지르며 삭신을 오므렸다. 목격자들은 그들이 산과 바다의 정령이라고 했다. 백성들도 공포에 떨었다.

형왕이 서라벌 포석정에 거둥했을 때는 남산 신이 나타나 신무(神舞)를 췄다. 신의 이름은 상심(祥審)이라 했다. 그 춤은 오직 형왕의 눈에만 보였다. 형왕이 신을 따라 춤을 추며 춤의 형상을 재현했다. 대신들은 의아했다.

임금이 상심의 춤을 추었다 하여 춤 이름을 어무상심(御舞祥審)이라 불렀다. 후일 예능 공장(工匠)이 어무상심을 본떠 작무(作舞)한 춤이 상심(象審) 혹은 상염무(霜髥舞)다. 처용무와 함께 신라 춤으로 전승되며 현재까지 동해안별신굿 무무(巫舞)에 그 춤사위가 남아있다.

형왕은 무신(舞神)이 현현(顯現)해 춤을 출 때마다 신의 이름을 지어 붙였다. 금강령(嶺) 행사 시 북악신이 나와 춤을 추자 옥도금(玉刀鈐)이라 했다. 동례전(殿)에서 연회할 때 홀연히 나타나 춤을 춘 지신(地神)에게는 지백급간(地伯級干)이라 명명했다. 군신은 물론 백성들도 기이하게 생각했다. 다음은 어법집(語法集)에 전하는 바다.

'그때 산신이 나와 춤을 추며 노래 부르기를 지리다도파(智理多都波)라 했다. 도파(都波)는 지혜(智)로 나라를 다스리는(理) 사람이 미리 사태를 알아차리고 모두(多) 달아나(逃) 도읍(都)이 곧 파괴(破)될 것이다는 뜻이다.'

조정의 소모적 논쟁은 지리다도파(智理多都波)에 대한 파자(破字) 해석에서 비롯됐다.

뜻있는 우국 신료들은 "장차 나라가 위태로워질 것을 예언한 것이니 상서롭지 못하다."며 권신·부호들의 각성을 촉구했다. 반면 왕족·귀족과 부패한 대신들은 "신라(都)의 국운(理)에 지혜(智)가 차고 넘쳐(多) 변방을 놀라게 할 것이다."는 의미로 응수했다. 양측 모두 아전인수 격의 자의적(恣意的) 해석이었다.

이후 신라는 권력층의 부정부패와 왕실의 국정 방임으로 유장한 '천년사직'을 고려에 내주고 말았다. 훗날의 백성들은 이 일을 기억하며 당시 조정에 현자(賢者)가 없었다고 한탄했다.

정강왕릉 앞 계곡의 금천교. 이승과 저승을 가르는 분기점이다.

뜻있는 우국 신료들은 "장차 나라가 위태로워질 것을 예언한 것이니 상서롭지 못하다."며 권신·부호들의 각성을 촉구했다.

반면 왕족·귀족과 부패한 대신들은 "신라의 국운에 지혜가 차고 넘쳐 변방을 놀라게 할 것이다."는 의미로 응수했다. 양측 모두 아전인수 격의 자의적 해석이었다. 이후 신라는 권력층의 부정부패와 왕실의 국정 방임으로 유장한 '천년사직'을 고려에 내주고 말았다. 훗날의 백성들은 이 일을 기억하며 당시 조정에 현자가 없었다고 한탄했다.

왕 2년(887) 1월. 한주(漢州=〈漢山州〉·경기도 광주)에서 급보가 날아들었다. 이찬(伊飡·2급) 김요(金蕘·?~?)가 사병을 동원해 대역을 도모한 것이다. 민생을 팽개친 왕실·귀족·권력층에 대한 불만 폭발이었다. 거병 초기에는 부역에 시달리던 장정과 가난한 농민들의 대거 호응으로 관군을 위협했다.

당나라 황소의 난 악몽을 두려워 한 시중 준홍이 전군을 동원해 무자비하게 진압했다. 추포된 김요와 주모자 모두는 거열형에 처하고 삼족을 멸했다. 심약한 왕이 큰 충격을 받아 몸져누웠다. 회복 불가능한 중병이었다. 성하(盛夏)로 접어들던 5월 하순. 미음으로 연명하던 왕이 시중 이하 대신들을 입시토록 했다.

왕은 자신의 병이 위독함을 알리고 누이동생 만(曼)에게 왕권을 넘길 것임을 유언으로 남겼다.

왕은 한 달이 지난 그해(887) 7월 5일 승하했다. 재위 1년 만으로 공교롭게도 등극했던 날이었다. 후사는 왕의 유조대로 여동생 만이 51대 왕(진성여왕)으로 등극했다. 신라 역사상 세 번째 여왕이 즉위한 것이다. 변방국에서는 왕재(王財)가 없는 소국(小國)이라고 하시했지만 신라 왕실은 개의치 않았다.

신라 조정이 왕의 시호를 제정하기 위한 군신회의를 소집했다. 임금의 생애를 압축한 두 글자로 각종 묘안이 백출했다. 시중 준홍이 "헌강왕(憲康王)과 친형제였으니 정강왕(定康王)으로 봉정한다."고 선포했다. 정강왕의 예장 절차가 종료되자 조정은 역대 임금의 신주가 봉안된 종묘에 정강왕의 신주를 입묘(入廟)했다.

군주시대 왕들은 생존 시나 사후에도 지존의 예우를 누렸다. 왕자가

헌강왕릉과 경계를 이루는 이정표. 300m 지점에 형왕 헌강왕릉이 있다(좌). 정강왕릉에 이르는 산중 험로. 장방형의 능역 돌계단과 연결된다(우).

출생하면 자전(字典)에도 없는 벽자(僻字)를 골라 어휘(御諱)를 작명했다. 백성들은 물론 조정 대신 모두 어휘 자가 들어 간 이름은 지을 수가 없었다. 이를 피휘(避諱)라 했다.

만인지상(萬人之上)에다 만승지군(萬乘之君)으로 떠받들어지던 왕은 사후 호칭에도 극존칭을 사용했다. 고대·중세·근대의 왕조 간 시대에 따라 의미 변천은 있었으나 그 명칭은 동일하다.

- 묘호(廟號): 임금이 훙서한 뒤 조정에서 지어 봉정하는 호칭. 종묘에 신주를 입묘할 때부터 사용했다. 법흥왕·문무왕·헌강왕 등으로 왕의 공덕과 치적이 압축된 글자를 찾느라 고심했다.
- 시호(諡號): 현신(賢臣)이나 유현(儒賢)이 죽은 뒤 생전 공덕을 기려 임금이 추증하던 칭호. 고대에는 임금의 묘호도 시호와 혼용해 썼다.
- 묘휘(廟諱): 임금 승하 후 조정에서 지어 바친 이름.
- 존호(尊號): 왕비의 덕을 높여 기리는 칭호. 생존한 왕에게도 봉정.

신라는 56대 왕 992년(BC 57~AD 935) 역사를 이어온 '천년왕국'이다. 56명의 임금들에게 시호를 봉정하다 보니 시호의 첫 자 혹은 중간

자의 중복이 상당수 있다. 동호이왕(同號異王)의 경우도 있어 한자 표기가 아니면 구분이 불가한 경우도 있다. 그 분류는 다음과 같다.(한자 생략)

· 덕: 27대 선덕여왕, 28대 진덕여왕, 33대 성덕왕, 35대 경덕왕

　　37대 선덕왕, 41대 헌덕왕, 42대 흥덕왕, 53대 신덕왕(8명).

　　(27대 선덕여왕과 37대 선덕왕은 선덕왕(善德王)과

　　선덕왕(宣德王) 으로 사서에 기록돼 있음. 고려 이후

　　27대 선덕왕을 선덕여왕으로 표기).

· 해: 2대 남해왕, 4대 탈해왕, 10대 내해왕, 12대 첨해왕,

　　16대 흘해왕(5명)

· 성: 7대 일성왕, 18대 실성왕, 38대 원성왕, 39대 소성왕,

　　46대 문성왕(5명)

· 진: 24대 진흥왕, 25대 진지왕, 26대 진평왕, 28대 진덕여왕,

정강왕릉은 봉분 아래 2단 할석과 지대석이 특이하다.
능 앞 표지석.

302

51대 진성여왕(5명).

· 경: 35대 경덕왕, 54대 경명왕, 55대 경애왕, 56대 경순왕(4명)

· 효: 32대 효소왕, 34대 효성왕, 52대 효공왕(3명)

· 헌: 41대 헌덕왕, 47대 헌안왕, 49대 헌강왕(3명)

· 강: 43대 희강왕, 49대 헌강왕, 50대 정강왕(3명).

왕이 치세하는 만 1년의 짧은 기간 동안 변경국 왕권에는 변화가 없었다. 발해는 13대 대현석(大玄錫 · 재위 871~893, 22년). 당은 18대 희종(僖宗 · 재위 873~888, 15년) 886년. 이 해 10월 당 주매(朱玫 · ?~?)가 온(溫)나라를 건국한 뒤 양왕(襄王)을 참칭하고 나서 황소의 난에 질겁한 희종 황제의 간담을 서늘케 했다. 일본은 58대 고코(光孝 · 재위 884~887, 15년)천황.

사적 제186호로 지정된 정강왕릉은 경북 경주시 남산동 산 53번지에 있다. 남산 북동쪽 구릉(丘陵) 말단 지점으로 동복형이었던 49대 헌강왕릉과 300m 떨어진 지점이다. 술좌진향(戌座辰向)의 동남향으로 봉분 직경 15.7m, 높이 4m의 원형봉토분(圓形封土墳)이다.

봉분은 최하단에 지대석을 놓고 그 위에 장방형 할석(割石)을 2단으로 쌓은 구조다. 하단에 호석(護石)을 돌렸고 봉분 앞에는 1매의 판석(板石)으로 된 상석이 특이하다. 장방형으로 축조된 돌계단을 따라 오르면 굵은 힘줄처럼 드러난 능 앞의 소나무 뿌리가 괴기스럽다. 굽은 활엽수와 잡목 숲을 헤쳐가야 하는 심산유곡이다.

정강왕의 가족에 대한 기록은 전하는 바가 없다.

김만이 정강왕을 이어 보위에 오르니 51대 진성여왕이다. 조정에는 아직도 헌안왕 유조를 철석 같이 신봉하며 봉직 중인 노 대신들이 여럿이었다. 노 대신들은 여왕의 즉위로 인한 국정 난맥상을 예견하며 국가의 장래를 심히 우려했다.

신라 51대

진 성 여 왕

해질 무렵 경주 서녘 하늘에 나타난 기이한 적란운. 진성여왕의
끝없는 색탐도 결국은 허망한 것이었다.

여군주의 통치력 미숙과 방만으로
한반도에 후삼국 시대가 개막되니

경문왕의 둘째 왕자 김황이 50대 정강왕(재위 886~887)으로 등극했으나 아들이 없었다. 재위 1년 만에 죽음이 임박한 정강왕이 유조를 내렸다. 친형 헌강왕(49대 · 재위 875~886)에게 서자가 있었으나 생후 3개월 된 갓난아이였다.

"짐의 병이 위독해 다시는 소생 못할 것 같다. 불행히도 짐에게는 왕자가 없다. 다행히도 누이동생 만(曼)은 천성이 영민하고 체력도 남자를 능가한다. 경들이 선덕 · 진덕 여왕의 옛 일을 본받아 만을 용상에 앉힌다면 국본이 안정될 것이다."

김만(金曼)이 정강왕을 이어 보위에 오르니 51대 진성여왕(재위 887~897)이다. 조정에는 아직도 헌안왕 유조를 철석 같이 신봉하며 봉직 중인 노(老)대신들이 여럿이었다. 노 대신들은 여왕의 즉위로 인한 국정 난맥상을 예견하며 국가의 장래를 심히 우려했다.

당시 신라 조정은 왕실·귀족 세력 간 극한 대립으로 편한 날이 없었다. 관리들의 부정부패와 매관매직, 지방 호족·군벌들 간 끊임없는 우열 싸움, 초적(草賊·좀도둑)들의 창궐 등 왕경 서라벌 조정은 이미 전 국토의 통제력을 상실한 지 오래였다.

진성여왕(眞聖女王·이하 여왕)은 이반한 민심이 두려웠다. 즉위하던 해 사면령을 내려 사형수를 제외한 잡범들을 방면해 귀향시켰다. 전국 각 주·현의 모든 조세를 1년간 전액 면제토록 했다. 무명의 촌부 지은(知恩·?~?)에게 효행 표창을 하고 백미를 하사했다. 조정 대신들은 국고가 고갈되면 국가의 기강이 붕괴된다며 극구 반대했지만 여왕은 태평했다.

여왕은 조숙해 이성에 일찍 눈을 떴다. 어릴 적부터 숙부 김위홍(金魏弘·?~888, 경문왕 친동생)을 흠모해 숙모 몰래 은밀히 간통해 왔다. 즉위하던 해 숙부를 남편으로 맞아 들여 상대등으로 제수한 뒤 정사 일체를 위임했다. 모든 권력은 김위홍에게 장악됐다. 노회한 상대등 김위홍은 젊은 여왕과의 황음으로 점점 야위어 갔다.

왕족 간 근친혼을 통해 혈통의 정통성을 고수했던 당시 신라 왕실에서 숙질 사이 혼인은 흠결이 아니었다. 남자가 기혼일 경우 여자 신분의 고저에 따라 정실과 첩실의 새 서열이 정립됐다. 정실이었더라도 신분이 낮으면 첩으로 바뀌었다.

여왕의 남편이 된 김위홍이 전(前)부인과 내통하면 국법 위반이었다. 이 같은 근친혼 인습은 신라 사회에 널리 만연됐고 고려 왕조로까지 이어졌다. 김위홍의 전처에게는 여왕이 원수였고 여인의 철천지한으로 가슴에 못박혔다.

여왕 2년(888) 2월. 김위홍이 대구화상(大矩和尙·?~?)과 공동 수집한 신라 전국의 향가를《삼대목(三代目)》으로 요약해 어전에 바쳤다. 여왕은 만족했다. 그날 저녁 여왕은 상대등과 최음주(催淫酒 · 성욕을 촉진시키는 술)를 대작하며 수라상을 마주했다. 둘은 삼경(三更 · 밤 11시~새벽 1시)이 이슥하도록 격렬한 운우지정을 나눴다.

늦잠에서 깬 여왕이 기절초풍했다. 상대등 김위홍이 차디찬 시신으로 누워 있는 것이었다. 여왕은 졸도했다. 그날 이후 여왕은 대신들의 조회도 거부한 채 몇 날 며칠을 앙천통곡했다. 발 없는 소문은 삽시간에 신라 전역으로 퍼졌다.

이 틈새를 간교한 유모 부호(鳧好 · ?~?) 부인이 파고들었다. 여왕의 모후 영화부인이 병환 중일 때 여왕에게 젖을 먹이며 양육해 준 유모였다. 여왕은 어려서부터 유모를 모후처럼 따랐다.

"여왕 폐하, 신국에는 황소 같이 힘세고 건장한 장정이 넘쳐 나옵니다. 하루 속히 상대등을 잊으시고 폐하를 만족시켜 생기를 주입하는 열혈남아들을 밤마다 품으시옵소서. 그것이 행복이옵니다."

수심으로 가득찼던 여왕의 용안이 금세 희색으로 번득였다. 여왕은 유모에게 큰 상을 내리고 밤마다 여왕의 침실에 남자를 바꿔 넣는 중책을 부여했다. 주야장천 여왕이 젊은 장정들과 황음에 빠져들던 사이 유모가 권력을 독차지했다. 유모는 왕명임을 빙자해 조정의 인사까지 독점했다.

일부 군신들은 유모에게 뇌물을 공여하고 승진했다. 세상 물정을 모르는 벽지의 백면서생(白面書生)도 유모에게 줄을 대면 입신양명이 보장됐다. 일찍부터 신라 여왕에게는 삼서제(三壻制)가 허용돼 3명의 남편이 국법으로 허용됐지만 진성여왕과 관계한 남자는 수를 헤아릴 수가 없었다. 여왕은 누구의 씨인지도 모르는 아이를 여럿 낳았다.

경주 도심 고분에서 자주 목격되는 가슴 골 봉분. 왕족 간 근친혼을 통해 혈통의 정통성을 고수했던 당시
신라 왕실에서 진성여왕과 김위홍의 숙질 사이 혼인은 흠결이 아니었다.

수심으로 가득찼던 여왕의 용안이 금세 희색으로 번득였다.
여왕은 유모에게 큰 상을 내리고 밤마다 여왕의 침실에 남자를
바꿔 넣는 중책을 부여했다. 주야장천 여왕이 젊은 장정들과
황음에 빠져든 사이 유모가 권력을 독차지했다. 유모는 왕명임을
빙자해 조정의 인사까지 독점했다.

겨울에 눈이 오지 않고(887) 3월 일식에 5월 가뭄(888)으로 논밭의 작물이 타들어갔다. 백성들은 절망했다. 1년 동안 조세를 면제해 국고가 텅텅 비었다. 세금을 다시 징수하려 하자 조직적 조세 거부 조짐이 전국적으로 포착됐다.

다급해진 조정에서 세리(稅吏)를 급파해 세금을 강제 징수했다. 세리들은 피골이 상접한 농민들을 무자비하게 폭행하고 명년에 파종할 종자 씨앗까지 강탈했다. 반반한 부녀자들을 골라 닥치는 대로 겁탈한 뒤 세금을 감면해 주기도 했다.

서라벌 거리에 여왕과 조정을 비방하는 방문(榜文)이 여기저기 나붙었다. 여왕의 황음 방탕으로 하늘이 노했다는 조롱도 있었다. 격분한 여왕이 노발대성(怒發大聲)했다. 누군가의 희생양이 필요했다. 한 교활한 대신이 황급히 아뢰었다.

"폐하, 이번 일은 필시 학자로서 뜻을 펴지 못한 문인(文人)의 소행으로 사료되옵니다. 대야주(경남 합천)의 왕거인(王巨仁)이 아니면 이런 글을 지을 자가 없습니다."

여왕은 당장 왕거인((?~? · 이하 거인)을 체포해 오라는 어명을 내렸다. 졸지에 서라벌로 압송된 거인은 생사를 넘나드는 혹독한 고문으로 육신이 무너졌다. 거인이 하도 억울하고 원통해 감옥 벽에다 시 한 수를 썼다. 손가락을 찢어 쓴 혈서였다.

연단읍혈홍천일(燕丹泣血虹穿日)

추연함비하락상(鄒衍含悲夏落霜)

금아실도환사구(今我失途還似舊)

포항 호미반도 공원 안의 교미하는 거북상. 정사를 내팽개친 숙부와의 정사로 신라가 망조에 들었다.

황천하사불수상(皇天何事不垂祥)

연단의 피 울음은 무지개와 해를 꿰뚫고
추연이 머금은 비는 여름에도 서리를 내렸네
지금 내가 길 잃은 것은 옛 일과 비슷한데
황천은 어이하여 상서로움을 내리지 않는가

피를 짜내 쓴 혈서다. 과다출혈과 가혹한 고문으로 거인이 졸도했다. 이 어인 일인가. 멀쩡하던 6월의 서라벌 하늘을 먹장구름이 뒤덮더니 안개가 눈앞을 가렸다. 천둥 번개가 몰아치며 우박이 쏟아졌다. 현자(賢者) 거인의 탄식에 하늘이 응답한 것이었다.

사실을 보고 받은 여왕의 전신에 소름이 돋았다. 모함으로 참소한 대신을 먼 곳으로 귀양 보냈다. 즉시 거인을 석방하고 승려 60여 명에게 도첩을 내려 참회했지만 여왕은 병석에 눕고 말았다.《삼국유사》에 전하는 여왕 2년(888) 6월의 기록이다.

백성들의 사표(師表)로 존경 받던 거인이 초죽음이 된 채 대야성으로 돌아왔다. 소문은 순식간에 전국으로 퍼졌다. 분노한 민심이 노도처럼 각지에서 출렁였다. 여왕 3년(889) 마침내 사벌주(沙伐州·경북 상주)에서 대규모 농민 봉기가 일어났다.

원종(元宗·?~?), 애노(哀奴·?~?), 아자개(阿慈介·?~?)가 주동한 민란이었다. 사벌주는 수도 서라벌(경북 경주)과 가까운 군사 요충지로 왕경 수호의 주요 관문이었다. 민란의 주동자들은 사벌주 군주(郡主) 우연(祐蓮·?~?)을 죽이고 사벌성(城)을 장악했다.

화급해진 여왕이 나마(奈麻·11급) 영기(?~?)와 사벌군주의 아들(?~?)을 시켜 진압을 명했지만 농민군의 기세에 압도당해 진군초차 못했다. 조정이 반란군 진압에 실패하자 그동안 세력을 키워 왔던 지방 호족·군벌들이 우후죽순처럼 궐기했다.

반란군 중에서도 죽주(경기도 안성)의 기훤(箕萱·?~?), 청주(靑州·충북 청주)의 청길(淸吉·?~?), 북원(강원도 원주)의 양길(梁吉·?~?), 중원(충북 충주)의 원회(元會·?~?) 등이 수괴(首魁)였다.

아사 직전의 민초들은 이래저래 죽기는 매일반이었다. 생업을 포기하고 민란에 가담하는가 하면 도적 떼로 돌변해 민생을 파탄냈다. 붉은 바지만 입고 신출귀몰하며 약탈·강간을 일삼는 적고적(赤袴賊)이 기고만장했다. 악에 바친 적고적 무리는 관군은 물론 반란군들에게도 공포의 대상이었다.

정세는 급전직하로 악화됐다. 여왕 6년(892) 아자개의 아들 견훤(甄萱·867~935)이 완산주(전북 전주)에서 반란을 주동해 후백제 건국을 선포했다. 이에 자극 받은 궁예(弓裔·857~918)가 강원도 철원에서 후고

춘정을 동하게 하는 왕릉 입구의 두견화. 진성여왕의 침실에는 힘센 장정들이 넘쳐났다.

구려를 개국(701)했다. 삼국 초기의 군웅할거(群雄割據) 시대가 삼국통일 시기를 거쳐 후삼국시대로 다시 회귀했다.

당에서 귀국한 석학 최치원(崔致遠·857~?)이 〈시무십조(時務十條)〉를 어전에 바치며 난국 수습(894)을 시도했지만 때는 이미 늦었다. 〈시무십조〉는 육두품 중심의 유교적 정치이념을 강조함으로써 왕권을 강화하는 개혁안이었다. 진골 귀족의 이익과는 정면 배치되는 제의여서 시행되지 못했다. 시대적 한계성으로 조정 개혁을 실기해 신라 붕괴는 막을 수 없었고 결국 후삼국이 정립(鼎立)하게 되었다.

백약이 무효였다. 조정은 지방에 대한 통제권을 상실했고 국고도 완전히 탕진된 뒤였다. 백성들은 조정의 납세 징수를 전면 거부했다. 지방 관리들은 조정의 군사 동원령에 응하지 않았다. 조정의 중앙군은 서라벌 주변 경비군 규모로 전락됐다. 국가의 운명이 풍전등화였고 왕실의 안위가 발등의 불이었다. 뒤늦게 여왕이 위기를 직감했다.

여왕 9년(895) 10월. 여왕이 헌강왕의 서자 요(嶢)를 태자로 책봉했

대릉원 내의 산책로. 가까이에 경주 김씨 진성여왕의 선조인 13대 미추왕릉이 있다.

다. 왕실의 안정을 꾀하고 백성들을 위무코자 한 묘안이었지만 아무 소용이 없었다. 여왕 10년(896) 반란군이 서라벌 인근 모량리(경북 경주시 효현리·금척리 일대)까지 진격해 진을 치고 주둔했다. 대궐이 지척이었다. 여왕은 만사를 포기했다.

국경을 마주한 발해에서는 13대 왕 대현석이 14대 대위해(大瑋瑎·재위 893~906)로, 당은 18대 희종이 19대 소종(昭宗·재위 888~904)으로, 일본은 58대 고코(光孝)가 59대 우다(宇多·재위 887~897) 천황으로 각각 용상이 교체됐다.

여왕 11년 6월 여왕은 태자 요(52대 효공왕)에게 양위하고 별궁에서 기거하다 그해 12월 6개월 만에 승하했다. 9년 11개월의 재위 기간이었다. 조정에서는 진성(眞聖)이란 시호를 여왕에게 봉정했다. 시신은 여왕의 유언에 따라 화장한 뒤 서라벌 황산 중턱에 산골(散骨)했다. 여왕의 소생은 여럿이었으나 막내아들 양패(?~?)가 사신으로 당에 다녀왔다는 기록만 전한다.

314

여군주의 통치력 미숙과 방만으로 한반도에는 후삼국시대가 개막됐다. 이때부터 신라는 국력을 회복하지 못하고 멸망의 길로 접어들었다. 군신(群臣)들과 백성들은 헌안왕의 유조를 상기하며 "과연 암탉이 울어 신라에 망조가 들었다."고 탄식했다.

진성여왕릉에 대하여는 이설(異說)이 분분하다. 38대 원성왕처럼 화장 후 매장했다는 왕릉 조영설이다. 재야 사학계에서는 경남 양산시 어곡동 산 372-1번지 소재 고분을 진성여왕릉으로 비정하고 있으나 역사학계에서 공인된 바는 아니다.

여왕이 895년 10월 요를 태자로 책봉했다. 여왕이 중병에 들자 897년 6월 요에게 양위한 뒤 그해 12월 4일 승하했다. 12세의 유충한 보령으로 요가 등극하니 52대 효공왕이다. 일부 대신들은 요의 대왕 친자 여부를 의심했지만 여왕이 요의 등뼈를 확인하고 이복동생임을 공표했다.

효

공

왕

효공왕의 국정 장악력 상실로 후삼국시대가 열렸다. 돌출 등뼈로
확인된 서(庶) 왕자였다. 주지육림으로 정무를 등한시하다 박씨
왕족에게 피살돼 김씨 왕조를 폐문케 했다.

서자가 등극해 권위는 바닥이라
국정을 단념하고 색탐에만 전념하니

49대 헌강왕 11년(885) 화창한 어느 봄 날. 헌강왕(이하 대왕)이 모처럼 좌우 군신을 대동하고 사냥 길에 나섰다. 행차 도중 길가에 읍(揖)하고 서 있는 한 여인을 발견하고 대왕이 넋을 잃었다. 자색(姿色)이 어찌 저리도 고울 수가 있는가.

대왕의 춘정이 왈칵 동했다. 대왕이 여인을 불러 대왕의 수레에 태우고 행재소(行在所·왕이 거둥할 때 임시 머무는 처소)에 가 관계를 맺었다. 이듬 해(886) 봄 여인(후비 김씨)은 대왕의 아들을 낳았다. 서자 김요(金嶢·886~912)다.

대왕의 뒤를 이은 50대 정강왕이 재위 1년만인 887년 7월 5일 승하했다. 당시 요는 강보에 싸인 아기였다. 정강왕의 유조(遺詔)로 왕의 여동생 김만(金曼)이 51대 진성여왕(재위 887~897)으로 등극했다. 여왕이 요를 데려다 궁중에서 양육했다. 여왕은 첫 남편이었던 숙부 김위홍이 죽자 여러 남자와 관계해 여러 명을 낳았다. 누구의 자식인지 몰라 태자 책봉이 불가했다.

여왕의 통치 미숙으로 국기(國基)가 붕괴되자 여왕이 895년 10월 요를 태자로 책봉했다. 여왕이 중병에 들자 897년 6월 요에게 양위한 뒤 그해 12월 4일 승하했다. 12세의 유충한 보령으로 요가 등극하니 52대 효공왕(재위 897~912)이다. 일부 대신들은 요의 대왕 친자 여부를 의심했지만 여왕이 요의 등뼈를 확인하고 이복동생임을 공표했다.

"나의 형제자매의 골격은 남다른 데가 있다. 이 아이의 등에 두 개의 뼈가 솟아 있으니 분명 대왕의 아들이다."

효공왕(孝恭王 · 이하 왕)은 왕실의 안정을 서둘렀다. 여왕이 홍서한 뒤 이듬해(898) 1월. 생모 김씨를 의명태후(義明太后)로 추봉해 왕통 승계의 정통성을 대내외에 천명했다. 동시에 준흥(俊興 · ?~?)을 상대등에, 계강(繼康 · ?~?)을 시중으로 임명해 절망의 나락에 빠진 조정을 개혁하고자 했다.

당시 조정의 실세는 개국 시조 박씨 왕족의 후예인 박예겸(朴乂兼 · ?~?)이었다. 왕 3년(899) 3월. 박예겸(이하 예겸)이 강압으로 자신의 딸을 왕비로 간택했다. 김씨 왕족이 몰락한 박씨 왕족의 딸을 왕비로 맞은 건 매우 이례적이었다.

국내의 사정은 더욱 참담했다. 왕실의 권위는 바닥에 추락했고 조정은 이미 전 국토의 장악력을 상실했다. 지방 호족 · 군벌 간 패권 싸움에 무고한 농민들만 착취당하고 전장에서 죽어갔다. 민초들은 권력 · 부유층들이 함부로 부리는 소유물에 불과했다.

청주(靑州 · 충북 청주)와 북원(강원도 원주)의 국토 이북은 궁예(弓裔

·857~918)가 차지했다. 무진주(전남 광주)와 완산주(전북 전주)를 잇는 국토 서남부는 견훤(甄萱·867~935)이 점령했다. 삼국통일 이후 대동강을 경계로 당·발해와 국경을 마주했던 신라의 영토는 경상 남·북도 권역으로 축소됐다.

견훤은 무진주를 함락시켜 후백제를 건국(892)한 뒤 스스로 등극했다. 경쟁자였던 궁예도 송악군(황해도 개성)에서 새 나라를 개국(901)하고 국호를 후고구려라 칭했다. 궁예는 영주(경북) 부석사에 봉안된 신라왕의 초상화를 장검으로 내리 찍으며 "이 땅의 새 군왕은 바로 짐이다."라며 건국 군주 위용을 과시했다. 전국 각 군·현의 성주들은 신라가 이미 쇠락했음을 깨닫고 견훤과 궁예에게 차례로 항복했다.

이 시기에는 유난히도 천재지변이 잦았다. 타들어가는 전답과 식수조차 말라버린 춘궁기의 가뭄이 농민들을 거리로 내몰았다. 오뉴월 삼복 중에 내리는 서리와 우박, 삼경(三更)을 대낮 같이 밝히는 정체 모를 유성, 물길과 산야를 뒤집어 놓는 대지진 등 위기 때마다 왕은 사람을 탓했다.

왕은 《시무십조》를 올려 조정의 개혁을 주청했던 최치원을 파면(899)시켜 합천 해인사로 유폐시켰다. 국면 전환용이었다. 다시 효종(孝宗·?~?)을 시중(902)으로 교체하고 금성(金成·?~?)을 상대등에 제수해 이반한 민심을 수습하려 했다. 백성들은 왕실과 조정을 넘어 신라에 등을 돌린 지 오래였다.

정신적 스승의 가르침이 절실하던 때 백성들의 사표로 추앙 받던 도선(道詵·827~898, 한국풍수의 비조) 국사가 입적했다. 화엄학(華嚴學)의 태두로 영월 흥녕사에서 선풍(禪風)을 일으키던 절중(折中·826~900) 선사도 육신의 옷을 벗었다. 스승을 잃은 뭇 백성들은 허망했다.

효공왕릉을 감싸고 있는 대나무 숲. 바로 옆에 문화재임을 알리는 표지판이 있다.

흥망성쇠를 거듭하는 국제 정세에 따라 신라 조정도 출렁였다.
조정 권력은 박은영이 장악하고 대신들은 부정축재로 재산을 불렸다.
왕은 국정을 단념하고 오직 색탐에만 전념했다. 왕비 박씨는 외면한 채
젊은 궁녀들의 치마폭에서 헤어나지 못했다.

조정은 왕비 박씨 문중의 권력 독점으로 대신들 간 반목이 극에 달했다. 왕은 인척(姻戚·혼인으로 맺어진 친족) 중에서도 교활한 대신 박은영(朴殷影·?~?)을 가장 혐오했다. 박은영도 이를 모를 리 없었다. 박은영은 왕의 장인 박예겸의 친손자로 왕비 박씨의 조카였다.

박예겸은 17대 내물왕(재위 356~402) 이후 지속되던 김씨 왕실을 몰락시키고 박씨 왕실을 부활시킨 장본인이다. 8대 아달라왕(재위 154~184)의 먼 후손이다. 49대 헌강왕 당시 대아찬(5급)으로 시중을 겸임하며 아들 박경휘(53대 신덕왕)를 헌강왕의 딸(의성공주)과 억지로 정략 결혼시켰다.

이후 박예겸은 무소불위의 막강 권력을 휘두르며 조정을 쥐락펴락했다. 효공왕이 박색(薄色) 박예겸의 딸을 왕비로 들인 이면에는 이 같은 권력 암투가 내재돼 있다. 54대 경명왕과 55대 경애왕도 박예겸의 손자다.

세월이 흘러 12세 소년 왕이 20세 혈기 왕성한 청년으로 성장했다. 왕은 종묘와 사직을 온전히 보전해 김씨 왕실을 지켜내고 싶었지만 지밀 궁의 내홍이 심각했다. 박씨 척신들이 득세할 때마다 왕은 경주 김씨 왕족의 후사를 갈망했다. 조정 내 탐관오리들은 왕실의 안위는 안중에도 없고 오직 자기 권속 챙기기에만 혈안이었다.

북국 발해는 14대 왕 대위해(재위 893~906)가 훙서하고 15대 대인선(大諲譔·재위 906~926)이 즉위했다. 대위해는 한동안 발해왕 계보에서 누락됐다. 진성여왕 9년(895) 김육불(?~?)이 《당회요(唐會要)》에서 대위해 기록을 발굴해 발해 왕력(王曆)에 새로 등재했다.

당 황제가 대위해에게 보낸 칙서를 김육불이 찾아낸 것이다. 이를 근거로 대위해가 14대 왕으로 정정되고 대인선은 15대 왕으로 역사가 바로

노출된 효공왕릉 호석. 재위 시 궁예와 견훤의 세력 확장으로 신라 영토가 축소됐다.

잡혔다. 역사서《발해국 자장편》을 통해 밝혀진 내용이다.

중원대륙과 요동반도에서도 지각 변동이 일어났다. 황소의 난을 수습하지 못한 당 애제(哀帝·재위 904~907)가 주전충(朱全忠)에게 폐위 당하고 왕권을 이양했다. 중원의 맹주로 번국을 호령하던 대제국 당(618~907)이 289년 역사를 접고 멸망한 것이다.

이후 중원(중국 대륙)에서는 제2 춘추전국 시대로 일컫는 5대 10국 시대가 개막됐다. 땅은 그대로인데 땅의 주인과 국경은 수시로 변했다. 역사학계에서는 봉건사회가 계속 발전하던 중 다시 한 번 분열되었다가 통일되는 시기로 분류한다.

5대(五代) 국은 황하 유역에 수립된 5개 소국으로 907년부터 960년까지 53년간 13 황제가 재위했다. 개국 군주들 모두 전(前)왕조의 번진(藩鎭)국 신분으로 재위 기간이 일천한 황제들이다.

①후량(後梁 907~923, 朱溫·17년 존속) ②후당(後唐 923~936, 李存勗·14년 존속) ③후진(後晉 936~947, 石敬瑭·11년 존속) ④후한(後漢 947~950, 劉知遠·4년 존속) ⑤후주(後周 951~960 郭威·9년 존속).

10국(十國) 시대 역시 당나라 말기 번진할거(藩鎭割據)의 치열한 전쟁

시기였다.

①오(吳 902~937 楊行密 · 남당에 멸망) ②오월(吳越 907~978 · 錢鏐 · 북송에 멸망) ③남한(南漢 907~971 劉隱 · 북송에 멸망) ④초(楚 907~951 馬殷 · 남당에 멸망) ⑤전촉(前蜀 907~925 王建 · 후당에 멸망) ⑥민(閩 909~945 王審知 · 남당에 멸망) ⑦형남(荊南) 또는 남평(南平 924~963 高秀興 · 북송에 멸망) ⑧후촉(後蜀 934~965 孟知祥 · 북송에 멸망) ⑨남당(南唐 937~975 徐知誥 · 북송에 멸망) ⑩북한(北漢 951~979 劉崇 · 북송에 멸망).

요동반도에서는 거란족의 추장 야율아보기(耶律阿保機 · 872~926)가 소수 이민족을 정복하고 요(遼)나라를 건국했다. 발해는 허술한 경비로 야율아보기를 얕보았다가 926년 멸망하고 말았다. 일본도 효공왕과 같은 해 즉위한 60대 다이고(醍醐 · 재위 897~930) 천황이 왕권은 유지했으나 도서(島嶼) 번국들 반란으로 왕권이 위태로웠다.

흥망성쇠를 거듭하는 국제 정세에 따라 신라 조정도 출렁였다. 조정 권력은 박은영이 장악하고 대신들은 부정축재로 재산을 불렸다. 왕은 국정을 단념하고 오직 색탐에만 전념했다. 왕비 박씨는 외면한 채 젊은 궁녀들의 치마폭에서 헤어나지 못했다. 국고는 바닥나고 임신한 여러 궁녀들의 배가 불러왔다.

왕통 승계에 위기감을 느낀 박은영이 "주지육림을 중단하고 정사에 전

상석 앞 두드러진 호석. 효공왕릉 조영 당시의 돌이다(좌). 왕릉에 오르는 고갯길(우).

넘하라."고 왕에게 주청했다. 왕이 묵살하고 젊은 궁녀들을 새로 입궐시켰다. 왕 15년(911) 1월. 박은영이 임신한 궁녀 3명을 목 베어 죽여 버렸다. 왕은 어쩌지 못했다.

조정 군신들은 물론 박씨 인척들조차 박은영의 오만방자에 치를 떨었다. 몰락이 두려웠던 박은영이 선수를 쳤다. 이듬해(912) 4월. 박은영이 왕과 수태한 나머지 궁녀 모두를 남김없이 몰살했다. 경주 김씨 왕족의 대(代)가 끊겼다.

박은영은 곧바로 박예겸의 아들 박경휘를 차기 왕으로 즉위시켰다. 53대 신덕왕(재위 912~917)이다. 역사 속에 스러졌던 박씨 왕조가 다시 부상(浮上)한 것이다. 신덕왕은 선왕의 시호를 효공(孝恭)이라 작호하고 경북 경주시 배반동 산 14번지에 왕릉을 조영토록 했다.

사적 제183호로 지정된 효공왕릉은 자좌오향(子坐午向)으로 햇볕 잘 드는 정남향이다. 경북 월성에서 남동쪽으로 2.7km 떨어진 낭산 구릉(丘陵)의 송림에 둘러싸여 있다. 직경 22m, 높이 5.5m의 타원형 봉토분 아래에는 다듬지 않은 호석이 노출돼 있다. 효공왕릉 남서쪽에 31대 신문왕(재위 681~692) 능이 인접해 있다.

효공왕은 왕비 박씨 외에 여러 명의 첩이 있었으나 자식에 관한 기록은 전하지 않는다. 왕비로 간택된 뒤 박씨는 조카 박은영과 함께 정사에 깊이 개입했다. 남편이 애첩들과 색정에 빠져 자신을 배척하자 박은영과 공모해 효공왕 제거에 앞장섰다.

왕에게 외면당했던 박씨에게는 남편 김씨의 혈육보다 친정 박씨 혈족의 왕통 승계가 우선이었다.

52대 효공왕을 시해하고 효공왕비의 세력에 의해 왕으로 옹립된 53대 신덕왕의 어휘는 박수종이다. 왕의 성이 김씨에서 박씨로 바뀐 것이다. 17대 내물왕 이후 560년간 유지돼 오던 김씨 왕조가 몰락하고 개국 왕족 박씨가 다시 왕위를 차지했다. 국호는 그대로 신라였다.

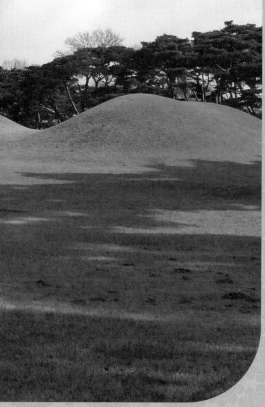

신
덕
왕

경주 남산 아래의 배동삼릉. 8대 아달라왕, 53대 신덕왕, 54대 경명왕이 묻힌 곳으로 모두 시조 박혁거세거서간의 후손이다.

김씨 왕조가 몰락하고
개국 왕족 박씨가 왕위를 차지하다

왕조시대 임금 혈계(血系)의 정통성은 왕권 유지의 절대 관건이었다. 정통성이 확보된 왕은 신보다 우위의 상격으로 곧 지존이었다.

등극한 왕의 선대 혈계가 불투명하면 조정의 대신들과 백성들이 왕명을 경시하고 왕족들마저 하시했다. 걸출 용맹과 막강 권력을 겸비한 영웅 호걸이 역모에 성공해도 왕족이 아니면 용상에 오르지 못했다. 왕족을 앞세운 역모여야 백성들도 수긍했다. 왕의 성이 바뀌는 건 역성(易姓) 혁명으로 이는 새 왕조의 창업을 의미했다.

53대 신덕왕(재위 912~917)은 선대 왕계가 불분명하다.《삼국사기》권12 신덕왕 조(條)에는 박예겸(朴乂謙 · ?~?)이 신덕왕의 생부로 기록돼 있다. 그러나《삼국유사》왕력편에는 이간(伊干) 박문원(朴文元)이 생부이고 각간(角干) 박예겸은 의부(義父)라는 기록이 전한다. 박예겸이 신덕왕의 왕계(王系)임은 분명하다.

신덕왕(神德王)은 49대 헌강왕(재위 875~886) 당시 아찬 겸 시중으로 조정 실세였던 박예겸의 후광으로 중앙 정계에 입문했다.(박예겸의 상세한 행적은 52대 효공왕 편 참조)

52대 효공왕을 시해하고 효공왕비(박씨 일족)의 세력에 의해 왕으로 옹립된 53대 신덕왕의 어휘(御諱)는 박수종(朴秀宗)이다. 왕의 성(姓)이 김씨에서 박씨로 바뀐 것이다. 17대 내물왕(재위 356~402) 이후 560년간 유지돼 오던 김씨 왕조가 몰락하고 개국 왕족 박씨가 다시 왕위를 차지한 것이다. 국호는 그대로 신라였다.

김씨 왕족이 아닌 박예겸의 아들로 헌강왕의 사위였던 신덕왕(이하 왕)은 등극 당시 이미 연로한 데다 신병까지 도져 있었다. 왕은 즉위와 동시 어휘를 개명하라는 일관(日官·왕의 일정을 주관하는 술사)의 주청을 받아들여 박경휘(朴景暉)로 고쳤다. 왕의 목전 과제는 역성 혁명에 따른 민심 동요와 정통성 확보가 급선무였다.

왕 1년(912) 5월. 왕은 아버지 박예겸을 선성(宣聖)대왕, 어머니를 정화(貞和)태후로 추봉했다. 정화태후는 성호(成虎)대왕으로 추존된 순흥(順

삼릉 입구의 이정표.

弘 · 신덕왕 외할아버지)의 딸이다. 왕은 동시에 부인(헌강왕 딸)을 의성(義成)왕후로, 아들 박승영朴昇英 · 후일 54대 경명왕)을 태자로 각각 봉했다. 내밀궁을 안정시키고 왕위 승계의 서열을 대내외에 천명해 왕권을 다지려는 의도였다. 왕은 효공왕 때 시중이었던 계강(繼康 · ?~?)을 상대등으로 임명해 선왕의 정책 승계를 표명했다.

신라를 둘러싼 국내외 정세는 점점 악화돼 갔다. 견훤의 후백제와 궁예의 태봉(후고구려) 건국으로 한반도에는 이미 후삼국시대가 정립(鼎立)됐다. 신라의 영토를 한 뼘이라도 더 차지하기 위한 견훤과 궁예의 치열한 각축전은 날이 갈수록 치열해졌다.

왕 3년(914) 궁예가 태봉 연호를 정개(政開)로 개원(開元)하며 세력을 불린 뒤 곳곳에서 승승장구했다. 왕 5년(916)에는 견훤이 대야성(경남 합천)을 공격해 함락 직전에 이르렀다. 대야성은 서라벌(경주)과 멀지않은 지근 거리였다. 신라의 영토는 후백제 · 태봉보다 훨씬 좁은 서라벌 지역으로 축소되어 갔다.

동시대 동북아의 국제 정세는 신라 국내보다 더 혼란스러웠다. 중원(중국) 대륙을 석권해 통일 제국을 건설했던 당(618~907)이 멸망하자 중원은 주인 없는 무주공산이 되고 말았다. 용호상박으로 자웅을 겨루는 군웅할국(群雄割國) 시대가 다시 도래한 것이다.

5대 10국 간 무모한 영토 전쟁과 참혹한 살상전이 77년(902~979) 동안 이어졌다. 호랑이 없는 산골에 토끼끼리 힘을 겨루는 격이었다.(5대 10국의 난립 상황은 52대 효공왕 편 참조)

시대를 막론하고 변경을 마주한 이웃 국가의 정세와 무관할 수 없는 게 국제 질서 속의 생존 원리다. 5대 10국은 서로 자국이 중원의 종주국임을 자처하며 변방 소국들에게 군신 관계 설정과 감당 못할 조공을 강요했다. 중원 대륙 종주국의 영향권을 벗어날 수 없는 소제국(小諸國)들의 처지는 갈수록 난감해졌다.

5대 10국과 별도로 또 다른 변수가 돌발했다. 중원 북방 요동반도에 거란국(契丹國·907~1125)을 세운 야율아보기(耶律阿保機·872~926)는 극에 달한 잔학무도로 주변국을 유린했다. 어떤 나라든 소국(小國) 간 합종연횡 없이는 독자 생존이 힘겨운 시대였다.

신라는 내우외한으로 진퇴양난이었다. 우후죽순처럼 발흥한 중원의 후량(後梁) 오(吳) 전촉(前蜀) 진(晉) 오월(吳越) 연(燕) 거란(契丹) 등이 자국과의 군신 질서와 조공을 강요했다. 섬나라 일본에서도 신라의 왕권 실추와 내분을 틈 타 조공 사절 파견을 요구했다. 외우(外憂)였다.

이 같은 대세를 눈치챈 신라 군벌과 지방 호족들이 사병(私兵)을 동원해 조정의 군령과 조세를 거부했다. 세력 균형에 따라 전국 각지에서 견훤과 궁예 휘하로 귀순하는 세력이 늘어났다. 내환(內患)까지 겹쳐 신라는 사면초가였다.

중원 제국(諸國)이 강요하는 조공(朝貢)의 종류도 다양했다. 원래 조공은 국가와 국가 간의 물물교환 외교의 한 방편이었으나 차츰 국력에 비례하는 군신 질서로 변질되었다. 속국이 종주국에 바치는 예물로 대등한 수평 관계가 아닌 상하의 수직 관계가 된 것이다. 신생국 승인이나 신왕 등극 시에도 책봉 예물이 필수였다.

조공을 위해 약소국에서 거둬들이는 현물도 여러 종류였다. 백성들이 조세 명목으로 조정에 대납하던 지방 특산물은 공물(貢物) 또는 폐공(幣供)이었다. 방물(方物)은 감사나 수령이 임금에게 진상하던 지역 산물이다.

공미(貢米)는 왕실에 바치는 최상품 쌀이었다. 공물방(貢物房)은 가난한 백성들의 공물을 대신 납부해준 뒤 받을 때 몇 배로 이자까지 쳐 갚게 하던 수탈 기관이었다.

조공 중에서도 백성들을 공포에 떨게 한 건 공녀(貢女)제도였다. 속국의 어린 처녀들을 강제로 징발해 종주국 황제의 성(性) 노리개로 보내던 악습이었다. 공녀로 뽑힌 집안은 초상집이었고 공녀로 끌려가는 여자를 산송장(生送葬)이라 불렀다.

종주국 조정에서는 공녀를 강간한 후 못생긴 계집이거나 잠자리가 불편하면 황명 불복종으로 벌하며 더 많은 공녀를 요구했다. 이로 인해 딸을 가진 부모는 7~8세만 되면 지인(知人)들과 사전 혼약해 시집을 보냈다. 한반도의 오래된 조혼 풍습의 유래다.

중원 제국(諸國 · 5대 16국)은 각기 서로 황제국임을 위세하며 신라에 조공 진상을 강압했다. 육로나 뱃길로 8~10개월이 소요되던 조공 길이었다. 조공을 바치고 귀국하면 이미 그 땅에 다른 나라가 들어서기도 했다.

신라 왕실과 조정은 스러져가는 국가의 명맥을 되살려 보고자 중원 제국의 협박에 응했다. 국고는 탕진되고 제신(諸臣)들마저 견훤과 궁예의 새 세상 개벽을 고대했다. 백척간두(百尺竿頭)에 선 신라의 국운을 백성들도 다 알았다.

신덕왕의 재위 기간은 912년 4월부터 917년 7월까지 5년 3개월이다. 사서에 기록된 치세는 왕 2년(913) 4월의 서리와 강진으로 수많은 백성이 아사하고 가옥이 매몰됐다는 게 전부다. 왕 4년(915) 6월에는 궁예의 부인 강(康)씨와 두 아들이 궁예의 관심법(觀心法 · 남의 마음을 투시하는 비법)의 덫에 걸려 참살 당했다. 궁예의 부하들 모두 치를 떨었다는 기

332

신덕왕의 묘호를 음각한 표지석. 560년 만에 김씨 왕조를 뒤엎고 박씨 왕조를 복원했다.

신덕왕의 재위 기간은 5년 3개월이다. 사서에 기록된 치세는
왕 2년 4월의 서리와 강진으로 수많은 백성이 아사하고 가옥이
매몰됐다는 게 전부다. 왕 6년 1월 왕경 서녘 하늘에 혜성이 출현했다.
사흘 동안 창공에 밤을 낮같이 밝혔다. 백성들이 공포에 질려 집 밖을
나서지 않았다. 왕은 조회를 폐하고 대신들도 망국 징조라며 몸을 사렸다.
노쇠한 데다 심약한 왕이 몸져누웠다. 혼수를 거듭하던 왕이
그해 7월 세상을 떠났다.

록이 전한다.

왕 6년(917) 1월 왕경 서녘 하늘에 혜성이 출현했다. 사흘 동안 창공에 밤을 낮같이 밝혔다. 이어서 일식이 이어졌다. 백성들은 공포에 질려 집밖을 나서지 않았다. 왕은 조회를 폐하고 대신들도 망국 징조라며 몸을 사렸다. 노쇠한 데다 심약한 왕이 몸져누웠다. 혼수를 거듭하던 왕이 그해 7월 세상을 떠났다. 왕은 의성왕후 김씨를 통해 아들 둘을 낳았다.

이튿날 태자 박승영이 용상에 오르니 54대 경명왕이다. 조정에서는 왕의 시호를 신덕(神德)으로 지어 올리고 경북 경주시 배동 73-1번지에 예장했다. 경주시 남산 서쪽 능선 하단에 3기(基)의 대형 왕릉이 있어 배동 삼릉으로 불린다.

이곳을 지나는 백성들마다 세 임금의 능이 있다하여 먼 곳에서도 절(拜)을 해 배동(拜洞)으로 불리게 되었다. 삼릉 모두 묘좌유향(卯坐酉向)의 정서향으로 시조 묘인 오릉(五陵) 가까이에 있다. 동쪽부터 8대 아달라왕, 53대 신덕왕, 54대 경명왕릉이 차례로 위치해 있다. 세 임금 모두 신라 시조 박혁거세거서간 후손으로 박씨다.

고대 백성들을 공포에 떨게 했던 일식(좌). 세 임금의 능이 비정된 경위를 밝혀 놓은 안내판(우).

삼릉은 원형봉토분으로 용사됐다. 아달라왕릉 직경 19m 높이 4.7m, 신덕왕릉 직경 19m 높이 5.2m, 경명왕릉 직경 16m 높이 3.7m 규모다. 왕릉 앞에 2인용으로 추정되는 길이 2m 높이 35cm의 자연석 시상대가 놓여 있다. 삼릉에 묻힌 왕의 묘호는 조선 21대 영조 6년(1730)에 확정되었다.

삼릉의 내부 구조는 1936년 도굴 이후 정밀 조사에 의해 깬 돌로 축조된 횡혈식 석실분으로 확인됐다. 현실(玄室·왕의 시신을 안치하는 방)은 정방형으로 남벽 중앙에 널길을 설치했다. 무덤 내부의 북·동·서면에서 고(古)시대 채색이 드러나 고미술계를 놀라게 했다. 높이 1.4m의 12폭을 상하로 나눈 24면에 일정한 순서 없이 배색한 주·황·백·군청·감청의 5색이 드러난 것이다.

신라 고분 중 채색이 확인된 유일한 무덤으로 고대 채색 연구에 귀중한 자료로 평가되고 있다. 왕릉은 다시 복원되었지만 도굴된 유물의 행방은 현재까지도 묘연하다. 역사학계에서는 도굴 당시가 일제강점기였음을 상기하고 있다.

신덕왕릉의 진위 여부에 대해서는 이설(異說)이 있다. 《삼국사기》에는 죽성(竹城·위치 미상)에 장사지냈다고 전하나 《삼국유사》 왕력편에는 화장 후 잠현(箴峴·위치 미상) 남쪽에 매장했다는 기록이 있다. 이 당시까지 경주 권역을 벗어나 조영한 신라 왕릉은 없다.

현재까지도 신라 시조 박씨 왕족의 후예들은 삼릉 앞을 지날 때마다 망배(望拜·멀리서 하는 절)를 한다고 한다.

경명왕의 이름은 박승영으로 53대 신덕왕의 장남이다. 왕의 어머니는 49대 헌강왕 딸인 의성왕후 김씨다. 김씨 왕(52대 효공왕)을 제거하고 즉위한 신덕왕은 그해 장남을 태자로 책봉해 철저한 왕도 교육을 시켰다.

경

명

왕

배동삼릉의 박씨 세 왕릉. 앞에서부터 8대 아달라왕, 중간 53대
신덕왕, 맨 뒤가 54대 경명왕으로 추정되고 있다.

꺼져가는 국가 운명을 지키고자 하나
이미 천하대세는 기울고

54대 경명왕(재위 917~924)은 바람 앞의 등불처럼 위태로운 국가의 운명을 지켜내고자 전력투구했다. 그러나 천하대세는 이미 기운 뒤였다. 신라의 중앙 조정은 국가로서 통제력을 상실했고 사소한 위기에도 속수무책이었다. 성난 파도처럼 엄습하는 안팎의 도전과 변괴도 극복할 재간이 없었다. 그래도 경명왕(景明王)은 좌절하지 않고 난시 때마다 외교력을 발휘해 국가의 소멸 위기를 모면했다.

경명왕(이하 왕)의 이름은 박승영(朴昇英)으로 53대 신덕왕의 장남이다. 왕의 어머니는 49대 헌강왕 딸인 의성(義成)왕후 김씨다. 김씨 왕(52대 효공왕)을 제거하고 즉위(912)한 신덕왕은 그해 장남을 태자로 책봉해 철저한 왕도 교육을 시켰다.

917년 7월 등극한 왕은 친동생 박위응(朴魏膺 · ?~927)을 상대등에 앉히고 유렴(裕廉 · ?~?)은 시중으로 임명했다. 왕권 강화를 위한 친정 체제로의 개편이었다. 민심은 박씨 왕조를 외면했다. 백성들은 김씨 왕조를 전복하고 용상을 찬탈한 박씨 왕조를 배척하고 저항했다.

지방에서는 김씨 왕실의 복고 세력이 호족 중심으로 결집됐다. 조정 내 김씨·박씨 지지파도 극명하게 양분돼 언제 터질지 모르는 일촉즉발 위기였다. 일신 상 위험을 감지한 군신(群臣) 중에는 관직을 내던지고 낙향해 은둔하는 자가 급증했다.

우려는 현실로 닥쳤다. 왕 2년(918) 2월 일길찬(17 관등 중 7급) 현승(玄昇·?~918)이 사병과 관군을 몰래 동원해 반란을 일으켰다. 반란의 규모와 파장은 의외로 컸다. 궁궐의 수비군을 동원해 가까스로 진압했지만 지방 군벌들이 중앙 조정을 능멸하고 경시하는 동기가 되었다. 왕은 현승과 역모 일당을 모조리 참수하고 가족들마저 남김없이 멸족시켰다.

한반도 중부(경기도·강원도·황해도) 지역을 차지하고 있던 태봉(후고구려)에서 지각 변동이 일어났다. 궁예의 학정에 반기를 든 부하들이 궁예를 축출하고 왕건(王建·877~943)을 새 임금으로 옹립한 것이다. 왕 2년(918) 6월이었다.

왕건은 북방의 대제국이었던 고구려를 승계했다는 명분으로 국호를 고려(高麗·918~1392)라 했다. 연호(年號)는 천수(天授)였다. 사태를 파악한 궁예는 변복하고 야반도주하다 부양(斧襄·강원도 평강) 인근 논가에서 발각돼 부하에게 피살당했다. 신라·후백제·태봉 3국으로 분할돼 대립하던 한반도 지형이 신라·후백제·고려 체제로 개편됐다.

고려가 개국한지 넉 달 후인 918년 9월. 박빙처럼 유지되던 후삼국의 균형을 깨는 의외의 사건이 발생했다. 사벌주(경북 상주) 지방을 장악하고 있던 호족 아자개(阿慈介·?~?)가 왕건에게 내부(來附·자진 투항해 복종)한 것이다.

아자개는 후백제를 건국한 견훤의 아버지다. 아자개의 전처 소생이었던 견훤이 후처 소생의 이복동생들과 패권 싸움을 벌이자 아자개가 견훤을 내쳤다. 아자개가 후처의 소생을 편애하고 자신을 학대하자 견훤이 아버지의 품을 떠나 후백제를 건국한 것이다.

사벌주는 신라 왕경 서라벌과 지근 거리여서 삼국 모두가 포기할 수 없는 군사 요충지였다. 왕건은 아자개를 후히 영접해 신라왕과 후백제 왕을 자극했다. 견훤은 부자의 인연을 단절하고 이를 갈았다.

고려는 욱일승천의 기세였다. 918년 11월. 왕건은 부처의 공덕을 기리는 팔관회(八關會)를 열어 국운융창을 기원하고 백성들을 위무했다. 발해는 15대 왕 대인선(大諲譔 · 재위 906~926)이 거란에 사신을 파견해 교빙을 청했다. 후백제 견훤은 거란과 오월(吳越 · 907~936)에 사절단을 파송해 고려의 견제를 앙청했지만 양국은 냉담했다.

신라 조정도 망해가는 사직의 운명을 회복시키고자 안간힘을 썼다. 왕 4년(920) 1월 사신을 고려에 보내 관계 개선을 요청했다. 시정에서는 신국을 자처하던 신라의 치욕이라며 무능한 박씨 왕실과 조정 대신들을 원망했다. 고려와 대척 관계였던 후백제도 진귀한 공작선(扇 · 부채)을 사신 공달(功達 · ?~?)에게 안겨 왕건과 교류를 요청했다.

신생국은 흥하고 노대국은 멸하는 게 역사의 순리다. 어느덧 고려는 한반도 내 최대 강국으로 급부상했다. 대세를 간파한 지방 호족들의 귀부는 기하급수적으로 증가했다. 신라의 국토는 날이 갈수록 줄어들었고 백성들도 고려 백성이 되길 원했다.

왕건은 918년 7월 조세정부법(租稅征賦法)을 새로 정해 백성들의 세

부여 성흥산성(가림성) 안에 있는 유금필 사당. 왕건은 유금필 장군에게 명해 북방 골암진 성곽의 방비를
견고히 하고 견훤군을 물리쳐 경명왕의 신라군을 도왔다.

신생국은 흥하고 노대국은 멸하는 게 역사의 순리다.
어느덧 고려는 한반도 내 최대 강국으로 급부상했다.
대세를 간파한 지방 호족들의 귀부는 기하급수적으로 증가했다.
신라의 국토는 날이 갈수록 줄어들었고
백성들도 고려 백성이 되길 원했다.

안동지역을 휘감아 도는 낙동강. 후삼국 시대의 격전지였다.

금 부담을 대폭 감소시켰다. 919년 3월에는 궁예의 옛 도읍지 철원에서 송악(松嶽·황해도 개성)으로 천도한 뒤 조정 관제를 개혁했다. 탐관오리들의 가렴주구로 수탈당하던 신라 전역 백선들이 부러워했다.

왕건은 왕실의 재산을 전액 희사해 왕륜사·법왕사 등 10개 사찰을 창건하고 왕건의 3대조(祖)를 대왕으로 추존했다. 장군 유금필(庾黔弼·?~941)에게 명해 북방 골암진(鶻巖鎭) 성곽의 방비를 견고히 했다. 921년 2월에는 신라 북변을 침공한 말갈 별부(別部) 달고(達姑·?~?)를 격파해 신라왕과 조정을 감복시켰다. 이 와중에도 견훤은 신라의 국경을 수시로 침공해 신라 백성들을 격분케 했다.

왕건은 걸출한 무장이면서도 주도면밀한 책략가였다. 신라에는 관용을 베풀고 위급 시마다 병력을 지원해 고려군에 대한 경계심을 이완시켰다. 반면 견훤에게는 한 치도 양보 없는 결사항전을 통해 신라와의 전쟁 국면으로 유도시켰다. 후백제의 국력은 점차 약화됐다.

신라의 백성들은 단순했다. 고려는 우방으로 반겼고 후백제는 불구대천의 원수처럼 대했다. 왕건의 원대한 통일 전략에 신라·후백제 양국의

경명왕을 포함한 세 임금의 제사를 함께 지내는 배동삼릉의 상석.

왕이 농락당한 것이다. 신라 왕은 노골적으로 고려 편에서 견훤을 격분시켰다. 안동 낙동강변에서 신라 · 후백제 · 고려의 삼국 간 전투가 치열했다.

왕건의 강온 전략은 주효했다. 921년 4월 흑수말갈(黑水靺鞨)의 아어한(阿於閒 · ?~?) 장군이 고려로 투항했다. 눈치를 보며 망설이던 신라의 지방 군벌 · 호족들이 앞장서 고려로 귀부했다. 왕건은 모든 귀순자들을 반기고 신분에 맞는 벼슬을 주며 따뜻이 맞이했다. 922년 2월 하지현(縣)의 원봉(元奉 · ?~?)장군, 7월 명주 순식(順式?~?)장군, 11월 진보성주 홍술(洪述 · ?~?), 왕 7년(923) 3월 명지성 성달(城達 · ?~?)장군, 8월 경산부 양문(良文 · ?~?)장군도 고려에 항복했다. 더욱 고무적인 건 중원 오월(吳越)의 박암(朴巖 · ?~?)장군이 자진 귀부한 것이었다.

전국 도처에서 해괴하고 기이한 현상들이 잇따랐다. 왕 3년(919). 사천왕사 벽화 안의 개가 격렬하게 짖어 대더니 오방신(五方神 · 木 · 火 · 土 · 金 · 水)이 들고 있던 활시위가 모두 끊어졌다. 이에 놀란 벽화 안의 개가 뛰쳐나와 서라벌 거리를 활개치고 다녔다. 왕경에 강풍이 불어 민가가 붕괴되고 메뚜기 떼와 전염병도 창궐했다. 신라 영토 안에서만 벌어진 일이고 고려와 후백제는 무사했다.

　왕은 고려와의 굴욕 외교 덕분에 정치적 안정을 가까스로 되찾았다. 왕은 박씨 왕실의 재건과 왕권 강화에 강한 집념을 보였다. 고려와 사신 교류로 평화를 유지하면서도 후량(後梁 · 907~923)과 후당(後唐 · 923~936)에 은밀히 사신을 보내 신라의 국력 회복을 도모했다. 왕 8년(924)에는 1월 · 6월 후당에 두 차례나 파송했다. 이를 뒤늦게 안 고려 조정의 문책으로 국교 단절의 위기도 겪었지만 왕건은 너그럽게 방관했다.

　쇠락한 신라를 부흥시키려는 왕의 집념은 집요했다. 왕 7년(923) 창부시랑 김락(?~?)과 녹사장군 김유경(?~?)을 후당에 입조시켜 값진 금은보화와 신라 토산품을 진상했다. 감동한 후당 장종이 924년 6월 왕에게 '의대부시위위경'이란 관직을 내렸다. 그럼에도 신라 지방의 호족들은 고려에 내부했고 민심도 이반했다. 군신(君臣) 중에도 이탈자가 늘어나 왕은 점점 고립됐다.

　왕 8년(924) 7월. 후백제 견훤이 조물성(경북 안동과 상주 사이)을 공격해 왔다. 파병할 관군조차 없었던 왕은 고려에 긴급 원병을 요청해 함

노송에 깃든 낙조. 경명왕은 꺼져가는 신라의 국운을 되살리려 했으나 망조에 든 지 오래였다.

락 위기를 모면했다. 조물성은 고려군과 후백제군이 신라로 진군하는 주요 병참로여서 이를 지키기 위한 고려군의 참전이 신속했다.

국내외 정세로 절망하던 왕이 중병에 들어 곡기를 끊었다. 한 달 후인 8월 왕이 훙서했다. 재위 7년 1개월 만이었다.

조정에서는 왕의 시호를 경명(景明)으로 헌정해 올리고 경북 경주시 배반동 73-1 남산 서쪽에 안장했다. 황복사(黃福寺) 북쪽으로 8대 아달라왕과 부왕(父王)인 53대 신덕왕이 예장된 배동삼릉이다.(53대 신덕왕 편 참조)

경덕왕의 신주는 역대 임금들 신주가 함께 모셔진 종묘에 봉안됐다. 왕건은 사신을 보내 왕의 훙서를 조문하고 넉넉한 부의(賻儀)와 함께 제사에도 참여토록 했다. 신라 조정 대신들과 백성들 모두 왕건의 넓은 도량에 감격했다.

경명왕은 장사왕후(각간 대존의 딸)와의 사이에 자식을 두지 못했다. 친동생 박위응(朴魏膺)이 왕위를 이으니 55대 경애왕이다. 경애왕은 견훤에 의해 살해당한 비운의 왕으로 왕비와 함께 비참하고 굴욕적인 최후를 마쳤다.

寺岸彼到山開

한반도 중원을 석권한 궁예는 901년(52대 효공왕 5년) 고구려 계승자임을 선포했다. 국호를 마진,
연호는 무태라 했다. 그해 7월 청주의 민호 1천 가구를 강원도 철원으로 강제 이주시켜 도읍지를 형
성했다.

후고구려

궁

예

강원도 철원에 있는 도피안사. 피안을 형상화한 가람 배치로 유명하며 궁예의 옛 도읍지에서 가까운 곳에 있다. 48대 경문왕 5년에 창건됐다.

신라의 왕자로 태어나 버림받고
복수의 칼날 갈아 새나라를 세우니

역사 속 영웅호걸들이 나고 죽은 정확한 생몰년(生沒年)은 당대의 시대상 파악에 주요 단서가 되기도 한다. 해당 인물들의 생존 시기가 고대로 소급될수록 생몰년은 미궁에 빠지고 만다. 혹간은 전해오는 역사서에 생몰년 기록이 존재함에도 확인 소홀로 인해 미상(未詳)으로 인지하는 경우가 있다. 후고구려(태봉)를 개국한 궁예(弓裔)도 그 중의 한 사람이다.

궁예의 출생과 성장 배경 및 후고구려의 개국 과정은 매우 극적이다. 궁예는 신라 47대 헌안왕(재위 857~861) 1년(857) 헌안왕과 궁녀(성명 미상)와의 사이에서 서자로 태어났다. 정축(丁丑)년 5월 5일(단오) 생으로 소띠다. 《삼국사기》는 외가에서 출생한 궁예의 당시 정황을 다음과 같이 기록하고 있다.

아이를 낳자마자 돌연 백색 긴 무지개가 하늘까지 뻗쳤다. 기괴한 징조였다. 사실을 보고 받은 일관(日官·왕실 일정을 택일하는 술사)이 왕에게 아뢰었다.

"오(午)가 겹치는 5월 5일의 중오일(重五日·단오)에 태어나 양기(陽氣)가 충천하옵니다. 날 때부터 이가 솟아 섬뜩하였고 불길한 광염(光焰)이 창천에 솟구쳐 인근 백성들이 공포에 떨었습니다. 장차 나라에 해로울 조짐이오니 기르지 않음이 가할 듯하옵니다."

왕이 일관의 말을 믿고 외가에 사자(使者)를 보내 아이를 죽이도록 명했다. 외가에 간 사자가 강보에 싸인 아이를 궁녀의 품에서 빼앗아 다락 밑으로 내동댕이쳤다. 몰래 숨어 듣던 유모가 떨어지는 아이를 황급히 받아 안았다. 유모가 실수로 한 쪽 눈을 잘못 건드려 아이는 애꾸눈이 되고 말았다.

유모는 그 길로 도망쳐 어렵게 아이를 키웠다. 아이는 자라면서 난폭하고 불량했다. 격투를 잘해 늘 싸움판의 두령이었고 백발백중의 명사수였다. 마을 사람들은 궁수(弓手)의 후예(後裔)라며 궁예(弓裔)라 불렀다. 궁예는 어른들과의 싸움에서도 지지 않았다. 유모의 근심은 날로 커졌다.

궁예의 나이 10세가 넘은 어느 날. 노쇠한 유모가 궁예에게 출생의 비밀을 털어 놓으며 왕족답게 처신할 것을 당부했다. 궁예는 엄청난 충격과 정체성 혼란에 빠졌다. '내가 신국 신라의 왕자란 말인가. 나를 이 지경으로 만든 신라 왕실과 조정에 반드시 복수하고 말 것이다.'

힘에 부친 유모가 궁예를 세달사(世達寺·경기도 개풍군 흥교면 흥교리 백화산록)로 데려가 입산시켰다. 주지 스님은 궁예에게 선종(善宗)이란 법명을 내렸다. 스님의 설법은 성장기의 궁예에게 심대한 영향을 끼쳤다.

창건 연대를 알 수 없는 세달사는 후일 흥교사(興敎寺)로 사명을 바꿨다. 조선 초기에는 2대 정종(재위 1398~1400)과 왕비 정안왕후의 후릉(厚陵) 제향 때 조포(造泡·두부를 만들어 공급하는 일)를 맡았던 절이다.

천방지축의 궁예가 엄격한 사찰 생활에 적응할리 만무했다. 당시 신라는 왕실의 성문란과 백성들에 대한 혹독한 조세 수탈로 민심이 이반했다. 서라벌 경군(京軍)이 지방 호족의 사병보다 약해 전국 곳곳에서 군벌들이 봉기했다.

뜻있는 열혈 장정들은 전국 곳곳의 군벌 집단을 찾아가 반역 무리에 합류했다. 세달사를 뛰쳐나온 궁예는 죽주(경기도 안성)의 기훤(箕萱·?~?) 휘하로 들어가 몸을 위탁했다. 기훤은 의심이 많은 데다 포악해 사람을 함부로 죽였다.

견디다 못한 궁예가 북원(강원도 원주)의 양길(梁吉·?~?)에게로 자진 귀부했다. 양길의 군사를 나눠 받은 궁예는 동쪽(강원도 영월, 경북 예천·울진)으로 진출해 승승장구했다. 894년(50대 정강왕 8년) 명주(강원도 강릉)에 이르렀을 때는 3,500여 명의 정예군 대오가 편성됐다. 가는 곳마다 현지 장정들과 농민들이 궁예 부대로 합류했다.

궁예는 임진강 연안의 송악(황해도 개성)을 공략(896)해 이 지역 최대의 군벌이자 호족인 왕륭(王隆·?~?)과 왕건(王建·877~943) 부자를 굴복시켰다. 왕건은 지혜를 겸비한 명장이었다. 899년 왕건을 출전시켜 소백산맥 이북(경기도 및 충북 청주·괴산)의 한강 권역을 정복했다. 궁예는 왕건에게 아찬(阿飡) 벼슬을 내렸다.

한반도 중원을 석권한 궁예는 901년(52대 효공왕 5년) 고구려 계승자임을 선포하고 왕을 참칭했다. 국호를 마진(摩震), 연호는 무태(武泰)라 했다. 그해 7월 청주의 민호(民戶) 1천 가구를 강원도 철원으로 강제 이주

경기도 연천 재인폭포의 절경. 궁예의 활동 무대였던 철원·연천 지역의 독특한 지형이다.

궁예의 신라에 대한 골수 원한은 세력이 강성해질수록
더욱 깊어갔다. 신라 병합이란 원대한 뜻을 굳히고 서라벌은
곧 멸망할 것이라며 '멸도(滅都)'라 부르게 했다. 자신을 버린
신라 왕실에 앙심을 품고 부석사 벽에 걸린 신라왕의 초상화를
모두 칼로 쳐 불태워 버렸다.
궁예는 점점 안하무인으로 오만방자해졌다.

시켜 도읍지를 형성했다. 주민들은 조상 대대로 살아온 정든 고향을 떠나며 궁예를 원망했다.

궁예의 신라에 대한 골수 원한은 세력이 강성해질수록 더욱 깊어갔다. 신라 병합이란 원대한 뜻을 굳히고 서라벌은 곧 멸망할 것이라며 '멸도(滅都)'라 부르게 했다. 자신을 버린 신라 왕실에 앙심을 품고 부석사(浮石寺·경북 영주) 벽에 걸린 신라왕의 초상화를 모두 칼로 쳐 불태워 버렸다. 궁예는 점점 안하무인으로 오만방자해졌다.

변방 무뢰배 신분으로 왕조까지 창업한 궁예는 한 나라를 영도해 갈 확고한 정치 이념이 없었다. 911년(52대 효공왕 11년) 1월 국호를 다시 태봉(泰封)으로 바꾸고 연호는 수덕만세(水德萬歲)로 개원했다. 913년 연호를 또 다시 정개(政開)로 교체했다.

아침에 내린 왕명을 저녁에 바꿨다. 개혁이란 미명하에 호족들을 징벌하고 부하들을 함부로 살상했다. 올바른 정치를 간(諫)하는 부인 강(康)씨와 그의 소생 두 아들을 무참히 죽였다. 강제 부역이 극에 달했고 백성들이 먹을 양식까지 수탈해 인구가 감소했다. 신하들은 태봉의 멸망 징조를 감지했다. 새 세상을 고대하고 귀부했던 신라 백성들은 다시 신라로 돌아갔다.

궁예는 내세 극락을 상징하는 미래불을 자처하며 스스로를 신격화했다. 자신의 또 다른 소생 두 아들을 청광(淸光)보살과 신광(神光)보살이라 칭했다. 머리에 금책(金幘)을 두르고 몸에는 방포(方袍)를 걸쳤으며 행차할 때마다 백마를 탔다. 어린 소년·소녀들이 천 개의 향초와 꽃을 들고 앞길을 인도하도록 했다. 200여 명의 비구승이 범패(梵唄·불교의식)를 연희하며 뒤를 따르게 했다.

승려들이 착용했던 금란가사. 궁예는 스스로 미륵불임을 자처했다.

저자(시장)에서는 왕이 아니라 마왕파순(魔王波旬·중생이 불도에 들어가는 걸 방해하는 마귀 우두머리)이 지나간다며 궁예의 행차를 피했다. 불경 20권을 지어 널리 읽도록 강권했으나 그 뜻이 요망해 아무도 읽지 않았다. 그 불경은 현재 전하지 않는다.

궁예는 남의 속마음을 꿰뚫어 보는 관심법(觀心法)에 달통했다고 자만했다. 관심법으로 뜻에 어긋나는 신하와 장군들을 함정에 빠뜨려 무고하게 살상했다. 부하 왕건도 관심법에 걸려 처형될 뻔 했으나 거짓 역모를 자백해 겨우 살아났다.

궁예는 발작에 가까운 횡포로 백성들의 고혈을 짰다. 도처의 사찰 창건과 대규모 토목 공사로 국토를 황폐화시켰다. 전국 방방곡곡에서 세상이 곧 멸망한다는 종말론이 난무했다.

918년(54대 경명왕 2년) 3월. 철원 사는 상인 왕창근(王昌瑾·?~?)

이 어떤 노인의 강권으로 거울을 사서 방에 걸었다. 이튿날 거울을 자세히 살펴보니 난해한 시구(詩句)가 잔뜩 적혀 있었다. 왕창근은 큰 상을 기대하고 궁예에게 거울을 바쳤다.《고려사》에 전하는 내용은 다음과 같다. (한자 원문 생략)

삼수(三水) 가운데와 사방 아래의 상제께서/
진마(辰馬)에 아들을 내려 보내/
먼저 닭을 잡고 나중에 오리를 칠 것이니/
이를 일러 운수가 일삼갑(一三甲)에 찼다 할 것이로다/
어둠은 하늘로 오르고 밝음이 땅을 다스리니/
자년(子年)이 되면 큰일을 성취하리라/
종적과 명성이 혼돈을 이루리니/
혼돈 속에서 누가 진실로 성스러운 일을 일으킬 줄 알겠는가/
법을 움직여 뇌성을 일으키고 신령한 번개가 번쩍이니/
사년(巳年) 중에 두 마리 용이 나타날 것이다/
하나는 청목(靑木) 속에 몸을 감추고
다른 하나는 흑금(黑金)의 동쪽에 몸을 드러내리라/
지혜로운 자는 볼 것이로되 우매한 자는 못 볼 것이니/
구름을 일으키고 비를 대동하며 인간을 정벌하리라/
때로는 흥하고 때로는 멸할 것이니
이 모두가 악의 존재를 멸하기 위함이다/
이 한 쪽 용의 아들 서넛이 서로 대를 바꾸어 가며
여섯 갑자를 계승하리라/

경기도 포천의 산정호수. 멀리 보이는 산이 궁예의 죽음을 슬퍼해 새들이 소리(聲)내 울었다(鳴)는 명성산이다.

이 사유(四維)에서 기필코 축(丑 · 정축생 궁예)이 멸하고/

바다 건너와 융성하리니 반드시 유(酉 · 정유생 왕건)를 기다려라/

이 글을 만약 현명한 임금에게 보이면/

나라와 백성이 편안하고 제왕은 길이 번창하리라/

나의 기록은 모두 1백 47자이니라.

거울을 받은 궁예는 해독할 수가 없었다. 궁예가 당대 석학(碩學)들을 불러들여 시의 내용을 해석토록 했다. 석학들은 궁예가 망하고 왕건이 흥한다는 내용임을 알면서도 죽음이 두려워 궁예에게 유리한 대답을 했다. 당시 궁예가 두려워한 건 왕건이었다.

이를 눈치챈 궁예가 왕건을 불러들여 관심법으로 다스리려 했다. 자칫 목이 달아날 판이다. 왕건은 납작 엎드려 반란을 도모했다고 거짓 자복했

경기도 포천의 고석정. 궁예의 활동 무대로 조선시대에는 임꺽정이 숨어 살던 암벽이다.

다. 자신의 관심법에 만족한 궁예가 왕건을 용서해 목숨을 구했다.

왕창근의 거울 사건 이후 태봉 조정에 심상찮은 기류가 흘렀다. 역모의 조짐이었다. 그해(918) 6월 왕건의 심복 부하 홍유·배현경·복지겸·신숭겸 등이 왕건을 찾아와 거병을 간청했다. 때를 기다리고 있던 왕건의 부인 유씨가 먼저 나서 왕건을 설득했다. 망설이던 왕건이 용기를 내 거병을 명했다. 조정 대신들과 궁정 수비군도 왕건 군에 가담했다. 궁예의 학정에 시달리던 백성들이 쌍수 들어 환호했다.

왕성이 포위됐다는 급보를 접한 궁예는 항전해도 승산 없음을 알았다. 평복으로 변복한 궁예가 왕궁을 빠져나와 강원도 산하를 전전했다. 굶주린 궁예가 부양(斧壤·강원도 평강) 땅 들녘에서 곡식을 훔쳐 먹다 주인에게 들켜 맞아 죽었다. 일설에는 궁예가 왕건의 부하에게 잡혀 참수됐다고도 전한다. 일세(一世)를 풍미하며 천하를 호령하던 궁예도 배고프면 먹어야 사는 필부필부(匹夫匹婦)에 지나지 않았다.

901년 후고구려를 세운 뒤 18년 만이었고 왕을 참칭(892)한 지는 26년 만이었다. 비참한 말로였다. 궁예의 가족에 대한 기록은 전하는 바

없고 묻힌 곳도 알 길이 없다. 강원도 철원 비무장지대 안에 태봉국 궁성 터가 있으나 일반인의 출입이 불가하다.

주군(主君 · 궁예)을 배신한 왕건은 부하들에 의해 왕으로 추대됐다. 무인년(918) 6월 병진일이다. 왕건은 북방의 대제국 고구려를 승계해 국호를 고려(高麗 · 918~1392, 475년 존속)라 하고 천수(天授)라는 연호를 썼다. 태봉이 멸망하고 한반도에는 신라 · 후백제 · 고려의 새로운 후삼국 체제가 정립(鼎立)됐다.

강원도 철원에 가면 명성산(鳴聲山 · 923m)이 있다. 철원군 갈말읍 신철원리에서 경기도 포천군 이동면 도평리와 포천군 영북면 내덕현(峴)과의 사이에 위치한다. 태백산맥에서 갈라진 광주(廣州)산맥의 주맥에 속하며 국민관광지로 유명한 산정호수를 끼고 있다. 명성산은 '울음산'으로도 불리는데 궁예와 얽힌 슬픈 설화가 전해온다.

궁예는 왕건에게 쫓겨 1년 여 동안 이 산에 숨어 살다 피살됐다고 한다. 초근목피로 연명하던 궁예의 최후를 지켜 본 산새들이 소리(소리 聲) 내 구슬피 울어((울 鳴) 사람들이 명성산으로 불렀다는 것이다. 이 후로도 비가 오는 날이면 다른 산의 새들까지 무리지어 와서 큰 소리로 울었다고 한다.

918년 6월. 태봉 국왕 궁예의 폭정을 견디다 못한 부하 홍유 배현경 복지겸 신숭겸 등이 반란을 일
으켰다. 이들은 궁예를 내쫓고 장군 왕건을 새 임금으로 추대했다. 왕건은 새 나라 국호를 고려라
선포하고 연호는 천수로 정했다. '하늘의 명으로 옛 고구려를 승계한다.'는 의미였다.

왕

건

경기도 연천군 미산면에 있는 숭의전. 고려 왕조의 종묘로 태조
왕건이 견훤군과 전투 중 여러 번 들렀던 곳이다.

폭정 군주를 대신해 추대되니
고구려를 승계하여 고려라 명하다

한반도에는 삼국시대가 세 번 존속했다.

①상고시대 마한·진한·변한의 삼한시대 ②고구려·백제·신라의 삼국시대(동 시대 공존했다가 멸망 〈562〉한 가야를 포함해 사국시대로도 일컫는다) ③신라·후백제·태봉(후고구려)의 후삼국시대다.

왕건이 후삼국을 통일(936)한 이후 한반도에는 조선왕조가 망국 (1910)에 이르기까지 975년 간 단일 국가 체제가 유지됐다. 왕건은 타 민족의 간섭 없이 자력으로 한반도를 통일한 영웅이다. 한민족에게 단일 민족이란 개념이 정립된 것도 고려 때부터다. 왕건(王建 877~943)은 누구인가.

918년 6월. 태봉 국왕 궁예(857~918)의 폭정을 견디다 못한 왕건의 부하 홍유 배현경 복지겸 신숭겸 등이 반란을 일으켰다. 이들은 궁예를 내쫓고 궁예의 심복 장군 왕건을 새 임금으로 추대했다. 왕건은 새 나라 국호를 고려라 선포하고 연호는 천수(天授)로 정했다.

철원(鐵圓·강원도 鐵原)소재 궁예의 옛 궁전 포정전(布政殿)에서 등극한 왕건은 뜻밖의 저항에 부딪쳤다. 철원 백성들 모두가 "왕건은 주군을 배신한 모반의 수괴다."며 임금으로 인정하지 않고 항거했다. 어제까지 전장에서 어깨를 마주하고 싸웠던 동료 장수들도 "왕건이 돌연 왕위에 오르다니 섬길 수가 없다."며 등을 돌렸다.

일찍이 철원은 궁예가 의도적으로 건설한 계획 도시였다. 철원 평야의 농지는 넉넉했으나 농사지을 인력이 부족했다. 궁예는 충북 청주의 1천호와 강원도 원주 등 전국 각지 인구를 철원으로 강제 이주시켜 농토를 나눠주고 안주토록 했다.

이주민 거의가 고향을 잊고 왕의 은덕으로 여기며 안정을 누릴 무렵, 왕건 세력이 태봉을 멸망시키고 궁예를 축출한 것이다. 철원 백성들은 굶주림으로 부양(斧壤·강원도 평강) 들판을 헤매다 왕건 부하에게 피살 당한 궁예를 불쌍히 여기며 눈물을 흘렸다.

고려 제1대 임금이 된 왕건(이하 태조)은 자신을 배척하는 철원이 싫었다. 태조 2년(919) 1월 도읍을 철원에서 멀지않은 송악(황해도 개성)으로 천도했다. 송악은 태조가 나고 자란 고향이었다. 천도 즉시 태조는 삼성(三省) 등의 관제를 새롭게 개편했다. 조세정부법(租稅征賦法)을 신설해 과도한 백성들의 세금을 감면시켰다.

새 왕조를 개창한 시조나 전조(前朝)를 이어 용상에 등극한 신왕에게는 급선무가 있었다. 자신의 4대 조상(아버지 조부 증조부 고조부)을 대왕으로 추존해 왕통 승계의 정통성과 명분을 확보하는 것이었다. 이는 중원제국(諸國·여러 나라)이나 번국(藩國·제후국)의 왕들에게도 마찬가지였다. 황제를 자처하는 중원 제국(帝國)에서는 5대까지 추존했다.

태조도 선계(先系) 추존을 서둘렀다. 송악으로 천도 직후인 그 해 (919) 3월 3대조를 추존했다. 아버지 왕륭(王隆 ?~897)을 세조위무대왕 (世祖威武大王)·어머니 몽부인 한씨(夢夫人 韓氏·?~?)는 위숙왕후(威肅王后), 할아버지 작제건(作帝建 ?~?)은 의조경강대왕(懿祖景江大王)·할머니 (?~?)는 원창왕후(元昌王后), 증조부 강충(康忠·?~?)은 원덕대왕(元德大王)·증조모(?~?)를 정화왕후(貞和王后)로 각각 추숭했다.

고려 18대 의종(재위 1146~1170) 때 검교군기감(檢校軍器監)을 지 낸 김관의(金寬毅·?~?)가 저술한《편년통록(編年通錄)》에 태조의 선조에 관한 기록이 상세하게 전한다.《편년통록》은《고려사》를 편찬한 당대 사가 들이 인용한 이 분야 연구의 귀중한 자료이나 현재는 전하지 않는다.

태조의 5대조 이름은 호경(虎景·?~?)이다. 호경은 스스로 성골(聖骨) 장군임을 차처하며 전국 각지를 유랑하다가 송악 부소산 아래서 이곳 여 인과 혼인해 정착했다.

어느 날 호경이 9명의 동네 장정과 함께 평나산으로 사냥 나갔다. 날 이 저물어 굴속에 들어가 잠을 자는데 갑자기 호랑이가 나타났다. 호경이 물리치러 혼자 나갔는데 돌연 굴이 무너져 8명 모두 압사했다. 동네 주민 들과 호경이 죽은 장정 제사를 지내는데 산신이 나타나 호경에게 일렀다.

"나는 이 산을 지키는 과부 주인이다. 그대와 혼인하여 그대를 대왕으 로 삼아 신정(神政)을 베풀겠노라."

산신과 혼인한 호경이 본처를 못 잊어 산신 몰래 찾아가 밤마다 동침 했다. 산신은 이를 알고도 일부러 모른 체 했다. 본처가 아들을 낳으니 강 충이다.

태조 왕건을 비롯한 고려 충신 16명의 위패가 봉안된 숭의전각.

　　태조의 4대조(고조부) 이름은 강충이다. 강충은 어려서부터 용모가 단정하고 근엄한 데다 재주가 비상했다. 예성강(황해도) 서안 영안촌의 부자 딸 구치의(具置義 · ?~?)에게 장가들어 부소군(郡)에서 살았다. 당시 패강진(평안남도 대동강)의 두상대감(頭上大監)으로 신풍(神風)이었던 김팔원(金八元 · ?~?)이 부소군에 들렀다.

　　김팔원은 "만약 군 주거지를 산의 남쪽으로 옮기고 소나무를 심어 바위를 가리면 삼한을 통일하는 인물이 태어나리라."고 말했다.

　　강충이 군인(郡人 · 군 주민)들과 함께 산의 남쪽으로 주거지를 옮겼다. 소나무를 심어 바위를 가린 뒤 군명을 송악군(松嶽郡)이라 고치고 송악군의 상사찬(上沙湌)이 되었다. 현 개성의 옛 지명인 송악의 지명 유래다.

　　강충은 마가갑(摩訶岬)에서 살던 집을 영업지(永業地)로 왕래하며 천금을 축적해 거부가 되었다. 강충은 구치의 와의 사이에서 이제건(伊帝建 · ?~?) · 손호술(損乎述 · ?~?)의 두 아들을 낳았다. 막내아들 이름을 손호술이라 하였다가 후일 보육(寶育 · ?~?))으로 고쳤다.

태조의 3대조(증조부) 이름은 보육이다. 보육이 지리산에 들어가 수도하던 중 기이한 꿈을 꾸었다. 곡령(鵠嶺)에 올라가 남쪽을 향해 오줌을 누었는데 삼한의 산천이 은해(銀海)로 변했다. 이튿날 형 이제건에게 말하니 용상에 오를 아들을 낳을 꿈이라 했다. 이제건이 딸 덕주(德周 · ?~?)를 보육에게 시집보냈다. 숙부와 조카딸의 근친혼이었다.

덕주가 딸 둘을 낳았다. 어느 날 덕주의 큰 딸이 꿈을 꾸었다. 오관산(五冠山)에 올라 오줌을 쌌는데 온 천하가 잠겼다. 큰 딸은 흉몽이라 여겨 부끄럽게 생각했다. 동생 진의(辰義 · ?~?)가 언니에게 비단치마를 주고 그 꿈을 샀다.

당나라 7대 숙종(재위 756~762) 황제가 잠저 시절 송악의 보육 가(家)에서 묵게 됐다. 사냥 중 찢어진 황제의 옷을 깁는데 언니는 코피가 나 진의가 대신 들어갔다. 황제의 은총을 입어 진의가 임신했다. 황제가 당으로 떠나면서 진의에게 자신이 아끼던 신궁(神弓)을 신물(信物)로 주었다. 열 달 뒤 진의가 낳은 아들이 작제건이다.

태조의 2대조(할아버지)는 작제건이다. 작제건은 성장하며 용기가 출중하고 총명한 데다 궁술이 능했다. 아버지가 당 숙종인 줄 알고 어머니가 전해 준 신궁을 간직한 채 당나라 상선을 타고 당으로 떠났다. 어머니 진의가 한사코 만류했지만 작제건은 듣지 않았다.

서해에서 거센 풍랑을 만나 당나라 선주가 점을 치니 작제건을 바다에 던지라는 점괘가 나왔다. 작제건이 어느 무인도에 강제로 버려졌다. 며칠을 굶어 아사 직전인 작제건에게 백발이 성성한 노인이 나타나 말했다.

"나는 서해의 용왕이다. 밤마다 늙은 여우가 나타나 경을 외우면 두통을 일으켜 견딜 수가 없으니 그 신궁으로 쏘아 죽여라. 대신 네 소원을 이뤄 주겠다."

이튿날 밤 작제건이 모습을 드러낸 구미호(九尾狐)를 신궁으로 쏘아 즉사시켰다. 용왕이 작제건을 용궁으로 초대했다. 용왕이 자신의 딸 용녀(龍女)와 결혼시킨 후 칠보(七寶)·양장(楊杖)·돼지를 선물로 안겨 떠나보냈다. 용녀가 아들을 낳으니 용건(龍建·후일 王隆으로 개명)이다.

《고려사》에 인용된 《성원록(聖源錄)》에는 용녀가 평주인(平州人) 두은점각간(頭恩坫角干)의 딸로 기록돼 있다.

태조의 아버지 이름은 왕릉이다. 왕릉은 어려서부터 용모가 뛰어나고 도량이 넓은 데다 지략이 출중했다. 일찍이 삼한을 통일하겠다는 야망을 품었다. 통일신라의 국력이 쇠진하자 견훤과 궁예가 나라를 건국해 왕을 참칭했다. 이때 왕릉은 송악군의 지방관리 사찬(沙餐)이었다. 거부였던 왕릉은 군을 장악하고 있었다. 사찬은 신라 17 관등 중 8등급이다.

51대 진성여왕 10년(896). 경기·강원·황해지역을 석권한 궁예가 송악군을 압박했다. 왕릉은 신라가 망국에 이르렀음을 직감하고 송악군을 통째로 들어 궁예에게 바쳤다. 궁예는 왕릉에게 금성태수(金城太守) 직을 내렸다. 왕릉이 궁예를 알현하며 아뢰었다. 궁예가 태봉을 개국(901)하기 전이었고 한 명의 지방 호족이라도 귀부시키려 할 때다.

"만일 대왕께서 조선·숙신·변한 땅의 왕이 되고자 하신다면 송악에 성을 쌓고 나의 아들 왕건을 성주로 삼는 것이 좋을 것입니다."

궁예가 왕건에게 발어산성(勃禦山城)을 쌓게 하고 왕건을 성주로 임명했다. 이듬 해(897) 왕릉이 금성군에서 죽자 왕건은 영안성 강변의 석굴에 장사지내고 창릉(昌陵)이라 했다.

왕건은 아버지와 얽힌 옛일을 회상했다.

일찍이 왕륭은 49대 헌강왕 3년(877) 동리산문(桐裏山門)의 선승 도
선(道詵 · 827~898)의 예언대로 집을 지은 후 아들 왕건을 낳았다. 동리
산문은 신라 말, 고려 초에 형성된 구산선문(九山禪門)의 아홉 개 파(①가
지산문 ②실상산문 ③동리산문 ④희양산문 ⑤봉림산문 ⑥성주산문 ⑦사
굴산문 ⑧사자산문 ⑨수미산문) 중 하나다.

혜철(惠哲 · 785~867) 선사가 814년 당나라에 가 서당지장(西堂智藏
· ?~?)의 선법을 전수 받고 839년 귀국했다. 혜철이 전남 곡성 동리산에
태안사를 창건하고 선풍(禪風)을 일으키니 동리산문이다. 이 문하에서 여
(如 · ?~?) 윤다(允多 · 864~945) 경보(慶甫 · 868~945) 도선 등의 당대
고승이 배출됐다.

49대 헌강왕 2년(876) 초. 왕륭과 부인 몽녀(夢女) 한씨가 송악산 남
쪽 기슭에 신접 살림을 차린 지 얼마 안 된 때였다. 승려 도선이 당에 유학
해 풍수지리에 통달하고 귀국하던 길이었다. 때마침 왕륭 집 앞을 지나며
낮은 소리로 독백했다.

"어허, 기장 심을 자리에 어찌 삼을 심는가!"

한씨 부인이 이를 듣고 얼른 남편에게 말했다. 왕륭이 도선을 쫓아 가
가르침을 앙청했다. 도선이 입을 뗐다.

"내가 일러 주는 대로 집을 지으시오. 천지 대수가 부합해 내년에 반드시
슬기로운 아들을 얻을 것입니다. 아이를 낳으면 왕건이라 이름 지으시오."

도선이 간단한 글귀를 적은 봉투를 왕륭에게 전해 열어 보았다. 거기
에는 '삼가 글을 받들어 백 번 절하고 미래에 삼한을 통합할 대원 군자를
당신에게 드리노라.'고 쓰여 있었다. 왕륭도 백 번 절하고 도선이 일러 준

동리산문의 본찰 곡성 태안사 대웅전. 풍수지리의 비조 도선국사를 배출했다.

승려 도선이 당에 유학해 풍수지리에 통달하고 귀국하던 길이었다.
때마침 왕릉 집 앞을 지나며 낮은 소리로 독백했다.
"어허, 기장 심을 자리에 어찌 삼을 심는가!"
한씨 부인이 이를 듣고 얼른 남편에게 말했다. 왕릉이 도선을 쫓아 가
가르침을 앙청했다. 도선이 입을 뗐다.
"내가 일러 주는 대로 집을 지으시오. 천지 대수가 부합해 내년에 반드시 슬
기로운 아들을 얻을 것입니다. 아이를 낳으면 왕건이라 이름 지으시오."

대로 집을 지었더니 그 달부터 부인에게 태기가 있었다. 이듬 해(877) 1월 아들을 낳자 이름을 왕건이라 했다.

김관의가 지은《편년통록》에 기록된 바를《고려사》에 옮겨 적은 내용이다.

왕건은 고려(918~1392·475년 존속)를 창업한 태조(재위 918~943) 대왕이다. 자(字·남자가 성인이 되었을 때 이름 대신 부르는 副名)는 약천(若天)이다. 후삼국시대 궁예가 한반도 중부지방을 석권하며 강원도 철원에 도읍을 정하자 아버지와 함께 궁예의 부하가 되었다. 태조는 궁예의 명령으로 수많은 전투에 참전해 혁혁한 공을 세웠다.

900년 경기도 광주·당성(화성군 남양면), 충북 충주·청주·괴양(괴산)등의 군·현을 쳐 평정했다. 모두 한반도 중원의 전략 요충지였다. 궁예는 태조에게 아찬(17 관등 중 6급) 벼슬을 하사했다. 903년 3월에는 함대를 이끌고 서해로 기습해 견훤의 금성군(錦城郡)을 점령한 뒤 나주군을 설치했다. 인근 10여 군이 귀부했다.

이 밖에도 태조는 신라·후백제는 물론 호족들과의 수많은 전투에서 승리해 913년 파진찬(4급)이 된 후 시중 자리까지 올랐다. 이 같은 과정을 통해 태조는 궁예와 주위의 신망을 돈독히 쌓았다. 반면 궁예는 안하무인으로 기고만장했고 인명을 함부로 살상했다.

918년 6월. 폭정을 견디다 못한 궁예의 심복 부하들이 역모를 주도해 반란을 일으켰다. 궁예를 축출하고 태조를 새 임금으로 앉혔다. 궁예의 최측근 장군이었다가 하루아침에 왕이 된 태조의 국정 난관은 한두 가지가 아니었다.

태조의 주적(主敵)은 상주 가은현(경북 문경) 출신으로 궁예보다 앞서 완산주(전북 전주)에 후백제를 개국(892)한 견훤(867~936)이었다. 견훤은 한반도 서남(전라남·북도) 해안을 장악해 신라와 대척 관계를 이루며 중원(충청남·북도, 강원 중부, 경북 북부지역)에서 태조와 정면 대치했다.

망조에 든 신라는 견훤을 배척하며 고려 태조를 지원했다. 이로 인한 견훤의 반발은 고려 국기(國基)를 송두리째 흔들었고 신라는 멸망을 앞당겼다. 더욱 심각한 건 궁에 수하였던 옛 군벌들의 준동과 신라에서 귀부한 호족들의 조직적 저항이었다. 개국 초 역모 세력을 소탕한 태조는 전국을 통합체로 묶을 묘책 강구에 부심했다.

태조에겐 복안이 있었다. 전국 각 지역의 영향력 있는 호족·군벌들 딸을 왕비로 맞아 혈연관계를 맺는 혼인정책이었다. 애지중지 키운 딸을 태조에게 시집보낸 당사자들은 갑자기 약자 입장이 되었다. 혹시라도 딸의 신변에 변고라도 생길까 봐 태조의 정책에 무조건 호응했다.

딸이 없는 세력가 집안에는 아들이나 문중 대표를 송악으로 차출해 벼슬을 내린 뒤 철저히 감시했다. 이것이 내국인을 볼모로 삼아 반역을 사전 예방한 기인제도(其人制度)다. 정국은 차츰 안정돼 갔고 송악의 인구는 급속히 불어났다.

태조는 경기도 정주(풍덕) 출신의 본부인 유(柳)씨를 비롯해 28명의 후비를 더 두어 총 25남 9녀를 낳았다. 태조는 밤마다 후비를 바꿔 동침해 호족·군벌들을 안심시켰다. 태조의 이 같은 혼인·기인 정책은 국초 안정에는 기여했으나 25명이나 되는 왕자들의 왕권 싸움으로 국가 기반이 위태롭기도 했다.

첫 부인 유씨(신혜왕후·?~?)는 출산은 못했지만 태조 부하들이 반정을 도모할 때 선봉장이 돼 나설 것을 독려한 당찬 여인이었다. 태조의 부인 29명 성씨와 출산인 수(괄호 안)는 다음과 같다.

①신혜왕후 유씨(무후) ②장화왕후 오씨(1남) ③신명순성왕후 유씨(5남 2녀) ④신정왕후 황보씨(1남 1녀) ⑤신성왕후 김씨(1남) ⑥정덕왕후 유씨(4남 3녀) ⑦헌목대부인 평씨(1남) ⑧정목부인 왕씨(1녀) ⑨동양원부인 유씨(2남) ⑩숙목부인(1남). ⑪천안부원부인 임씨(2남) ⑫흥복원부인 홍씨(1남 1녀) ⑬후대량원부인 이씨(무후) ⑭대명주원부인 왕씨(무후) ⑮광주원부인 왕씨(무후) ⑯광주원부인 왕씨(1남) ⑰동산원부인 박씨(무후) ⑱예화부인 왕씨(무후) ⑲대서원부인 김씨(무후) ⑳소서원부인 김씨(무후). ㉑서전원부인(무후) ㉒신주원부인 김씨(무후) ㉓월화원부인(무후) ㉔소황주원부인(무후) ㉕성무부인 박씨(4남 1녀) ㉖의성부원부인 홍씨(1남) ㉗월경원부인(무후) ㉘몽량원부인 박씨(무후) ㉙해량원부인(무후). 태조의 육신은 야위어 갔다.

유수 같은 세월이 덧없이 흘러갔다. 태조 26년(943) 5월. 태조의 보령 67세였다. 밤마다 흉몽에 가위 눌리고 용상에 오를 때마다 발을 헛디뎌 다리가 휘청거렸다. 태조는 자신의 죽음이 임박했음을 직감했다. 살아 있는 생명체 모두가 피할 수 없는 죽음에 비감이 서려 왔다.

태조는 신료 중 가장 신임하는 대광(大匡 · 고려 16관제 중 3급, 종1품) 박술희(朴述希 · ?~945)를 내전으로 불렀다. 박술희도 왕건 사후의 왕권 승계 문제를 놓고 25 왕자 간 싸움이 치열함을 잘 알고 있었다. 태조는 모후 집안이 비록 미천하지만 장남 무(武 · 2대 혜종)의 태자 책봉을 신신 당부했다.

태조는 또한 자손들을 훈계하기 위해 몸소 지은 열 가지 유훈을 전하며 후세의 귀감으로 삼도록 유언했다. 이것이 훈요십조(訓要十條)다. 훈요

고려 역사를 기술한《고려사》.(국립중앙박물관 소장)

십조는 고려 왕실의 수범적(垂範的) 헌장으로 태조의 신앙 · 정책 · 사상 · 규범 등이 망라된 귀중한 유조(遺詔)이다.

훈요십조 내용은《고려사》〈태조세가〉 26년 4월 조(條)와《고려사절요》26년 4월조에 실려 있다. 이 밖에도 태조는《정계(政誡)》1권과《계백료서(誡百寮書)》8권을 친히 저술했다. 두 저술은 새 고려 왕조의 정치 도의와 신하들이 준수해야 할 절의를 훈계했으나 현재 전하지 않는다.

훈요십조는 서론격인 신서(信書)와 본론인 10조로 구성돼 있다. 신서와 10조 내용을《고려사》에서 약술해 전재한다.

신서: 내 들건대 순(舜)은 역산(歷山)에서 밭을 갈다가 요(堯)의 양위를 받았다. 한고조(漢高祖)는 패택(沛澤)에서 일어나 드디어 한의 왕업을 이룩하였다. 나도 평범한 집안에서 일어나 왕으로 추대되었다. 더위와 추위를 무릅쓰고 마음과 몸을 몹시 고달피 해 가면서 19년 만에 국내를 통일하였다. 즉위 25년 해에 몸은 이미 늙었다. 행여나 후사들이 방탕하여 기강을 문란하게 할까 두려워하여《훈요》를 지어 전하노니 조석으로 읽어 귀감으로 삼으라.

· 1조: 국가의 대업은 여러 부처의 호위를 받아야 하는 까닭에 선(禪)·교(敎) 사원을 개창한 것이다. 후세 간신이 정권을 잡고 승려들의 간청이 뒤따르더라도 각기 사원을 경영·쟁탈하지 못하도록 하라.

· 2조: 신설한 사원은 도선(道詵)이 산수의 순역(順逆)을 점쳐 놓은 데 따라 세운 것이다. 도선의 말에 "정해 놓은 이외의 땅에 함부로 절을 세우면 지력을 손상하고 왕업이 깊지 못하리라."고 하였다. 후세의 국왕·공후(公侯)·후비(后妃)·조신(朝臣)들이 각기 원당(願堂)을 세울까 봐 큰 걱정이다. 신라 말 사탑을 다투어 세우고 지덕을 손상시킨 업보로 나라가 망한 것이니 어찌 경계하지 아니하랴.

· 3조: 왕위 계승은 맏아들로 함이 상례이다. 만일 맏아들이 불초할 때는 둘째 아들에게, 둘째 아들이 그러할 때는 그 형제 중에서 중망을 받는 자에게 대통을 잇게 하라.

· 4조: 우리 동방은 예로부터 당의 풍속을 숭상하여 왔다. 예악·문물을 모두 거기에 좇고 있으나 풍토와 인성이 다르므로 반드시 같이 할 필요는 없다. 더욱이 거란은 금수의 나라이고 풍속과 말이 다르니 의관 제도를 본받지 말라.

· 5조: 나는 우리나라 산천의 신비력에 의해 통일 대업을 이룩했다. 서경(西京·평양)의 수덕(水德)은 순조로워 우리나라 지맥의 근본을 이루고 있다. 사중(四仲, 子·午·卯·酉가 있는 해))마다 순수(巡狩)하여 100일을 머물면서 안녕과 태평을 이루게 하라.

· 6조: 나의 소원은 연등(燃燈)과 팔관(八關)에 있다. 연등은 부처를 제사하고 팔관은 하늘과 오악(五岳)·명산대천·용신 등을 봉사하는 것이다. 후세의 간신이 신위(神位)와 의식 차(差) 가감을 건의 못하게 하라. 나

도 마음속에 회일(會日)이 국기(國忌·황실 祭日)와 마주치지 않기를 바라고 있으나 군신이 동락하며 제사를 경건히 행하라.

· 7조: 임금이 신민(臣民)의 마음을 얻기는 매우 어려운 일이다. 간언(諫言)을 받아들이고 참소(讒訴)를 멀리하는 데 있다. 백성을 부리되 때를 가려하고 용역과 부세(賦稅)를 가벼이 하며 농사의 어려움을 알아야 한다. 상벌이 공평하면 음양도 고를 것이다.

· 8조: 차현(車峴·차령산맥) 이남 공주강(公州江·錦江) 밖의 산형 지세가 모두 본주(本主)를 배역(背逆·금강이남 산세가 남에서 북으로 역주함)한다. 인심 또한 그러하다. 저 아랫 군민이 조정에 참여해 왕후·국척(國戚)과 혼인 맺고 정권을 잡으면 나라를 어지럽힐 것이다. 통합(후백제 합병)의 원한을 품고 반역을 감행할 것이다. 비록 양민이라도 벼슬자리에 용사 못하게 하라.

· 9조: 무릇 신료의 녹봉은 나라의 대소에 따라 정할 것이고 함부로 증감해서는 아니 된다. 고전에 이르기를 "녹은 성적으로써 하고 임관은 사정으로써 하지 말라."고 했다. 항상 병졸을 사랑하고 애달피 여겨 요역(徭役)을 면하게 하라. 용맹한 자를 마땅히 승진시킬 지어다.

· 10조: 국가를 가진 자는 항상 무사한 때를 경계하라. 널리 경사(經史)를 섭렵하여 예를 거울로 삼아 현실을 경계하라. 주공(周公)과 같은 대성도 무일(無逸·방심하지 말 것) 1편을 지어 성왕(成王)에게 바쳤으니 날마다 보고 살피라.

이처럼 태조는 문·무를 겸비한 탁월한 군주였다. 당나라 시인 이태백(李太白·701~762, 본명 李白)을 흠모해 그의 시 소사(所思:그리워하는 바)를 즐겨 암송했다. 태조가 친히 필사했다는 어필시가 전한다.

동림송객처(東林送客處: 동림은 손님을 배웅하는 곳)/

월출백원제(月出白猿啼: 달이 뜨자 흰 원숭이도 우네)/

소별여산원(笑別廬山遠: 웃으며 이별하나 여산은 멀고머니)/

하번과호계(何煩過虎溪: 호계 넘는 것을 어찌 번거롭다하라).

재위 26년 만인 943년 6월 임신일. 태조가 승하했다. 조정에서는 시호를 신성(神聖)으로 봉정했다. 제1부인 신혜왕후 유씨와 경기도 개풍군 중서면 곡령리에 예장한 뒤 능호는 현릉(顯陵)으로 작호했다. 태조의 상·장례와 원릉(園陵) 제도는 중국의 한문제(漢文帝)·위문제(魏文帝)의 고사에 따라 치러졌다. 태조의 유언이었다.

한반도에 존속한 역대 임금 중 태조 왕건의 재궁(梓宮·왕의 시신을 넣은 관)처럼 수난을 당한 예는 일찍이 없다. 전란에 휘말리거나 도굴꾼이 들 때마다 태조 시신은 이운(移運)과 복장(復葬)을 거듭했다.

①8대 현종 1년(1010)=제2차 거란의 침입으로 태조 재궁을 부아산 향림사에 이치 하였다가 1016년 1월 다시 현릉에 이장 ②1018년 거란의 3차 침입으로 재궁을 부아산 향림사로 옮겼다가 1019년 11월 다시 현릉에 복장 ③11대 문종 13년(1059) 5월 현릉 묘실을 도적이 파헤쳐 시위대장군 은정(殷貞·?~?) 등이 투옥됨 ④23대 고종 4년(1217) 3월 김산·김시의 난으로 현릉이 위태롭게 되자 장군 기윤위(奇允偉·?~?)를 보내 재궁을 봉은사로 옮김 ⑤23대 고종 19년(1232) 몽골군 침입으로 재궁을 다시 강화도로 이장 ⑥24대 원종 11년 (1270) 강화도 이판동에 건물을 짓고 재궁을 임시로 이장 ⑦25대 충렬왕 2년(1276) 9월 강화도에서 다시 현릉으로 복장.

전투 중 태조 왕건이 물을 마셨다는 어수정(御水井). 숭의전 입구에 있다.

1930년 간행된《일본지리 풍속대계》〈조선편〉에 현릉 비를 촬영한 사진이 전한다. 정면에 〈고려태조왕현릉(高麗太祖王顯陵) 신혜왕후유씨부(神惠王后柳氏祔)〉라고 새겨져 있다. 현릉의 각 부분은 후대 들어 보수한 흔적이 많다고 전해진다.

경기도 연천군 미산면 숭의전로에 가면 태조 왕건과 고려 충신 16명의 위패가 봉안된 숭의전(崇義殿)이 있다. 고려 왕조의 종묘다. 숭의전에는 고려를 부흥시킨 4대왕(1대 태조, 8대 현종, 11대 문종, 24대 원종)과 충신 16명(홍유 배현경 신숭겸 복지겸 유금필 서희 강감찬 윤관 김부식 김취려 조충 김방경 안우 이방실 김득배 정몽주)의 위패가 안치돼 있다.

이곳은 태조가 궁예 휘하에 있을 적 전쟁에서 승리한 후 철원 궁성으로 귀환하던 군사요충지다. 배를 타고 임진강을 거슬러가다 날이 저물면 인근 앙암사(仰巖寺 · 태조가 소원을 빌던 원찰)에서 묵었다. 조선 태조 어명으로 영건됐으나 한국전쟁(6 · 25) 때 소실된 것을 1973년 복원했다.

경애왕의 이름은 박위응으로 54대 경명왕의 동복아우다. 박위응은 경명왕 즉위 1년 상대등에 임명돼 조정 실세로 군림하다 경명왕이 후사 없이 훙서하자 924년 8월 등극했다.

비운의 경애왕릉. 경주 포석정 연회 도중 견훤에게 기습 당해 왕은 자살하고 왕비는 겁탈 당했다. 왕경 서라벌도 유린 당해 국가 기능이 마비됐다.

견훤에 발각되어 자진으로 생을 마감
박씨 왕조가 막을 내리다

삼면이 바다로 둘러싸인 한반도는 내륙의 영토가 협소했다. 군웅이 할거해 신생국이 창업될 때마다 인접국 국경은 전장(戰場)으로 변했다. 한 치의 땅이라도 선점하기 위한 새 왕조의 군주들은 자국 장정들을 징발해 전쟁을 일삼았다. 제국(諸國)들 사이의 국경은 수시로 바뀌었다. 어느 땅 어느 나라에 거주해도 살아가긴 마찬가지였던 백성들의 삶만 곤고(困苦)했다.

고조선(BC 2333~BC 1122) 이후 BC 2세기~BC 1세기경의 원(原) 삼국시대(마한 · 진한 · 변한)에도 도시 소국(小國)들 간 영토싸움은 멈춘 적이 없다. 고구려 · 백제 · 신라의 삼국시대로 접어든 BC 1세기~7세기에는 가야까지 포함한 4국 사이 전쟁이 간단(間斷) 없이 지속됐다. 땅은 그대로였으나 병사들은 죽어 땅에 묻혔고 국가들도 자주 명멸했다.

신라의 삼국통일(668) 이후 한반도 내륙의 백성들은 항구적인 평화 세상이 도래할 줄 알았다. 여망은 빗나갔다. 고구려 유장(遺將) 대조영 (?~719)이 북방 만주에 발해를 건국(698)하면서 남국(신라) · 북국(발해)의 2국시대가 전개된 것이다.

발해는 신라가 당나라와 합세해 고구려를 멸망시킨 데 대한 원한을 품고 통일 신라를 경원시하며 사신조차 교빙(交聘)하지 않았다. 일본과 교류 시에도 근거리인 신라의 영토를 경유하지 않고 위험천만한 동해 바닷길로 우회했다. 신라도 발해 사신의 한반도 통과를 허용하지 않았다. 두 나라는 원수지간이었다.

패강(浿江 · 평안남도 대동강) 이남의 신라 전국 백성들은 삼국통일을 완수한 김씨 왕조에 큰 기대를 걸었다. 허상이었다. 외환(外患)이 진정되자 내우(內憂)가 엄습했다.

진골 왕족(김춘추 계)과 가야 왕족(김유신 계) 사이의 권력 암투(29대 무열왕~37대 선덕왕), 17대 내물왕 계 혈족 간의 피비린내 나는 왕위 계승 싸움(38대 원성왕~52대 효공왕), 개국 왕족 박씨 왕조의 복귀에 따른 국정 혼란(53대 신덕왕~55대 경애왕) 등에서 파생된 처절한 권력 투쟁이다.

일련의 내란 속에서 신라의 국력은 극도로 쇠약해져 갔다. 전국 방방곡곡에서 역모 세력이 준동(蠢動)했다. 나라를 가릴 것 없이 한반도 전역의 전략 요충지가 전쟁터였다. 통제력을 상실한 신라 중앙 조정은 수수방관 외에 다른 방도가 없었다.

AD 10세기(900~999) 초 한반도에는 신라 · 후백제 · 고려의 후삼국 시대가 고착되며 새로운 통일 전쟁이 벌어졌다. 그 후 삼국 간 전쟁이 막바지 상황으로 치달은 게 55대 경애왕(재위 924~927) 때다. 아울러 이 시기에는 북국 발해가 멸망해 한민족 영토사(領土史)에 통한을 남기기도 했다.

경애왕(景哀王 · 이하 왕)의 이름은 박위응(朴魏膺)으로 54대 경명왕의 동복아우다. 박위응은 경명왕 즉위 1년(917) 상대등에 임명돼 조정 실세로 군림하다 경명왕이 후사 없이 훙서하자 924년 8월 등극했다.

왕은 후백제의 왕 견원은 극도로 혐오했으나 고려 태조 왕건에게는 매우 우호적이었다. 즉위하자마자 고려에 사신을 보내 왕건을 예방토록 하고 교린 관계를 요청했다. 노(老)대국 신라가 신생국 고려를 공인한 것이다. 견훤도 이를 잘 알았다.

한반도의 정세는 날로 악화됐다. 막상막하 대등한 군사력을 보유한 견훤과 왕건은 때와 장소를 가리지 않고 수시로 싸웠다. 망조에 든 신라의 군사력은 미미했으나 양측 간 팽팽한 접전 중 신라군의 가세는 승패를 좌우했다. 왕은 견훤을 악의적으로 비방하며 왕건 편에 서서 고려군을 지원했다.

왕은 왕건을 부추겨 견훤과 전쟁하도록 이간질했다. 왕건도 이를 수용하며 전략적으로 활용했다. 어느덧 신라의 민심은 왕건에게로 기울었다. 견훤은 절치부심했고 신라의 영토를 공격하며 복수를 다짐했다. 견훤의 포악성을 잘 아는 신라 조정의 원로대신들은 크게 우려했다.

왕 2년(925) 10월 고울부(高欝府 · 경북 영천) 장수 능문(能文 · ?~?)이 고려에 자진 투항했다. 고울부는 왕경 서라벌의 바로 턱 밑이었다. 왕건은 왕의 신라 병합 의혹을 불식시키고자 부하들만 수용하고 능문은 돌려보냈다.

영계와 세속을 가르는 경애왕릉 앞 금천교. 능 좌측에서 우측으로 물길이 휘감는다.

견훤의 기습을 받은 왕은 도성 남쪽 별궁으로 황급히 피신했다.
견훤군의 정탐 수색 끝에 발각된 왕은 치욕을 당하기 전
자진으로 생을 마감했다. 분을 삭이지 못한 견훤이 왕비를 찾아내
강간했다. 떨고 있는 왕의 비첩(婢妾)들은 부하들이 돌려가며
윤간하도록 방관했다. 신국 신라왕의 참담한 말로였다.

왕건의 도량에 감복한 신라의 호족·군벌들이 각자도생으로 앞다퉈 고려로 내부했다. 신라 조정은 어쩌지 못했다. 신라의 멸망을 확신한 왕건은 신라왕을 굳이 자극할 필요가 없다고 판단했다.

북국 발해도 멸망이 눈앞이었다. 왕 2년(925) 9월 거란군의 공격으로 도성이 함락 직전에 이르자 발해 신덕(申德·?~?) 장군이 500여 병사와 함께 고려로 투항했다. 같은 해 예부경 대화균(大和鈞·?~?)을 비롯한 대(大)씨 왕족들도 대거 내부했다.

절박해진 15대 왕 대인선(大諲譔·재위 906~926)이 신라에 사신을 보내 통교를 긴급 요청했다. 견원지간으로 질시하던 발해의 사신 파견은 굴복과 다름없었다. 신라 조정은 단호히 거절하며 외면했다. 반면 고려는 신라 호족과 발해 유민을 전폭 수용해 국력을 신장시켰다. 왕건은 발해에도 사신을 보내 은밀히 선린을 다졌다.

왕 2년(925) 11월부터 시작된 조물성(曹物城·경북 안동) 전투는 후백제·고려의 장기 소모전으로 양국군 모두가 기진맥진해 있었다. 견원이 먼저 화친을 제의하자 왕건도 수용했다. 왕이 사신을 보내 휴전을 만류하며 왕건을 훈수했다.

"견원은 간사하고 협잡이 많은 인간이니 화친해서는 아니됩니다. 전쟁에서 반드시 승리해 기를 꺾어놔야 합니다."

노회한 왕건은 내심 불쾌했으나 속으로 인내하며 왕에게 답신을 보냈다. 우군을 포용하려는 배려가 담긴 내용이었다.

"내가 견원과 화친함은 그를 두려워함이 아닙니다. 견원의 죄악이 가득차 스스로 넘어질 때를 기다릴 뿐이오."

이를 뒤늦게 안 견원이 격노했다. 처족이자 사위인 진호(眞虎·?~?)를

쓸쓸한 왕릉 안내석. 견훤군의 침입으로 경애왕은 치욕을 당하기 전 자진으로 생을 마감했다.

고려에 볼모로 보낸 왕건과 화해를 요청했다. 소모전에 희생이 컸던 왕건도 이에 응했다. 왕건도 사촌동생 왕신(王信 · ?~?)을 견훤에게 볼모로 보내면서 양국 간 전쟁은 일단 멈췄다. 허를 찔린 신라 조정이 당황했다.

박빙처럼 유지되던 화친은 엉뚱한 사단으로 파기됐다. 인질로 간 진호가 고려에서 병사한 것이다. 왕건은 진호의 시신을 지성으로 수습해 견훤에게 보냈다. 왕건이 고의로 죽였다고 단정한 견훤은 왕신을 죽여 고려로 보냈다.

분노한 왕건이 전쟁 재개를 선포했다. 왕 4년(927) 11월 두 나라 사이에 전면전이 벌어졌다. 이번에도 신라 조정은 궁궐 수비군을 고려군에 합류시켜 후백제 군을 협공했다. 견훤은 고려와의 전쟁보다 신라왕을 제거하기로 결심했다.

이즈음 발해 왕 대인선은 거란 태조 야율아보기(耶律阿保機 · 872~926)의 팽창 전쟁에 맞서 군사력을 증강했다. 삼국(신라 · 후당 · 일본)에 사신을 급파해 연합 전선 구축을 시도했으나 3국이 불응했다. 발해는 수도의 잦은 이전과 관리들의 부정부패로 국가 기강이 붕괴되고 백성

포석정. 경애왕이 신하들과 연회를 즐기다 견훤에게 기습 당한 장소다.

들도 등을 돌렸다. 발해-거란의 주요 무역 통로이자 전략 요충지였던 거란
도(契丹渡)에 대한 발해의 방비도 허술했다.

왕 2년(925) 12월. 이 틈새를 노린 야율아보기가 20만 대군을 동원
해 발해를 급습했다. 거란의 대원수 요골(堯骨 · ?~?)을 위시한 부장(副將)
들은 북방의 맹추위 전투에 숙달된 백전노장이었다. 발해 군은 부여부-상
경용천부로 통하는 주요 군사 보급로를 저항 한 번 못해 보고 점령당했다.
보급로가 차단된 발해 군은 사면초가로 고립됐다.

침공 보름 만인 다음해(926) 1월. 무방비 상태였던 발해의 수도 상경
용천부가 포위됐다. 발해왕이 항복했다. 북방 제국 발해가 개국 229년 만
에 멸망한 것이다. 국방을 소홀히 하고 대신들 간 권력 싸움이 초래한 예
고된 종말이었다.

야율아보기는 발해의 옛 땅에 동단국(東丹國 · 926~930)을 세운 뒤 태
자 야율배(耶律倍 · 900~937)를 왕으로 보내 통치를 맡겼다. 926년 7월에
는 거란군에 마지막까지 저항하던 발해의 103성(省) 모두가 투항했다.

거란군은 회군하며 망국 왕 대인선을 본토로 끌고 갔다. 대인선과 왕

비를 비롯한 왕족들은 거란이 정해 준 상경임황부(上京臨潢府) 서쪽에서 구차한 목숨을 연명했다. 거란의 조정은 대인선과 왕비에게 새 이름을 지어줬다. 대인선의 이름 오로고(烏魯古)와 왕비의 이름 아리지(阿里只)는 야율아보기와 그의 왕비가 타던 말 이름이었다. 야율아보기는 그해(926) 7월 죽었다.

요사(遼史) 중 국어해(國語解)에 전하는 기록이다. 거란족은 북방 퉁구스족과 몽골의 혼혈로 동호계(東胡系)에 속한다.

신라왕은 발해 멸망의 급보를 접하고 큰 충격을 받았다. 이 판국에 연이은 지방 호족들의 고려 귀순으로 신라의 영토는 날이 갈수록 좁아졌다. 왕은 천하 민심을 얻은 왕건에게 의지해 후백제를 멸망시키고 국가를 유지하려 했다. 전쟁이 발발할 때마다 신라군을 파병해 고려군을 지원했다.

왕 4년(927) 11월. 이 해는 후백제 개국 36년으로 고려는 개국한 지 10년이었다. 양국 간 인질 살해 사건으로 견훤군과 왕건군 충돌이 고울부(古鬱府·경북 영천)에서 또다시 발생했다. 초반 전세가 유리했던 후백제군이 후반 들어 불리해졌다. 견훤은 신라군의 왕건군 지원으로 균형이 깨졌음을 알았다. 분기탱천한 견훤이 고울부 전투를 부장에게 맡기고 말 머리를 왕경 서라벌로 돌렸다.

왕은 이 시각 자신이 지원한 군사 덕분에 후백제군이 패할 것을 낙관하며 포석정(鮑石亭)에서 연회를 즐기고 있었다. 동석한 조정 대신들은 왕이 내린 하사주(酒)를 마시면서도 수시로 변하는 전황 보고에 좌불안석이었다.

포석정은 경북 경주시 배동 남산 서쪽 계곡 가에 있는 정자로 통일신라 때 건립된 것으로 추정된다. 정자 아래의 물이 흐르는 수구(水溝)에 술

봉분 앞 초라한 상석. 경애왕은 노골적으로 견훤을 비방하며 왕건의 편에 서서 화를 자초했다.

잔을 띄우고 술잔이 자기 앞에 멈추면 문무백관이 즉흥시를 읊으며 가무를 즐기던 장소다. 포어(鮑魚) 형태의 수구가 현재까지 남아 있다.

견훤의 기습을 받은 왕은 도성 남쪽 별궁으로 황급히 피신했다. 견훤군의 정탐 수색 끝에 발각된 왕은 치욕을 당하기 전 자진(自盡)으로 생을 마감했다. 분을 삭이지 못한 견훤이 왕비를 찾아내 강간했다. 떨고 있는 왕의 비첩(婢妾)들은 부하들이 돌려가며 윤간하도록 방관했다. 신국 신라왕의 참담한 말로였다.

견훤은 왕의 외종제(외사촌 동생) 김부(金傅·?~978)를 허수아비 왕으로 옹립했다. 신라의 마지막 임금 56대 경순왕이다. 견훤은 왕실의 수장 효렴(?~?)을 비롯한 종실 자녀와 영경(재상) 등을 볼모로 잡아 후백제로 압송했다. 군사 무기와 군마는 물론 궁중의 보물을 닥치는 대로 탈취했다. 각 분야의 장인(匠人)들까지 끌고 가 국가의 기능을 마비시키고 신라를 떠났다.

졸지에 왕이 된 김부는 왕의 시체를 궁궐 대청에 안치하고 대신들과 논의해 경애(景哀)란 시호를 지어 올렸다. 비록 견훤에 의해서지만 박씨 왕실이 다시 김씨 왕실로 복원된 것이다. 53대 신덕왕 즉위 이후 15년 만이었다. 김씨 왕족들은 내심 반겼다.

경애왕의 가족과 조정 대신들은 후백제로 끌려간 이후 종적을 알 길이 없다. 왕비에 대한 기록도 없으며 견훤에게 강간당한 행적이 사서에 전해올 뿐이다.

경애왕릉(사적 제222호)은 경북 경주시 배동 산 73-1번지 남산 북서쪽 말단에 조영됐다. 봉분 직경 13m, 높이 3.5m의 원형 봉토분으로 최근 설치한 상석 외에 다른 상설(象設)이 없다. 좌향은 을좌신향(乙坐辛向)으로 서쪽으로 15도 기운 남향이다. 봉분 저부에 호석으로 보이는 자연석이 노출돼 있을 뿐 민묘와 구별이 어렵다. 경애왕릉 북쪽 300m 지점에 배동삼릉이 있다.

《삼국사기》에는 경애왕을 남산 해목령(蟹目嶺)에 장사를 지냈다는 기록이 전한다. 해목령은 현 경애왕릉에서 남산 쪽으로 2km 아래 지점에 있다. 역사학계에서는 해목령 서북쪽으로 200m 거리에 있는 7대 일성왕(사적 제173호) 능을 경애왕릉으로 비정하고 있다.

후백제의 개국시조 견훤왕은 신라 48대 경문왕 7년에 태어나 후백제 2대 신검왕 1년 69세로 세상을 떠났다. 궁예·왕건과 더불어 후삼국시대의 3대 걸출 영웅이었다.

견

훤

충남 논산시 연무읍에 있는 견훤왕릉. 서자 금강을 편애하다 장남
신검에게 배신 당하자 자신이 건국한 후백제를 멸망시켰다.

후백제
견훤

아버지 아들과도 원수되어
파란만장 일생을 마감하다

후백제(後百濟·892~936)의 개국시조 견훤왕(甄萱王·867~936)
은 신라 48대 경문왕 7년(867)에 태어나 후백제 2대 신검왕(神劍王·재
위 935~936)) 1년(936) 69세로 세상을 떠났다. 궁예(857~918)·왕건
(877~934)과 더불어 후삼국시대의 3대 걸출 영웅이었다.

9세기 말 10세기 초 후삼국 시대를 풍미했던 견훤왕(이하 견훤)의 일
생은 참으로 기구하고 파란만장했다. 견훤은 자식과의 권력 갈등을 극복
하지 못하고 황산골 어느 산사에서 쓸쓸히 죽었다. 견훤이 아버지 아자개
(阿慈介·?~?)와 불화해 원수가 되었듯이 견훤도 아들 신검과의 불화로
비참한 최후를 맞았다.

견훤의 출생 연도와 생장 과정에 대해서는《삼국유사》견훤 조(條)에
상세히 기록돼 있다. 먼저《삼국사》본전(本傳)의 기록이다.

견훤왕릉 안내 표지판. 후삼국 시대를 풍미했던 견훤왕의 일생은 참으로 기구하고 파란만장했다.

　'견훤은 상주 가은현(加恩縣·경북 문경) 사람으로 함통(咸通·당 17
대 의종 연호) 8년(867·丁亥年)에 태어났다. 본래 성은 이(李)씨인데 나
중에 견(甄)으로 성을 삼았다. 견훤의 아버지 아자개는 광계(光啓) 연간
(885~887) 사불성(沙弗城·경북 상주)을 차지하고 스스로 장군이라 칭하
였다. 아자개는 네 아들이 있어 모두 세상에 알려졌는데 그중 견훤이 남보
다 뛰어나고 지략이 출중했다.'

　다음은《삼국유사》의 기록이다.

　《이제가기〈李磾家記〉》에는 이렇게 말하였다.《이제가기》는 이제의 사
가 기록으로 견훤가(家) 왕통 세계를 체계화한 종족기다. 신라 24대 진흥
왕(재위 540~576)의 왕비 사도(思刀)부인 시호는 백융(白駮)이다. 백융
부인의 셋째 아들은 구륜공(仇輪公)이다. 구륜공 아들인 파진간(波珍干) 선
품(善品·?~?)이 아들 각간 작진(酌珍·?~?)을 낳았다. 작진이 왕교파리
(王咬巴里·?~?)를 아내로 맞아 각간 원선(元善·?~?))을 낳으니 이 사람
이 바로 아자개이다. 아자개의 첫째 아내는 상원부인(上院夫人)이고 둘째
아내는 남원부인(南院夫人)으로 이 둘은 아들 다섯과 딸 하나를 낳았다. 맏

아들은 상보(尙父) 견훤이고, 둘째는 장군 능애(能哀), 셋째는 장군 용개(龍蓋), 넷째는 보개(寶蓋), 다섯째는 장군 소개(小蓋), 딸은 대주도금(大主刀金)이다.'

《삼국유사》는 이어진다.

'또《고기〈古記〉》에는 이렇게 말하였다. 옛날 한 부자가 광주(光州·경북 상주) 북쪽 마을에 살고 있었다. 그에게는 딸 하나가 있었는데 용모가 매우 단아했다. 어느 날 딸이 아버지에게 말했다. "매일 자주색 옷을 입은 한 남자가 침실로 와 관계를 맺고 갑니다." 아버지가 답했다. "네가 실을 바늘에 꿰어 그 사람 옷에다 꽂아 놓아라." 딸이 그렇게 했다. 날이 밝아 북쪽 담장 아래에서 풀려 나간 실을 찾았는데 실이 큰 지렁이 허리에 꿰어 있었다. 그 후 딸이 임신하여 사내아이를 낳았다. 아이가 15세가 되었는데 스스로 견훤이라 일컬었다.'

견훤은 성장하며 용모와 체격이 특출했고 포부와 기풍이 남달랐다. 스스로 뜻을 세워 종군했다. 무작정 왕경 서라벌로 가 세상 구경을 하다 뜻한 바 있어 서남해안의 변방 비장(裨將·지방 감사 또는 유수의 호위 무사)이 되었다.

이후 견훤은 아버지 아자개가 농민군을 일으켜 상주성을 장악하고 군벌을 형성하자 고향으로 돌아와 아버지를 도왔다. 그러나 아자개는 본처의 자식 견훤을 홀대하고 후처 소생 4남 1녀를 편애했다. 견훤은 절치액완(切齒扼腕)했고 얼마 후 서라벌 인근으로 진출해 독자 군벌을 형성했다.

당시 신라는 51대 진성여왕(재위 887~897)이 즉위하며 조정에 탐관오리들이 들끓고 매관매직이 성행했다. 여왕의 총애를 받는 몇몇 권신들

전북 김제시 금산사 내 미륵전. 견훤이 아들 신검에 의해 유폐됐던 절이다.(사진 문화재청)

무진주에서 국초 기반을 다진 견훤은 900년 완산주를 순행하고
그곳에 도읍지를 새로 정했다. 국호를 후백제라 칭한 뒤 비로소 왕으로
등극하고 관제를 정비해 국가 면모를 갖췄다. 신라 조정·군사 제도를
그대로 따랐고 귀순자들을 무차별 수용했다. 660년 나당연합군에 멸망한
백제를 이었다며 백제 유민들을 결속시키고 신라의 병합을 공언했다.

의 국정 농단으로 조정 기강이 마비됐다. 왕실 권위는 땅에 추락했고 지방은 호족·군벌들에게 점령당해 국가의 통제력을 상실했다. 여왕은 색탐에만 몰두해 누구의 자식인지도 모르는 아이를 여럿 낳았다.

가렴주구(苛斂誅求)를 견디다 못한 유민(流民)들이 초적(草賊·곡식단을 훔치는 좀도둑) 떼로 변해 아사 직전의 백성들을 약탈했다. 애써 키운 자식들을 팔아 죽지 못해 살아가는 참상이 도처에서 속출했다. 절망한 백성들은 조정에 반기를 든 호족이나 군벌들의 편에 서서 구차한 목숨을 의탁했다.

사불성 지배권을 둘러싼 아자개와 견훤 부자 간 대립이 날로 격화됐다. 견훤의 이복동생들은 아자개와 함께 견훤 살해를 모의했다. 견훤은 슬피 울며 세상에 의지할 건 오직 자신 밖에 없음을 깨달았다. 목숨이 경

견훤왕릉 비. 근자에 건립한 것이다.

각에 달린 견훤은 892년(진성여왕 6년) 아자개와 결별하고 사불성을 떠났다.

견훤의 웅지와 결심을 알아차린 아자개 부하들의 상당수가 견훤 휘하로 결집했다. 상주성과 서라벌 인근의 많은 농민들도 뒤따랐고 견훤이 이르는 곳마다 백성들이 호응했다. 견훤은 새로운 광명천지를 약속했고 과중한 조세 감면과 불공정한 부역 철폐를 공언했다. 민초들은 새 세상에 대한 기대와 희망으로 부풀었다.

견훤은 신라 영토 서남부 요충지인 무진주(武珍州·전남 광주)를 공격해 점령한 뒤 새 왕조의 개국을 선포했다. 견훤은 스스로를 다음과 같이 칭했다. 왕이라고만 안했지 왕보다 더 막강한 권력을 장악한 최고 군주의 칭호였다. 욱일승천하는 견훤의 기세는 하늘을 찌르고도 남았다. 견훤 나이 26세였다.

'신라서면(新羅西面) 도통지휘(都統指揮) 병마제치(兵馬制置) 지절도독(持節都督) 전무공등(全武公等) 주군사(州軍事) 행(行) 전주자사(全州刺使) 겸(兼) 어사중승(御使中丞) 상주국(上柱國) 한남군(漢南郡) 개국공(開國公) 식읍(食邑) 二千戶(2천호)'.

견훤은 북원(강원도 원주)의 군벌 적수(賊首) 양길(梁吉·?~?)에게 원치도 않는 비장 벼슬을 내리는 등 중원의 맹주를 자처했다. 무진주에서 국초 기반을 다진 견훤은 900년(52대 효공왕 4년) 완산주(전북 전주)를 순행하고 그곳에 도읍지를 새로 정했다.

국호를 후백제라 칭한 뒤 비로소 왕으로 등극하고 관제를 정비해 국가 면모를 갖췄다. 신라 조정·군사 제도를 그대로 따랐고 귀순자들을 무차별 수용했다. 660년 나당연합군에 멸망한 백제를 이었다며 백제 유민(遺

民)들을 결속시키고 신라의 병합을 공언했다. 망국한을 품고 살아가던 한반도 중서부 일대 백제 백성들이 순식간에 운집했다.

개국 이후 후백제 국력은 급격히 성장했다. 우후죽순처럼 봉기하던 지방 호족·군벌들이 신라에 등을 돌리고 견훤에게 투항했다. 후백제는 901년 궁예가 태봉(泰封)을 건국할 때까지 신라를 제치고 한반도에서 가장 강력한 국가로 군림했다. 견훤의 독주는 궁예 휘하의 맹장 왕건에게 후백제의 영토 금성(錦城·전남 나주)이 점령당하며 끝이 났다.

한반도 정세는 하루가 다르게 급변했다. 잔학무도한 궁예의 횡포에 궐기한 왕건 세력이 궁예를 축출하고 고려를 건국(918) 했다. 신라·후백제·고려의 후삼국시대가 본격 도래했다. 견훤과 왕건은 용호상박의 맞수였다. 한때는 인질을 맞교환하며 화친 관계를 유지했으나 오래가지 않았다. (후고구려 궁예 편 참조)

925년(55대 경애왕 2년) 고려에 갔던 후백제 인질의 사망으로 후백제·고려 간 전쟁이 발발했다. 양국 사이의 전투는 영일(寧日) 없이 계속됐다. 양국의 수많은 장정들이 싸움터에서 죽어갔다. 견훤은 가는 곳마다 현지 장정들을 징발해 전쟁에 투입했다. 견훤을 믿고 따라 나섰던 백성들이 등을 돌리기 시작했다.

견훤과 왕건의 팽팽하던 세력 균형은 순식간에 무너졌다. 918년 9월 사불성 적수(賊帥) 아자개가 아들 견훤을 버리고 왕건에게 항복한 것이다. 아자개는 자신을 떠나 왕이 된 견훤보다 왕건을 택해 군사 요충지를 넘겨준 것이다. 부자 사이 갈등과 이복형제 간 권력 싸움이 원인이었다. 사불성의 항복은 견훤에게 일생일대의 치명타였다. 이후 후삼국 간 세력 판도는 왕건에게로 기울었다.

견훤릉의 유래와 생애를 기록한 표지판.

　　견훤은 중원(중국)과 북방 외교에 국가의 명운을 걸었다. 925년 후당
(後唐)에 입조해 공물을 진상하고 황제를 알현했다. 후백제가 후당의 번국
임을 자처해 '백제왕'이란 칙서를 받아냈다. 926년 오월(吳越)과 통교하고
이듬해에는 거란의 사신 35명을 극진 환대해 고려의 북방을 위협토록 사
주했다. 일본에도 사신을 파견(922, 929)해 신라의 해상 국경을 공격토록
양동 작전을 펼쳤다.

　　천하 명장 견훤에게도 한계가 있었다. 쇠망해 가는 신라의 관제를 그
대로 모방해 조정 대신들을 앉혔다. 이미 해이해진 신라의 군사 조직을 자
신의 세력 기반으로 흡수했다. 지방의 막강한 군벌을 통제하지 못하고 혈
족 간 불화를 가볍게 간과했다.

　　아자개가 그러했듯이 견훤도 후처의 아들을 편애했다. 결국 전처의 아
들에게 당해 자신이 창업한 나라를 왕건에게 내주고 말았다.(견훤·왕건
의 전투 및 후백제 멸망 과정은 55대 경애왕, 56대 경순왕 편 참조)

　　935년 견훤의 장남 신검(神劍·?~?)이 아버지 견훤을 금산사(전북 김
제)에 유폐시키고 후백제 2대 왕이 되었다. 936년 6월 신검은 왕건과의

최후 전투에서 참패했다. 신검이 고려를 공격해 오자 왕건에게 투항한 견훤이 왕건과 협공해 자신이 창업한 후백제를 멸망시킨 것이다. 신검은 아버지 견훤을 저주했다.

신검을 생포한 왕건은 신검을 임금 대우하며 견훤보다 더 큰 벼슬로 예우해 부자 사이를 이간시켰다. 견훤은 양검(良劍 · ?~936) · 용검(龍劍 · ?~936) 두 아들이 왕건에게 참수 당해 죽는 현장을 목격했다. 자신을 배신했지만 어릴 적 품에 안겨 재롱부리던 두 아들이었다. 견훤은 견딜 수 없는 충격을 받았다.

견훤은 천지간에 자신이 혼자임을 절감했다. 그 길로 송악(황해도 개성)을 떠나 세상과 등졌다. 등창이 도진 데다 울화까지 겹친 견훤이 황산(충남 논산)의 적막한 산사에서 쓸쓸히 숨을 거뒀다. 마지막 숨을 몰아쉬며 "완산주가 보이는 곳에 묻어 달라."는 유언을 남겼다. 완산주(전주)는 자신이 창업한 후백제의 도읍지였다.

'후백제 견훤왕릉'으로 불리는 견훤 유택은 충남 논산시 연무읍 금곡리 산 18-3번지에 있다. 축좌미향(丑坐未向)의 서남향으로 충청남도기념물 제26호다.

역사학계에서는 막강했던 견훤 세력이 왕건과의 대결에서 참패한 원인을 신라 관제의 모방에서 찾고 있다. 신라 변병 출신 무장이었던 견훤이 망해가는 신라 군제(軍制)까지 자신의 세력 기반으로 흡수했던 것이다.

당시 사회는 지방 호족이 득세하며 새로운 국가 건설을 주창하던 때다. 견원은 이같은 시대적 흐름을 역행해 후삼국 통일에 실패하고 말았다. 10여 명의 첩실이 낳은 서자들도 국정 운영의 장애 요소였다.

견훤 왕릉은 들판에 우뚝 솟은 돌출 지형의 야트막한 야산에 조영돼 있다. 명당을 작국(作局)하는 입수(入首) 용맥이 없다. 좌청룡 · 우백호 · 남주작 · 북현무의 사신사(四神砂)는 물론 능 앞 살풍(煞風)을 막아주는 안산(案山)도 없다. 능 높이 5m, 둘레 10m의 봉분 아래에 둘레석이 촘촘히 박혀 있을 뿐이다.

한반도 중원의 금남정맥(錦南精脈)이 전북 대둔산으로 가기 전 분절(分折)한 능 뒤의 지룡맥(地龍脈)이다. 광활한 논산 들판에 외롭게 용사된 능역이 견훤의 일생과 흡사하다. 근자에 세운 비석과 상석이 능 앞을 지키고 있다.

견훤은 황간(黃磵 · 충북 영동) 견(甄)씨의 시조다.

신라의 민심을 간파한 견훤이 김부를 새 왕으로 옹립해 놓고 서라벌에서 회군했다. 김부의 신왕 등극은 조정 대신들의 수용 여부가 변수였다. 김부의 신왕 옹립에 박씨 왕실은 침묵했고 김씨 왕조 지지 세력도 방관했다. 양측 모두 후일의 보복을 모면하기 위한 묵시적 동조였다. 이런 천신만고 우여곡절 끝에 김부가 임금으로 즉위하니 56대 경순왕이다.

경 순 왕

유일하게 경주 권역을 벗어나 경기도 연천에 있는 경순왕릉. 조선
영조 때 비석 명문이 출토돼 경순왕릉임이 밝혀졌다.

망국왕이 천년 사직을 들어 바치니
천수를 누렸건만 통한은 어이할고

한반도에서 발흥했다가 멸망한 고대(BC 1세기~AD 10세기) 국가의
마지막 임금에게는 망국왕이란 수식어가 영원히 수반된다. 멸망 시기 순
으로 고대 국가의 존속 기간과 왕명을 열거하면 다음과 같다.

① 전기(前期)가야(AD 42~532, 491년 존속 · 10대 구형왕)

② 후기(後期)가야(5세기 중반~562 · 약 100년 존속 · 16대 도설지왕)

③ 백제(BC 18~AD 660, 678년 존속 · 31대 의자왕)

④ 고구려(BC 37~AD 668 · 705년 존속 · 28대 보장왕)

⑤ 발해(698~926, 229년 존속 · 15대 대인선)

⑥ 후고구려(901~918, 18년 존속 · 궁예)

⑦ 후백제(892~936, 44년 존속 · 견훤〈신검〉)

⑧ 신라(BC 57~AD 935, 992년 존속 · 56대 경순왕)

망국 왕들의 말로는 참담했다. 가야 구형왕은 열성조에 대한 득죄를 한탄하며 돌무덤 조영을 유언해 석총(石塚)에 묻혔다. 백제 의자왕은 당에 포로로 압송돼 잊혀진 필부필부(匹夫匹婦)로 회한의 생을 마감했다. 고구려 보장왕은 당나라 오지에 유폐돼 금수만도 못한 천대 속에 연명하다 현지에서 분사했다.

이 3국(고구려·백제·가야)의 폐문으로 한반도에 4국(고구려·백제·신라·가야) 시대는 종식되고 남국(신라)·북국(발해)의 2국 시대가 개막됐다.

발해 망국왕 대인선은 거란에 잡혀가 거란왕과 왕비가 타던 마명(馬名)을 왕비와 함께 새 이름으로 내려 받고 비참하게 살다 현지에서 죽었다. 후고구려 왕 궁예는 인명을 경시하고 독단 황포를 자행하다 부하 왕건에게 배신당해 광야에서 피살됐다. 후백제 왕 견훤은 장남과 왕권 투쟁하다 고려에 항복하고 자신이 개국한 후백제 멸망 전쟁의 선봉장에 섰다가 산사에서 외로운 죽음을 맞았다.

세계 도처의 어느 국가인들 망국 비화가 없으랴마는 비감하기 이를 데 없는 한반도 고대 왕국들의 부침사(浮沈史)다. 하지만 신라의 마지막 임금 경순왕은 예외다.

김부(金傅·?~979)는 경순왕의 본명으로 46대 문성왕(재위 839~857)의 후손이다. 화랑으로 용맹을 떨친 아버지 김효종(金孝宗·?~?)과 49대 헌강왕의 딸 계아(桂娥·?~?) 부인 사이에서 태어났다. 김효종은 52대 효공왕 6년(902) 대아찬(17 관등 중 5급)으로 시중에 임명된 뒤 조정의 배후 실세로 막강 권력을 행사했다. 김부는 성장하면서 정치

역량과 처세 요량을 아버지한테 배웠다.

927년(경순왕 즉위년) 11월 후삼국 간 긴장은 더욱 고조됐다. 신라·후백제·고려가 국경을 마주한 고창군(古昌郡·경북 안동)과 고울부(古鬱府·경북 영천)의 전투가 치열했다. 신라 영토를 먼저 차지하기 위한 후백제(견훤)와 고려(왕건)의 사투였다. 두 전쟁터 모두 신라의 수도 서라벌과 근접 거리였다.

신라군을 파병해 왕건 편에 섰던 55대 경애왕(재위 924~927)은 태평했다. 경애왕은 견훤을 노골적으로 비방하며 극도로 혐오했다. 신라의 고려 지원으로 백중세이던 전세가 왕건에게로 기울었다. 견훤이 모를 리 없었다. 전황이 불리해질 때마다 견훤은 경애왕의 박씨 왕조를 저주하며 복수를 다짐했다.

그해(927) 겨울은 온난했다. 경애왕은 서라벌 서쪽 포석정에서 술잔을 기울이며 조정 대신들과 유흥을 즐기고 있었다. 고울부를 공격 중이던 견훤이 첩보를 입수하고 포석정으로 말머리를 돌려 기습했다. 창졸 간에 포위당한 경애왕은 자살로 생을 마감하고 왕비는 능욕 당했다. 견훤은 박씨 왕조를 폐한 뒤 김부를 용상에 앉히고 후백제로 돌아갔다.(55대 경애왕 편 참조)

조정 안의 기류는 미묘했다. 53대 신덕왕(재위 912~917)이 김씨 왕족을 제거하고 556년 만에 박씨 왕조를 복원하자 조정은 단박에 양분됐다. 54대 경명왕-55대 경애왕의 실정으로 국가의 기능이 마비되자 백성들도 박씨 왕조에 등을 돌렸다. 신라의 민심을 간파한 견훤이 김부를 새 왕으로 옹립해 놓고 서라벌에서 회군한 것이다. 김부의 신왕 등극은 조정 대신들의 수용 여부가 변수였다.

표지석에 남아 있는 6·25 한국전쟁 당시의 포탄 흔적(좌). 경순왕의 얼굴이라는 설화가 전해 오는 출토 당시의 비석(우). 점선 원 부분이 사람 모습이다.

'견훤은 선왕(先王)을 시해하고 국모인 왕비까지 강간한 적국의 수괴가 아닌가.'

현실적 대안이 막막했던 대신들 간 이해는 상충했다. 김부의 신왕 옹립에 박씨 왕실은 침묵했고 김씨 왕조 지지 세력도 방관했다. 양측 모두 후일의 보복을 모면하기 위한 묵시적 동조였다. 이런 천신만고 우여곡절 끝에 김부가 임금으로 즉위하니 56대 경순왕(재위 927~935)이다.

용상에 오른 경순왕(敬順王·이하 왕)은 내정부터 살폈다. 무엇 하나 온전한 게 없었다. 견훤이 회군하며 도성 수비군은 물론 각종 전쟁 무기와 무기 제조 기술자까지 압송해 갔다. 궁궐에 있던 값진 금은 보화와 박씨 왕실의 가족까지 후백제로 끌고 갔다. 신라는 무장이 완전 해제된 허울뿐인 나라였다. 왕은 선왕의 장례식도 치루지 못한 채 대신들에게 당장 지급할 녹봉조차 없는 나라의 곳간(庫間)을 한탄했다.

국정 수습에 돌입한 왕은 자신의 정통성 확보가 시급했다. 17대 내물왕 이후 김씨가 승계해 오던 왕통이 53대 신덕왕, 54대 경명왕, 55대 경애왕이 재위하는 15년 간 박씨 왕족에 의해 단절됐다. 왕은 아버지 김효종을 신흥(神興)대왕에, 어머니 김씨는 계아(桂娥)왕태후로 각각 추존했다.

고려 태조 왕건은 문무를 겸비한데다 내치·외치에도 탁월한 군주였다. 왕 1년(927) 12월 왕건은 조제단(弔祭團)을 서라벌에 파견해 견훤이 살해한 경애왕을 조문하고 신라왕과 백성들을 극진히 위로했다. 왕은 감복했다.

견훤은 달랐다. 신라의 국상 중 왕건에게는 국서를 보내 교빙 강화를 요청하면서도 신라 땅 대목군을 쳐들어 가 점령해 버렸다. 국가의 기능을 상실한 신라로써는 대응책이 전무했다. 왕경 서라벌의 함락이 임박했다. 신라왕과 백성들의 왕건에 대한 의존도는 더욱 심화됐고 견훤에 대한 적개심은 하늘을 찔렀다.

견훤의 야욕을 경계한 왕건이 기병 5천을 이끌고 팔공산(경북 대구 근교)에 진을 친 뒤 견훤의 퇴로 차단에 나섰다. 고려군의 동태를 사전 간파한 견훤의 매복군 기습으로 왕건이 완전 포위당했다. 절체절명의 순간 장군 신숭겸(申崇謙·?~927)이 왕건 앞에 나섰다.

"주군, 상황이 급박하옵니다. 속히 소장 옷으로 변복하신 후 이곳을 벗어나 후일을 도모하시옵소서!"

왕건의 갑옷으로 바꿔 입은 신숭겸이 어차에 올라 전투를 지휘했다. 왕건은 구사일생으로 탈출했으나 고려의 백전노장 신숭겸·김락 장군이 전사했다. 이후에도 후백제군과 고려군의 전투는 일진일퇴를 거듭했다. 작전에 실패한 왕건은 두 장군의 장례를 성대히 치루고 땅을 치며 통곡했다.

시류에 따라 민심이 급변하는 염량세태(炎凉世態)였다. 후백제·고려의 전황에 따라 신라를 포함한 후삼국 각지의 호족·군벌들의 귀순이 수시로 달라졌다. 후백제군이 신라 국토를 유린하며 곳곳에서 고려군을 패퇴시키자 후백제로의 귀부가 늘었다. 견훤의 사기는 충천했고 왕건은 초조해졌다.

견훤은 왕 2년(928) 11월 고려 악공성, 왕 3년(928) 12월 신라 가은성, 왕 6년(932) 9월 고려 예성강(염주) · 백주 · 정주성, 10월 대우도, 왕 7년(933) 5월 의정부 등의 전쟁에서 승리해 신라와 고려 땅을 공취했다. 견훤에게 전세가 기울었다고 예단한 강주(경남 진주) 장군 유문(有文 · ?~?), 순주군 장군 원봉(元逢 · ?~?) 등이 연이어 후백제에 귀부했다.

수세에 몰린 왕건도 정면 대응했다. 왕 3년(929) 12월 후백제군이 신라 고창 땅을 다시 침공했다. 고려 명장 유금필(庾黔弼 · ?~941)이 원수로 출전해 견훤군 8천여 명을 괴멸시켰다. 왕건은 신라에 사신을 보내 승전 소식을 전했다. 왕은 반색하며 왕건에게 의탁할 의중을 고려 사신에게 내비쳤다.

이 사실이 알려지자 신라에 속해 있던 동해 주변의 주(州) · 군(郡) 110개가 일시에 고려로 귀순했다. 후백제 호족들의 고려 귀부도 날이 갈수록 늘어났다. 왕은 천하대세가 왕건에게 기울어 신라의 국권 유지가 더 이상 어렵다고 판단했다. 왕은 태수 김용(?~?)을 왕건에게 보내 상면을 간청했다.

왕 5년(931) 2월 왕건이 이를 전격 수용해 50여 명의 기병만 거느리고 신라의 왕경 서라벌에 당도했다. 왕은 사촌동생 김유렴(?~?)을 내보내 성문 밖에서부터 영접했다. 임해전(臨海殿)의 성대한 연회에서 왕과 왕건은 술에 흠뻑 취했다. 갑자기 왕이 눈물을 흘리면서 왕건의 옷소매를 부여잡고 읍소했다.

"나라의 국운이 불길합니다. 불의의 행동을 연이어 자행하는 견훤을 방어할 길이 없습니다. 견훤이 무고한 인명을 살상하고 국토를 훼손해 아국을 망치고 있으니 무엇으로 이 통분을 대신하리까?"

왕이 통곡했다. 왕건도 사양길에 접어 든 신라의 시절 운을 한탄하며 함께 낙루했다. 좌우 대신들도 국가를 보전하지 못한 죄책감으로 대성통곡했다. 왕건은 왕의 권유로 두 달 넘게 서라벌에 머물다가 5월에야 송악으로 돌아갔다. 왕은 혈성까지 몸소 나가 왕건을 배웅하고 김유렴을 볼모로 보내 왕건에 대한 의탁 의도를 분명히 했다.

왕건은 치밀하고 용의주도했다. 서라벌에 머무는 동안 부하들에게 엄한 군령을 내려 민폐를 끼치지 않도록 단속했다. 신라 백성들은 왕건을 스승처럼 존경하게 되었다. "이전(경애왕 시해 당시) 견훤이 왔을 때는 마치 호랑이나 성난 이리 떼를 만난 것 같았는데 오늘 왕공(王公)이 오심은 부모를 만남과 진배없다."며 환영했다.

그해(931) 8월, 왕건은 가죽 안장을 구비한 적토마(赤兎馬)와 고급 비단을 왕에게 선물했다. 신라의 조정 관료와 장수들에게도 품계에 따라 포백(布帛)을 하사했다. 신라는 왕에서부터 백성들까지 고려왕의 성은에 감읍했다.

고려군과 계속되는 격전으로 국력이 탕진된 후백제 조정은 극심한 내홍에 휩싸였다. 운주성(충남 홍성) 전투에서 고려군에 대패하고 금성(전남 나주)까지 빼앗긴 935년 이후 견훤은 공황 상태에 빠졌다. 후백제 주·군 성주(城主)와 장수들이 속속 고려로 귀부했다. 패전만 거듭하는 전쟁에 장정들만 희생되자 후백제의 백성들이 봉기했다. 각지에서 들불처럼 민란으로 번져 걷잡을 수 없이 확대됐다.

마의태자가 금강산에 입산하며 심었다는 용문사의 은행나무. 천년 세월에도 잎이 무성하다.

망국왕이 백료(百僚)를 거느리고 고려에 귀의하는 행차 규모는
엄청났다. 신라 궁궐의 보물을 실은 향차(香車)와 보차(寶車) 행렬이
30여 리나 뻗쳤다. 전쟁에 익숙해진 신라 장정들은 이런 수모와 굴욕을
감내하면서라도 살아야 하는지를 자문하며 통곡했다. 분을 삭이지
못해 자결하는 의사자(義死者)들이 여기저기서 속출했다.

견훤은 정실부인 외 여럿의 첩실에게서 10여 명의 아들을 두었다. 그 중 첩실 소생 넷째 아들 금강(金剛 · ?~935)을 가장 총애했다. 우람한 체구에 지략까지 겸비한 금강을 태자로 책봉하고자 했다. 정실부인의 아들 3형제(신검 · 양검 · 용검)가 극력 반대하며 후백제의 조정은 정실파와 첩실파로 양분됐다.

분노한 견훤이 극약 처방을 내렸다. 차남 양검(良劍 · ?~936)은 강주(경남 진주) 도독으로, 3남 용검(龍劍 · ?~936)은 무주(전남 광주) 도독으로 내보내 금강과 분리시켰다. 장남 신검(神劍 · ?~?)은 곁에 두고 직접 감시했다. 935년 3월 견훤이 대신들의 만류를 뿌리치고 금강을 세자로 책봉했다.

신검을 차기 왕으로 옹립하려던 이찬 능환(能奐 · ?~936)이 역모를 주도했다. 능환이 양검 · 용검에게 사자를 보내 반란을 부추겼다. 파진찬 신덕(新德 · ?~936)과 영순(英順 · ?~936)에게도 높은 벼슬을 밀약해 역모에 끌어 들였다. 많은 조정 대신들이 능환 편에 서 견훤에게 등을 돌렸다.

반란군은 완산주(전북 전주) 궁궐을 기습해 태자 금강을 참수하고 첩실의 아들도 닥치는 대로 살해했다. 견훤은 금산사(전북 김제)에 유폐시켜 외부 출입을 엄금시켰다. 견훤의 측근 대신과 금강 비호 세력을 무자비하게 살해하고 그해 10월 신검을 후백제 2대 왕으로 즉위시켰다. 금산사에 갇힌 견훤은 이를 갈았다. 정실 자식 3형제를 저주하며 보복의 기회만을 노렸다.

견훤은 역지사지(易地思之) 자신에게 배신당한 아버지(아자개)의 처지를 헤아려 보았다. 하지만 신검 · 양검 · 용검 3형제는 용서할 수가 없었다. 감금 3개월이 지나면서 초병들의 경계가 해이해졌다. 초병들도 견훤이 불쌍하게 여겨졌다. 견훤이 초병들과 친해져 술을 나누는 사이가 되었다.

935년 5월 어느 날. 초병이 술에 취해 잠든 사이 금산사를 탈출한 견훤이 금성(전남 나주)으로 가 고려군에 투항했다. 당시 금성은 후백제 안의 고려 영토였다. 보고를 접한 송악의 왕건이 고위 대신을 금성으로 급파했다. 왕건은 어제의 적국 수괴 견훤을 상부로 예우하며 정중히 맞이하도록 했다. 왕건보다 10세 연상인 견훤은 왕건의 도량에 감격했다.

후백제 신검왕 1년(936) 2월. 견훤의 사위 박영규(朴英規 · ?~?)가 고려로 자진 귀부했다. 신검왕의 매형이었다. 고무된 견훤이 왕건에게 주청해 후백제 정벌을 종용했다. 이 해 6월 마침내 왕건의 고려군이 거병했다. 고려군의 선봉장은 견훤이었다.

양국 군의 대접전은 경기도 이천에서 벌어졌다 견훤과 신검 부자 간 정면 대결이었다. 후백제군이 고려군에 전멸돼 왕건 앞에 신검이 무릎 꿇고 항복했다. 후백제가 멸망한 것이다. 견훤이 후백제를 개국한 지 44년 만이었다. 신라 백성이었던 후백제 백성들은 또다시 나라를 잃은 유민(流民)이 됐다.

왕(경순왕)도 견훤의 몰락과 신검의 후백제 멸망 소식을 익히 알고 있었다. 왕이 등극한 지 만 7년 째 되던 935년 11월. 왕이 만조백관을 모아놓고 어전회의를 주재하며 고려에 투항할 뜻을 공표했다. 용안의 표정은 비장하고도 처연했다.

"이미 국토의 대부분을 타국이 차지했고 국세는 쇠락해 아국은 완전히 고립되고 말았다. 자력으로 종묘사직을 보전할 수 없으니 고려에 귀부하는 것이 생존의 최선 방편이라 판단했다."

경순왕릉 앞의 전사청. 산릉 제향 도구 일습을 보관하는 곳이다.

　　뜨거운 침묵이 이어졌다. 상석에 부복했던 마의태자가 부왕(父王)에게 아뢰었다.

　　"대저(大抵) 일국의 흥망성쇠는 천지신명의 뜻에 따라 운용되옵니다. 설령 사직이 위태롭다 하더라도 천년 역사의 유구한 왕조를 싸움 한 번 해보지 않고 어찌 넘겨준단 말입니까? 우국 충신과 의인들이 다시 결집해 민심을 규합한 뒤 국가 보전을 도모해야 합니다."

　　왕이 떨리는 목소리로 다시 윤음을 내렸다.

　　"국가 운명과 목전의 다급함이 이 지경인데 무슨 방도로 국기(國基)를 보전한단 말인가? 승리하지 못할 무모한 전쟁으로 무고한 백성들이 희생됨은 군주로서 차마 못 볼 일이로다. 견훤도 고려에 투항해 대세는 이미 판명 났도다."

　　왕은 즉시 시랑 김봉휴(金封休·?~?)를 왕건에게 보내 입조를 요청하고 항복하는 국서를 봉정토록 했다. 왕건도 이를 쾌히 가납한 뒤 즉시 대상 왕철(?~?)을 서라벌에 보내 신라왕을 영접토록 했다. 왕은 고려 조정에서 보낸 황금 마차를 타고 왕족들과 함께 송악에 가 왕건을 알현했다. 신국을 자처하던 신라가 992년(BC 57~AD 935) 만에 멸망한 것이다.

이 해가 을미(乙未) 년으로 단기 3268년, 서기 935년, 신라 경순왕 9년, 후백제 44년, 고려 18년, 후당 2년, 오 1년, 후촉 1년, 초 2년, 오월 2년, 남한 8년, 거란 10년, 일본은 승평 천황 5년이었다. 이 후부터 한반도에는 단일 왕국 고려가 국가의 명맥을 이어 갔다.

신라왕이 고려로 귀부하러 떠나던 935년 11월. 그해 겨울 왕경 서라벌의 거리는 황량하기 이를 데 없었다. 삭풍이 불어 낙엽이 흩날렸고 민가 굴뚝에는 연기가 끊겼다. 어제의 신라 백성들은 오늘 갑자기 고려 백성으로 신분이 바뀌었다. 신라 백성들은 유구했던 '천년(992년) 사직'의 신국(神國) 역사를 반추하며 구슬피 울었다.

망국왕이 백료(百僚)를 거느리고 고려에 귀의하는 행차 규모는 엄청났다. 신라 궁궐의 보물을 실은 향차(香車)와 보차(寶車) 행렬이 30여 리나 뻗쳤다. 전쟁에 익숙해진 신라 장정들은 이런 수모와 굴욕을 감내하면서라도 살아야 하는지를 자문하며 통곡했다. 분을 삭이지 못해 자결하는 의사자(義死者)들이 여기저기서 속출했다.

망국왕이 송악에 당도하자 왕건은 교외까지 친히 나가 영접했다. 곧바로 고려 태자보다 높은 정승공(政丞公)에 봉하고 송악 동쪽의 길지를 택해 처소를 마련해 줬다. 망국왕은 가족들의 무사함에 안도하고 일상에 적응했다.

왕건은 곧바로 신라의 국호를 경주(慶州)로 개칭했다. 망국왕을 사심관(事審官)에 제수한 뒤 경주를 식읍으로 내렸다. 녹봉 1천 석도 하사해 여생을 편히 누리도록 배려했다. 경주에서 거둬들인 조세는 모두 망국왕의 몫이었다.

망국왕은 고려에 투항한 후 왕건이 내리는 온갖 혜택을 43년 간 누리며 안락한 노후를 향유하다 978년((고려 5대 경종 3년) 세상을 떠났다. 고려 조정에서는 망국왕에게 경순(敬順)이란 시호를 지어 주고 경기도 연천시 장남면 고랑포리 산 18-1번지에 안장했다.

경순왕릉은 신라의 임금 중 유일하게 경주 권역을 벗어난 왕릉이다. 고려 조정은 망국왕의 능을 경주에 조영할 경우 혹시나 모를 옛 신라 백성들의 동요를 우려했다. 막상 신라 백성들은 망국왕의 죽음을 외면했다.

사적 제244호로 지정된 경순왕릉은 흙을 둥글게 쌓아 올린 원형 봉토분으로 판석을 이용해 호석을 두른 것이 특징이다. 계좌(癸坐·북에서 동으로 15도) 정향(丁向·남에서 서로 15도)의 남향이다. 금대(錦帶) 국세로 안산(案山)에 띠를 두른 양지바른 명당이다. 능 앞에는 간단한 형식의 비석이 있고 능침 주위에 곡장이 둘러쳐 있다. 능역 석물로는 장명등, 망주석, 석양 등이 배치돼 있다.

왕릉 아래 우측에는 산릉 제향 준비를 위한 전사청과 신도비를 보호하기 위한 비각이 있다. 전사청은 정면 3칸, 측면 1칸의 팔작지붕 형식이다. 신도 비각도 정면 1칸, 측면 1칸 규모의 팔작지붕이다. 1986년 능역 확장공사 당시 새로 건립했다.

조선 21대 왕 영조 재위(1724~1776) 시 발굴된 비문에 의해 피장자의 신분이 밝혀졌다. 비문의 내용은 '시호 경순왕릉. 왕의 예우로 장단 옛 고을 남쪽 8리에 장사 지낸다.'는 명문(銘文)이었다.

경순왕은 등극 전 죽방(?~?)부인을 통해 장남 마의(麻衣·?~?)태자와 차남 법공(法空·?~?)을 낳았다. 마의태자는 부왕 경순왕이 고려 귀부를 결정하자 하직 인사를 드린 후 속세를 떠났다. 삼베옷을 입고 금강산 바위굴에 들어가 초근목피로 연명하다 망국의 한을 품고 외롭게 세상을 떠

414

경기도 양평의 용문사 일주문. 마의태자가 묵었던 절이다.

났다. 마의태자가 입산 도중 짚고 가던 지팡이를 꽂아 살아났다는 용문사의 은행나무가 아직도 왕성하다. 용문사(경기도 양평군 용문면 신점리) 은행나무는 천년 세월에도 변함없이 위용을 유지하며 독야청청하다. 나라가 위태로울 때마다 신비한 소리를 내는데 6.25 한국전쟁 때도 굉음을 들었다는 증언이 있다.

차남 법공은 전남 구례 화엄사(대한불교조계종 제19 교구본사)로 입산해 승려로 생을 마감했다. 경순왕이 고려로 귀부할 때 법공은 송악에 가지 않고 서라벌에 머물며 신라 백성들과 함께 통곡했다고 한다. 두 왕자의 망국한(亡國恨)이 어떠했을까.

고려 태조 왕건은 신라 왕국을 순순히 바친 경순왕에게 온갖 배려를 아끼지 않았다. 장녀 낙랑공주와 또 다른 딸 왕씨를 경순왕에게 시집보냈다. 낙랑공주는 왕건의 셋째 왕비 신명순성왕후의 딸이고 왕씨는 왕건의 후궁 성무부인 박씨 소생이다.

경순왕은 신라의 옛 임금이었음을 잊고 망국왕의 신분으로 이들 소생과 천수를 누렸다.

415

부록

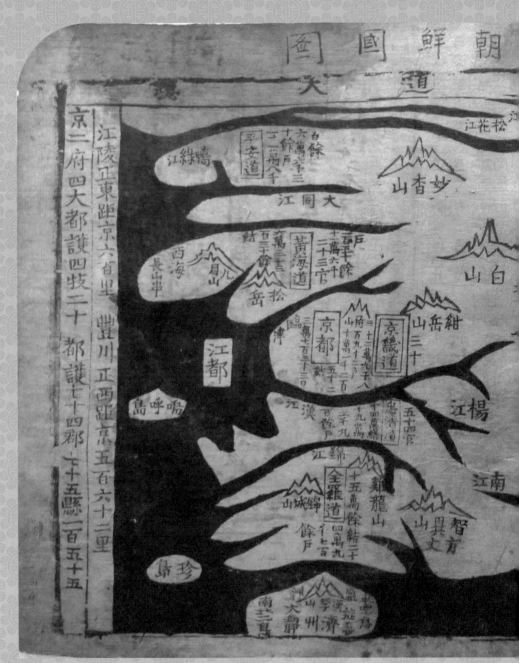

우리가 살고 있는 이 땅에도 70만 년 전부터 고대 인류가 삶을 영위해 왔다. 이후 한반도 각지에서 출토된 고대 유물들의 연대기(年代記)가 체계적으로 정리됐다. 이 당시 세계적으로 공인된 고시대 유물들은 북한은 물론 우리의 옛 땅이었던 북만주와 요동지역 일부까지 포함된다.

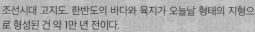
조선시대 고지도. 한반도의 바다와 육지가 오늘날 형태의 지형으로 형성된 건 약 1만 년 전이다.

고대 한반도 약사

BC 70만 년부터 AD 42년
금관가야 개국까지

단군기원(檀君紀元)은 단군이 고조선을 개국한 해를 원년으로 삼는 우리나라의 기원이다. 단기(檀紀)는 단군기원의 준말이다.

서력기원(西曆紀元)은 예수 그리스도가 탄생한 해를 원년으로 삼는 서양력의 기원이다. 서기(西紀)는 서력기원의 준말이다.

서기는 세계의 공통 연호(年號)다. 세계 각 나라마다 개국기원이 다르지만 그 나라의 개국기원은 그 나라에서만 통용될 뿐이다. 우리나라(이하 한국)에서도 단기가 사용돼 왔다. 5·16 군사혁명 다음 해인 1962년 1월 1일부터 단기를 폐지하고 서기를 채택해 쓰고 있다. 단기는 서기보다 2333년 앞선다.

서기를 표기함에 있어 약어(略語)로 BC와 AD를 쓴다. BC는 Before Christ의 약자로 '예수 탄생 이전'을 의미한다. AD는 Anno Domini의 약자로 '예수 탄생 이후'를 뜻한다.

BC 70만 년 경 전기 구석기인의 생활 모습. 충남 공주시 석장리박물관.

나라에 따라 '기원 전(前)'·'기원 후(後)', 또는 '서기 전(前)'·'서기 후(後)'의 표기에 대해 혼란이 제기된다. 세계 여러 나라의 개국 기원이 다르므로 '기원'과 '서기' 의미를 구분해 써야 한다는 사계(斯界)의 공통된 견해다. 예수 탄생까지 포함된 '기원 전·후'보다는 단순히 예수 탄생만을 뜻하는 '서기 전·후'로 써야 한다는 주장이다.

지구 상 제국(諸國)의 종교가 다양할 뿐더러 한국은 국교가 인정되지 않기 때문이다.

1964년 5월. 충남 공주시 석장리의 구석기 유적이 엄청난 대홍수로 노출돼 세상에 드러났다. 당시까지의 한국 고대사 영역은 가장 오래된 유적지의 미(未)발굴로 연대 유추가 분분(紛紛)했다. 1972년 학계에 제출된 석장리유적의 최종 발굴보고서는 세계를 놀라게 했다. 석장리 유물의 탄소연대 측정 결과 BC 70만 년으로 소급됐기 때문이다.

우리가 살고 있는 이 땅에도 70만 년 전부터 고대 인류가 삶을 영위해 왔던 것이다. 이후 한반도 각지에서 이미 출토된 고대 유물들의 연대기(年代記)가 체계적으로 정리됐다. 이 당시 세계적으로 공인된 고시대 유물들 영역은 북한은 물론 우리의 옛 땅이었던 북만주와 요동지역 일부까지 포함된다.

다음 내용은 BC 70만년 석장리 유물로부터 AD 42년 김수로왕이 김해에 금관가야를 건국하기까지 70만 42년간의 고대 한반도 역사를 축약한 것이다. 한반도에 고구려·백제·신라·가야의 4국시대가 본격적으로 개막된 시기의 역사다. 모르고 지내왔던 내 고장의 선사(先史) 역사를 일목요연하게 정리했다.

기록의 출처는 한국민족문화대백과사전(한국정신문화연구원刊), 한국사대사전(교육도서刊), 한국세계대백과사전(동서문화刊) 등이다.

· BC 70만년: *전기 구석기문화 형성-공주 석장리유적 제1문화층, 담양 금굴유적 제1문화층 형성.

· BC 50만년: 상원 검은모루동굴유적 형성.

· BC 30만년: 연천 전곡리유적, 단양 도담리유적 등 형성.

· BC 20만년: *중기 구석기문화 형성-청원 두루봉유적, 공주 석장리유적 제2·3·4 문화층 형성.

· BC 12만년: 양주 파로호유적 형성.

· BC 10만년: 웅기 굴포리유적 제1기 문화층·서포항유적 등 형성.

· BC 5만년: 덕천 승리산유적(승리산인), 제원 점말동굴유적, 제원 창내유적, 화순 대전유적 I Va층문화 등 형성.

· BC 4만년: 제주 빌레못동굴유적 형성.

· BC 3만년: *후기 구석기문화 형성-웅기 굴포리유적 제2문화층, 공주 석장리유적 제6문화층, 동관진유적, 웅기 부포리덕산유적, 서울 면목동유적, 화대 장대리유적, 상원 청청암동굴유적, 평산 해상유적, 연천 전곡리유적, 제원 명오리·사기리 유적, 단양 상시리바위그늘유적, 청원 샘골유적, 공주 마암리유적 등 형성.

· BC 2만년: 평양 만달리유적(만달인), 단양 수양개유적, 서울 역삼동·가락동유적, 공주 외암리·금암리·초왕리유적, 양주 파로호유적, 승주 주암댐수몰지구유적, 충주댐수몰지구유적, 양양 도화리유적, 화순 대전유적문화Va층문화 형성.

· BC 1만 5천년: 승주 신평리유적 형성.

· BC 1만년: *중석기문화 형성-동관진유적, 공주 석장리유적 12m 단구 제1문화층과 14.4m 단구 제3문화층, 욕지도유적, 통영 상노대동조개더미유적, 화순 대전유적Vb층문화 등 형성. *육지화(陸地化)되어 있던 서해(황해) 바다가 다시 바닷물로 덮이는 등 오늘날 한반도의 바다와 육지 분포 원형이 대체로 형성됨.

· BC 6000년: *전기 신석기문화 형성-부산 동삼동유적 하층 형성.

· BC 5000년: 서울 암사동유적 형성.

· BC 4000년: 웅기 굴포리·서포항유적 하층의 제1기·제2기 문화층, 광주(廣州) 미사리유적, 온천 궁산리유적 아래 문화층, 부산 영선동유적, 온천 연도리조개더미유적, 봉산 지탑리유적, 부산 동삼동유적 1층 조도기·2층 목도기·3층 부산기 등 형성.

· BC 3500년: *중기 신석기문화 형성-웅기 굴포리·서포항유적 제3기 문화층, 평양 금탄리유적 제1문화층, 양양 오산리유적 중층, 부산 동삼

동유적 두도기, 웅기 굴포리·서포항유적 제4·5기문화층, 평양 금탄리 유적 제2문화층, 서울 암사동유적 1층, 광주 미사리유적 1층, 광주 청호리유적 1층, 광주 오아리유적, 남양주 동막동유적 등 형성.

· BC 3000년: 담양 금굴유적 제7문화층, 부안 계화도유적, 평양 금탄리 유적 제3문화층, 웅기 굴포리·서포항유적 제6문화층, 회령 오동유적 제1·2문화층.

· BC 2333년: 단군왕검 고조선 건국.

· BC 2000년: *후기 신석기문화 형성-양양 오산리유적 상층, 소야도 조개더미유적, 중강 토성리유적, 봉산 지탑리유적 상층, 웅기 굴포리유적 후기층, 의주 미송리유적 I층, 용천 쌍학리·신암리유적, 평양 청호리유적 II층, 춘천 교동유적, 서울 암사동유적 II층, 광주 미사리유적 II층, 김해 농소리유적. 백령도 조개더미유적, 종성 삼봉유적, 서울 가락동유적, 영변 죽세리유적, 울진 후포리유적, 초도유적, 흑산도 조개더미유적 등 형성. *이 시기는 후기 신석기문화가 지배적이었으나 만주지역에서는 부분적으로 청동기문화가 시작됨.

· BC 1400년: 부산 동삼동유 5층 영도기 형성.

· BC 1300년: 부산 금곡동조개더미유적, 김해 수가리조개더미 제III기유적, 김해 농소리조개더미유적, 부산 암남동조개더미유적 등 형성.

· BC 1122년: 은(殷)나라 기자(箕子)가 고조선에 들어와 팔조금법(八條禁法)을 제정.

· BC 1000년: *전기 청동기문화 형성. 민무늬 토기인들이 한반도 각지로 이동해 농경문화를 이룩하기 시작함. 석탄리 제1기·2기 문화층, 광주 덕풍리유적, 시도유적, 부산 농포동유적, 부산 암남동조개더미유적, 북

BC 30만 년 경 한반도 인류가 살았던 움집. 경기도 연천군 전곡리 선사박물관.

충남 공주시 석장리의 구석기 유적이 엄청난 대홍수로 노출돼
세상에 드러났다. 당시까지의 한국 고대사 영역은
가장 오래된 유적지의 미(未)발굴로 연대 유추가 분분(紛紛)했다.
1972년 학계에 제출된 석장리유적의 최종 발굴보고서는 세계를 놀라게 했다.
석장리 유물의 탄소연대 측정 결과 BC 70만 년으로 소급됐기 때문이다.

제주 북촌리유적, 북제주 월평리주거지유적, 서울 역삼동주거지유적, 파주 옥석리주거지유적, 시중 심귀리유적, 용천 용연리유적 등 형성.

· BC 800년: 고조선 국가 발달. 수도를 요하 유역 왕검성(王儉城)에 둠. 이후 수세기에 걸쳐 송화강 유역을 중심으로 부여가, 한반도 중남부에는 삼한족(三韓族)에 의해 진국(辰國) 성립됨. 주(周)의 선왕(宣王 · 재위 (BC 828~BC 782) 때 북중국 추(追) · 맥(貊)의 거주지를 한후(韓侯)가 다스렸다고 함. 봉산 신흥동주거지유적, 여주 흔암리주거지 등 형성.

· BC 700년: *철기문화 시작됨. 무산 호곡유적, 제원 양평리유적, 여주 흔암리유적, 논산 신기리고인돌유적, 요령 강상유적, 단양 안동리석관묘유적, 배천 대아리석관묘유적, 부여 송국리선사취락지유적, 춘천 내평리유적 등 형성.

· BC 600년: 파주 옥석리유적, 파주 덕은리주거지유적, 회령 오동유적, 요령 정가와자유적 등 형성.

· BC 500년: 강계 풍룡동분묘유적, 개천 용흥리출토 일괄유물, 고흥 운대리지석묘유적, 광주 송암동주거지유적, 남제주 상모리조개더미유적, 밀양 신법리유적, 밀양 월산리고분군유적, 고흥 소록도유적, 요령 윤가촌유적 아래층 1기문화 등 형성.

· BC 450년: 송화강 상류 일대에서 부여국(扶餘國) 성립. 한반도 중부에서 진국(辰國) 성립.

· BC 400년: 한반도에 철기문화 들어옴. 진국의 이주민 서(西)일본에 진출. 요령 누상유적, 김해 내동리고인돌군유적, 대전 괴정동유적, 신계 정봉리석관묘유적, 춘천 중도유적, 춘성 천전리유적, 홍성 팔괘리유적 등 형성.

· BC 350년: 신평 선암리유적, 진양 대평리유적 형성.

· BC 320년: 연(燕)이 왕을 칭하고 동방을 침략하려 하자 기자의 후손 조선후도 왕을 칭하고 이를 역공하려 함. 승주 낙수리 · 대곡리 · 우산리 · 월산리 · 유평리유적, 승주 오봉리고인돌유적, 양평 양근리유적, 제주 오라동 · 용담동지석묘 등 형성.

· BC 300년: 한반도에 한문자(漢文字) 전래. 원(原)삼국시대 시작. 한반도에 철기가 광범위하게 사용됨. 한반도 각지에서 출토되는 명도전(明刀錢) 만들어짐. 연의 소왕대(昭王代 · BC 311~BC 279) 연이 진개(陳開)를 요동에 보내 장성을 쌓고 만반한(滿潘汗)을 기자조선과 경계로 삼음. 연나라 군사가 고조선 서부지방 침입.

· BC 299년: 강진 영복리지석묘군유적, 고령 양존동암각화, 고성 송학동 조개더미유적, 광주 와산리 · 송암동 · 운암동주거지유적, 나주 판촌리 고인돌군유적, 대구 진천동 · 칠성동고인돌군유적, 문창 남창리고분유적, 신창 하세동리고분유적, 보령 교성리유적, 부산 대항리 · 다대포조개더미유적, 부안 소산리유적, 아산 남성리유적, 양주 수석리주거지유적, 예산 동서리석관묘유적 등 형성.

· BC 221년: 조선후(朝鮮候) 처음으로 조선왕을 칭함. 진(秦)이 중국을 통일한 뒤 회하(淮河) 방면의 동이(東夷)를 진의 민구(民口)로 편입시켜 중국 본토 내의 동이 활동이 단절됨. 연의 장수 진개가 조선 서방을 공격해 2,000여 리(里)를 취함.

· BC 218년: 동이계(系)의 창해역사(滄海力士)가 장량(張良)과 함께 진시황을 박랑사중(博浪沙中)에서 공격함.

· BC 214년: 진의 장성(長城) 공사가 요동 경계에 이르렀을 때 조선왕 비

(否)가 즉위.

· BC 209년: 진에 내란이 일어나자 연(燕)·제(齊)의 수만 호(戶)가 조선의 준왕(準王)에게로 피난 옴. 준왕이 피난민들을 서쪽 국경지역에 기주토록 함.

· BC 203년: 맥족(貊族)의 기병이 한(漢)을 도와 초(楚)를 공격.

· BC 202년: 한나라, 노관(盧綰)을 연왕으로 삼아 패수(浿水)를 기자조선과의 경계로 함.

· BC 200년: 북부여 해모수(解慕漱) 설화 및 금와(金蛙) 설화 성립. 고창 운곡리고인돌유적, 양평 상자포리고인돌유적, 익산 용제리유적 등 형성.

· BC 199년: 광주 충효동고인돌유적, 삼천포 늑도유적, 부조예군묘(夫租薉君墓), 북청 하세동리토광묘유적, 서흥 천곡리석관묘유적, 영동 유전리고인돌군유적, 완주 덕천리고인돌군유적, 익산 다송리고분군유적, 부산 조도조개더미유적, 평양 정백동고분군유적, 화순 대곡리유적 등 형성.

· BC 195년: 요동의 위만(衛滿)이 기자조선에 망명해 옴. 준왕이 박사(博士)를 삼고 서쪽 경계를 지키게 함.

· BC 194년: 위만이 왕검성을 기습 공격, 점령한 후 새 왕조를 세워 국호를 위만조선이라 칭함. 기자조선 준왕은 남쪽으로 망명해 한왕(韓王)이라 칭함.

· BC 190년: 위만조선왕, 진번·임둔을 복속시켜 영토를 확장.

· BC 175년: 함흥 이화동유적 형성.

· BC 149년: 서흥 문무리유적 형성.

· BC 128년: 예군(薉君) 남여(南閭)가 호구(戶口) 28만을 데리고 한(漢) 요동부에 귀부. 한이 그 땅에 창해군(滄海郡)을 둠.

428

· BC 126년: 한의 창해군 폐지됨.

· BC 125년: 황주 금석리유적 형성.

· BC 109년: 우거왕이 한의 요동도위(遼東都尉)를 공격해 살해.

· BC 108년: 니계상(尼谿相) 삼(參)이 우거왕을 죽이도록 사주하고 한에 항복. 성기(成己)의 지휘 아래 고조선 민인(民人)들이 왕검성에서 결사 항전.

· BC 107년: 한사군 설치에 따라 금속문화 전래. 〈공후인(箜篌引)〉완성.

· BC 99년: 와질토기(瓦質土器) 제작 시작. 대구 만촌동 · 비산동 · 평리동 · 마도유적, 북제주 곽지리조개더미유적, 양평 대심리유적, 월성 입시리 유적, 진천 삼룡리유적, 황주 천주리고분유적 등 형성.

· BC 82년: 고구려족의 소국(小國)이 한사군 중 진번 · 임둔군을 축출. 한 나라 진번군(郡)을 폐지하고 그 일부를 낙랑군에 합침. 임둔군도 폐지 후 그 일부를 현도군(玄菟郡)에 병합, 한나라 낙랑군에 동부 · 남부도위 (都尉)를 설치.

· BC 80년: 평양 토성리 고분군유적 형성.

· BC 75년: 고구려족 소국이 현도군을 공격해 서북쪽으로 축출.

· BC 59년: 천제 해모수(解慕漱)가 대요의주계의 흘승골성(訖升骨城)에 내려와 북부여를 세움.

· BC 58년(단기 2276년) 癸亥(이하 단기와 干支 병기): 동부여에서 주몽 (朱蒙) 탄생.

· BC 57년(2277) 甲子: 신라 박혁거세거서간 즉위. 왕호를 거서간, 국호 를 서나벌(徐那伐)이라 함. 진한(辰韓) 풍속에 가무와 음주를 즐김. 마한 (馬韓) 5월 파종 뒤와 10월 농공필(農工畢) 시 제사 지내고 축제를 즐김.

· BC 53년(2281) 戊辰: 신라, 박혁거세거서간 알영(閼英)을 왕비로 맞음.

· BC 50년(2284) 辛未: 왜(倭)가 신라 변방을 침입했다가 격퇴 당함.

· BC 49년(2285) 壬申: 신라 경주조양동유적 조성되기 시작.

· BC 43년(2291) 戊寅: 낙랑 17호분 출토. 永光元年銘金銅釦漆耳杯(영광
원년명금동구칠이배) 만듦.

· BC 39년(2295) 壬午: 변한(卞韓)이 신라에 항복을 청함.

· BC 37년(2297) 甲申: 주몽, 동명성왕으로 즉위해 국호를 고구려라 하
고 성을 고(高)씨로 고침. 동명성왕, 비류국(沸流國) 송양(松讓)과 활쏘기
겨룸. 고구려 10월에 제천(祭天) 행사하고 동맹(東盟)이란 국중(國中)대
회 개최. 동맹과 비슷한 행사로 부여에서 영고(迎鼓), 동예에서는 무천
(舞天)을 행함.

· BC 36년(2298) 乙酉: 비류왕 송양이 고구려에 항복. 동명성왕 비류를
다물도(多勿都)로 개칭함.

· BC 32년(2302) 己丑: 고구려 오이와 부분노가 행인국(荇人國)을 병합
하고 성읍으로 삼음.

· BC 28년(2306) 癸巳: 낙랑인이 신라를 침범했다가 풍속이 순후함을 보
고 자진 퇴각함. 고구려 부위염(扶尉猒)이 북옥저를 병합하고 성읍으로
삼음.

· BC 27년(2307) 甲午: 신라 왕자 천일창(天日槍)이 왜에 건너감. 신라
도공(陶工)이 왜에 가 경곡(鏡谷)에서 신라식으로 도자기 제작.

· BC 24년(2310) 丁酉: 고구려 동명성왕의 어머니 유화부인(柳花夫人)
동부여에서 사망. 동부여 금와왕이 태후의 예로써 예장하고 신묘(神廟)
를 세움. 고구려 동부여에 사신 보내 극진한 예를 표함.

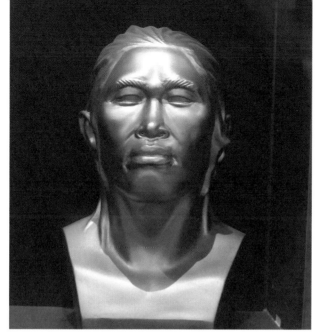

평안남도 덕천군에서 발굴된 승리산인 복원 모습. 공주 석장리 박물관.

· BC 20년(2314) 辛丑: 신라, 호씨공(瓠氏公)을 마한에 보내 교빙 청원함.

· BC 19년(2315) 壬寅: 고구려 동명성왕의 아들 유리(琉璃)가 어머니 예씨(禮氏)와 함께 부여에서 탈출해 옴. 고구려 동명성왕 죽고 2대 유리왕 즉위. 신라, 마한왕이 죽자 사신을 보내 조문. 석탈해 탄생.

· BC 18년(2316) 癸卯: 비류(沸流) · 온조(溫祚) 형제가 졸본부여에서 남하함. 아우 온조가 하남위례성에 백제(百濟)를 건국함. 백제 동명왕묘(東明王廟) 세움. 백제 서울 구의동고분유적 형성. 고구려 유리왕 송양의 딸을 왕비로 맞음.

· BC 17년(2317) 甲辰: 고구려 왕비 송씨 죽자 유리왕이 〈황조가(黃鳥歌)〉지음.

· BC 15년(2319) 丙午: 백제, 낙랑에 사신을 보내 교빙 요청.

· BC 11년(2323) 庚戌: 백제, 위례성을 포위한 말갈을 대부현에서 격파. 백제 마수성 축조. 백제 · 낙랑의 화친 깨짐.

· BC 9년(2325) 壬子: 고구려 선비(鮮卑)를 공격해 항복받음. 이 전쟁에서 승리한 부분노(夫芬奴) 장군에게 왕이 황금 30근과 말 10필 하사. 백제 북쪽 경계를 침입한 말갈 괴멸시킴.

· BC 8년(2326) 癸丑: 낙랑 석암리 194호분 출토.

· BC 6년(2328) 乙卯: 고구려 왕모 예씨 죽음. 백제 한산(漢山)에 목책(木柵)을 세우고 위례의 민구를 이주시킴. 백제 마한에 사신 보내 국경을 획정함. 부여 대소왕(帶素王) 고구려에 인질 요구하며 고구려를 치려다가 퇴각.

· BC 5년(2329) 丙辰: 백제 하남위례성에서 한산으로 천도.

· BC 3년(2331) 戊午: 낙랑 유물 평양부근에서 출토.

· BC 2년(2332) 己未: 백제 국모의 묘(廟)를 세움. 낙랑이 백제 위례성을 불태워 인명 손실.

· BC 1년 · 단기 2333년 庚申: 백제 칠중하에서 말갈군을 격퇴하고 말갈 추장 소모(素牟)를 생포함. 광산 신창리옹관묘군유적, 횡성 춘방내리유적 등 형성.

· AD 1년(2334) 辛酉: 김해 부원동 B · C지구 · 양동리유적, 김해 회현리 조개더미유적, 동래 조개더미유적, 박천 덕성리고분유적, 부산 수안동조개더미유적, 시흥 초지리조개더미유적, 양산 다방동조개더미유적, 영천 어은동유적, 정읍 가은리유적 등 형성.

· AD 3년(2336) 癸亥: 고구려 졸본에서 국내성으로 천도 후 위나암성(慰那巖城) 축조. 고구려의 대보(大輔 · 조정 최고위직) 합부(陜父)가 한(韓)으로 망명.

· AD 4년(2337) 甲子: 신라 박혁거세거서간 죽음, 2대 남해차차웅 즉위.

432

신라 수도를 습격한 낙랑군 격퇴. 고구려 왕자 해명(解明)을 태자로 책봉. 백제 말갈을 부현(斧峴)에서 격파.

· AD 7년(2340) 丁卯: 백제가 진한·마한의 병합 뜻을 천명.

· AD 8년(2341) 戊辰: 신라왕의 장녀와 석탈해 혼인. 백제 마한을 습격 병합, 마한의 원산성·금현성은 항복 안함.

· AD 9년(2342) 己巳: 마한의 원산성·금현성 백제에 항복, 마한 멸망. 부여 대소왕 고구려에 항복 권고.

· AD 10년(2343) 庚午: 백제 다루(多婁)를 태자로 책봉해 내외병사(內外兵事)를 맡김. 신라 석탈해를 좌보(左輔)로 삼아 군국정사(軍國政事)를 위임.

· AD 12년(2345) 壬申: 신(新·중국)이 흉노 정벌에 고구려군 파병을 요청하자 고구려왕이 불응하고 신의 요서대윤 전담(田譚)을 참수. 신이 고구려왕을 하구려후(下句麗候)로 강등한다고 포고. 고구려가 신의 변방을 수시로 공격.

· AD 13년(2346) 癸酉: 백제 국내 민호를 남·북의 2부로 나눔. 부여가 고구려를 침공하자 왕자 무휼(無恤)이 학반령에서 격퇴.

· AD 14년(2347) 甲戌: 고구려, 태자 무휼에게 군정을 맡김. 고구려가 양맥(梁貊)을 멸망시키고 한의 고구려현(縣)을 공격함. 신라, 병선 100여 척을 동원해 동남 해변의 민호를 침략한 왜구를 섬멸.

· AD 15년(2348) 乙亥: 백제 동·서 2부를 증설.

· AD 16년(2349) 丙子: 백제, 옛 마한의 장수 주근(周勤)이 우곡성에서 반란을 일으키자 토벌.

· AD 18년(2351) 戊寅: 고구려 2대 유리왕 죽고 3대 대무신왕 즉위. 고

구려 변방이었던 7개 소국(小國)이 신라에 귀부함.

· AD 19년(2352) 己卯: 북명인(北溟人)이 밭을 갈다 발굴한 예왕인(濊王印)을 신라에 바침.

· AD 20년(2353) 庚辰: 백제 온조왕 주양(走壤)·패수(浿水) 등 북쪽 경계를 순행. 고구려 동명왕묘(廟)를 세움. 부여, 고구려에 사신 보내 교역 요청.

· AD 21년(2354) 辛巳: 고구려, 부여 공격을 위한 원정 개시.

· AD 22년(2355) 壬午: 고구려, 부여를 공격해 대소왕을 죽임. 대소왕의 동생을 왕으로 삼아 부여에 갈사국(曷思國) 세움. 부여 대소왕 종제(從弟)가 1만여 명을 이끌고 고구려에 항복. 말갈이 백제 술천성·부현을 습격. 신라, 역질(疫疾)로 1천여 명 사망. 진국(辰國), 新(중국)의 침입자 1천여 명을 포로로 노획함.

· AD 23년(2356) 癸未: 백제, 해루(解婁)를 우보(右輔)로 삼고 위례성을 전면 개축.

· AD 24년(2357) 甲申: 신라 2대왕 남해차차웅 죽고 3대 유리이사금 즉위. 신라 황재(蝗災·메뚜기 떼)의 창궐과 여름 우박으로 농사 망침. 낙랑, 왕조(王調)가 대장군 낙랑태수를 칭하고 한의 낙랑군 태수 유헌(劉憲)을 죽임.

· AD 26년(2359) 丙戌: 고구려가 개마국(蓋馬國)을 멸망시켜 복속시킴. 구다국왕(句茶國王) 고구려에 항복해옴.

· AD 27년(2360) 丁亥: 고구려 을두지를 좌보, 송옥구(松屋句)를 우보로 삼아 군국사를 분담시킴. 고구려가 낙랑을 멸망시킴.

· AD 28년(2361) 戊子: 백제 온조왕 죽고 2대 다루왕 즉위. 고구려 한나

경남 김해시 구지산에 있는 구지봉석. AD 42년 김수로왕의 금관가야 개국을 기려 세운 표석이다.

라 요동군 태수가 위나암성을 포위 공격해옴. 이 시기 신라(유리왕)에서 〈도솔가(兜率歌)〉지음.

· AD 30년(2363) 庚寅: 고구려 매구곡인(買溝谷人) 상수의 무리가 투항해옴. 한나라가 왕준(王遵)을 낙랑에 보내 왕조(王調)의 난을 평정. 낙랑군 동부도위를 폐지함.

· AD 31년(2364) 辛卯: 백제, 고목성에서 말갈군을 대파.

· AD 32(2365) 壬辰: 신라 사로(斯盧) 6부를 개칭하고 사성(賜姓·왕이 성씨를 내림), 이벌찬(伊伐湌) 등 17관등 설치. 고구려 호동왕자가 낙랑공주 최씨녀(崔氏女)를 아내로 삼음. 고구려가 낙랑을 공격해 항복받음. 호동왕자 원비(元妃)의 모함을 받고 자결. 고구려 후한(後漢)에 사신 보내 수교. 신라 한가위(추석) 원조인 가배(嘉俳)놀이 시작. 이 때〈회소곡(會蘇曲)〉을 부름.

· AD 33년(2366) 癸巳: 백제 남부의 주군(州郡)에서 도전(稻田·벼농사)

을 본격 경작.

· AD 34년(2367) 甲午: 백제 마수성을 말갈군이 불태우고 병산책(瓶山柵)도 습격, 백제군이 응징 보복함.

· AD 36년(2369) 丙申: 낙랑이 신라 북방 타산성(朶山城)을 침공, 신라군이 격퇴.

· AD 37년(2370) 丁酉: 고구려가 후한의 낙랑군을 멸망시킴. 멸망한 낙랑인 5,000명과 대방인이 고구려에 귀순해옴.

· AD 38년(2371) 戊戌: 백제 다루왕 동·서부를 순무(巡撫)하며 극빈한 백성들에게 곡식 2석(石)씩을 배분해줌.

· AD 40년(2373) 庚子: 화려(華麗)·불내인(不耐人)이 기병으로 신라 북쪽 변경을 습격하자 맥인(貊人)이 이를 격퇴함.

· AD 42년(2375) 壬寅: 변진구야(弁辰狗耶)의 9간(干·추장)이 김수로(金首露)를 왕으로 추대해 금관가야국(金官伽倻國) 건국. 가야의 〈구지가(龜旨歌)〉지어짐.

*한반도에 고구려·백제·신라·가야의 4국(四國)시대가 개막되다.

436

신라(BC 57~AD 935) 왕조 계보

(괄호 안 숫자는 재위기간)

1대	박혁거세거서간(시조 왕, 박씨 시조 · BC 57~AD 4 · 61년. 반란으로 시해 당함)
2대	남해차차웅(박씨 · 4~24 · 20년. 박혁거세거서간 아들)
3대	유리이사금(박씨 · 24~57 · 33년. 남해차차웅 아들)
4대	탈해이사금(석씨 · 57~80 · 23년. 남해차차웅 사위. 석씨 시조, 倭 용성국 출신)
5대	파사이사금(박씨 · 80~112 · 32년. 유리이사금 차남, 후처 손)
6대	지마이사금(박씨 · 112~134 · 22년. 파사이사금 아들)
7대	일성이사금(박씨 · 134~154 · 20년. 파사이사금 이복형, 왜에 망명했다 귀국 후 즉위)
8대	아달라이사금(박씨 · 154~184 · 30년. 일성이사금 장남)
9대	벌휴이사금(석씨 · 184~196 · 12년. 탈해이사금 후손, 석씨로 왕권 교체)
10대	내해이사금(석씨 · 196~230 · 34년. 벌휴이사금 손자)
11대	조분이사금(석씨 · 230~247 · 17년. 내해이사금 조카 겸 사위)
12대	첨해이사금(석씨 · 247~261 · 14년. 조분이사금 친동생)
13대	미추이사금(김씨 · 261~284 · 23년. 김씨로 왕권 교체, 김알지 7대손)
14대	유례이사금(석씨 · 284~298 · 14년. 조분이사금 장남, 석씨로 왕권 교체)
15대	기림이사금(석씨 · 298~310 · 12년. 조분이사금 손자)
16대	흘해이사금(석씨 · 310~356 · 46년. 내해이사금 후손)
17대	내물마립간(김씨 · 356~402 · 46년. 미추이사금 조카, 김씨로 왕권 교체, 마립간 왕호 최초 사용)
18대	실성마립간(김씨 · 402~417 · 15년. 내물마립간 사촌동생. 고구려군에 피살)
19대	눌지마립간(김씨 · 417~458 · 41년. 내물왕마립간 장남)

20대	자비마립간(김씨 · 458~479 · 21년. 눌지마립간 장남)
21대	소지마립간(김씨 · 479~500 · 21년. 자비마립간 3남)
22대	지증마립간(김씨 · 500~514 · 14년. 내물마립간 증손자, 울릉도 정벌 독도 복속)
23대	법흥왕(김씨 · 514~540 · 26년. 지증마립간 장남. 왕 호칭 최초사용. 불교 공인)
24대	진흥왕(김씨 · 540~576 · 36년. 법흥왕 조카 겸 외손자. 화랑도개편 가야 합병, 순수비 건립)
25대	진지왕(김씨 · 576~579 · 3년. 진흥왕 차남. 강제 폐위, 태종무열왕 조부)
26대	진평왕(김씨 · 579~632 · 53년. 진흥왕 손자, 주변국과 전쟁)
27대	선덕여왕(김씨 · 632~647 · 15년. 진평왕 차녀. 최초 여왕, 내정 혼란)
28대	진덕여왕(김씨 · 647~654 · 7년. 선덕여왕 사촌동생. 중국에 굴종 외교)
29대	태종무열왕(김씨 · 654~661 · 7년. 진지왕 손자. 당과 연합해 백제 멸망시킴)
30대	문무왕(김씨 · 661~681 · 20년. 태종무열왕 장남. 신라 · 가야의 왕족 혼혈. 당과 연합해 고구려 멸망시킴)
31대	신문왕(김씨 · 681~692 · 11년. 문무왕 차남. 역모 진압, 화랑도 폐지)
32대	효소왕(김씨 · 692~702 · 10년. 신문왕 장남. 공신 세력 득세)
33대	성덕왕(김씨 · 702~737 · 35년. 신문왕 차남. 당 현종과 이름 동일, 김융기를 김흥광으로 개명)
34대	효성왕(김씨 · 737~742 · 5년. 성덕왕 3남. 장인 겸 외조부 김순원이 국정농단)
35대	경덕왕(김씨 · 742~765 · 23년. 성덕왕 4남. 행정구역 개편)
36대	혜공왕(김씨 · 765~780 · 15년. 경덕왕 장남. 피살당함. 에밀레종 완성)
37대	선덕왕(김씨 · 780~785 · 5년. 17대 내물왕 10대손. 반란으로 왕위 찬탈)
38대	원성왕(김씨 · 785~798 · 13년. 17대 내물왕 12대손. 선덕왕과 혜공왕 시해)
39대	소성왕(김씨 · 799~800 · 1년. 원성왕 손자)
40대	애장왕(김씨 · 800~809 · 9년. 소성왕 장남. 숙부 헌덕왕과 흥덕왕이 살해)

41대	헌덕왕(김씨 · 809~826 · 17년. 소성왕 동복아우. 흥덕왕과 조카 애장왕 왕위.찬탈)
42대	흥덕왕(김씨 · 826~836 · 10년. 소성왕 동복아우. 헌덕왕과 공모해 조카 애장왕 왕위 찬탈)
43대	희강왕(김씨 · 836~838 · 1년. 흥덕왕 5촌 조카. 반란으로 등극, 자살)
44대	민애왕(김씨 · 838~839 · 1년. 흥덕왕 3촌 조카. 반란으로 등극, 신무왕이 시해)
45내	신무왕(김씨 · 839~839 · 6개월. 민애왕 6촌 동생. 반란으로 등극, 최단명 왕)
46대	문성왕(김씨 · 839~857 · 18년. 신무왕 장남. 장보고 살해)
47대	헌안왕(김씨 · 857~861 · 4년. 신무왕 이복동생
48대	경문왕(김씨 · 861~875 · 14년. 헌안왕 사위. 당나귀 귀)
49대	헌강왕(김씨 · 875~886 · 11년. 경문왕 장남. 처용가)
50대	정강왕(김씨 · 886~887 · 1년. 경문왕 차남)
51대	진성여왕(김씨 · 887~897 · 10년. 경문왕 딸. 숙부와 색탐. 지방 호족 · 군벌 반란. 견훤 후백제 건국)
52대	효공왕(김씨 · 897~912 · 15년. 진성여왕 이복동생. 박씨 왕족이 시해. 궁예 후고구려 건국)
53대	신덕왕(박씨 · 912~917 · 5년. 8대 아달라왕 후손. 박씨 왕조 복고)
54대	경명왕(박씨 · 917~924 · 7년. 신덕왕 장남. 왕건 고려 개국, 후삼국시대 개막)
55대	경애왕(박씨 · 924~927 · 3년. 경명왕 동복아우. 포석정 연회 중 견훤 기습, 자결)
56대	경순왕(김씨 · 927~935 · 7년. 46대 문성왕 후손, 견훤이 옹립. 왕건에게 항복, 마의태자 금강산 입산. 亡國王)

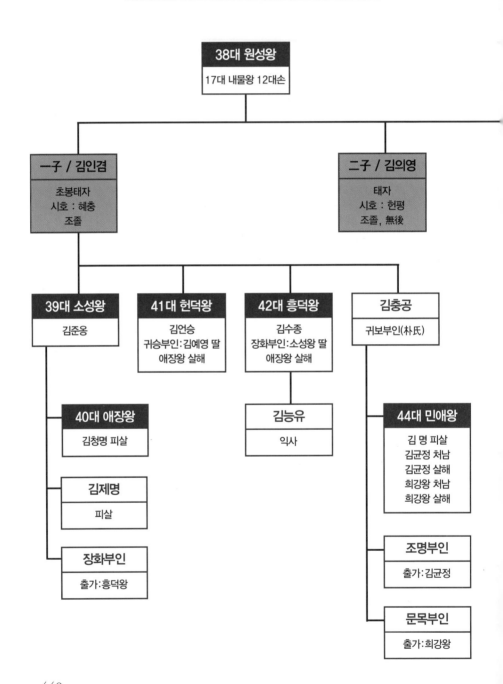

왕권 투쟁 절정기의 신라 왕실 계보도

38대 원성왕
17대 내물왕 12대손

一子 / 김인겸
초봉태자
시호 : 혜충
조졸

二子 / 김의영
태자
시호 : 헌평
조졸, 無後

39대 소성왕
김준옹

41대 헌덕왕
김언승
귀승부인:김예영 딸
애장왕 살해

42대 흥덕왕
김수종
장화부인:소성왕 딸
애장왕 살해

김충공
귀보부인(朴氏)

40대 애장왕
김청명 피살

김제명
피살

장화부인
출가:흥덕왕

김능유
익사

44대 민애왕
김 명 피살
김균정 처남
김균정 살해
희강왕 처남
희강왕 살해

조명부인
출가:김균정

문목부인
출가:희강왕

440

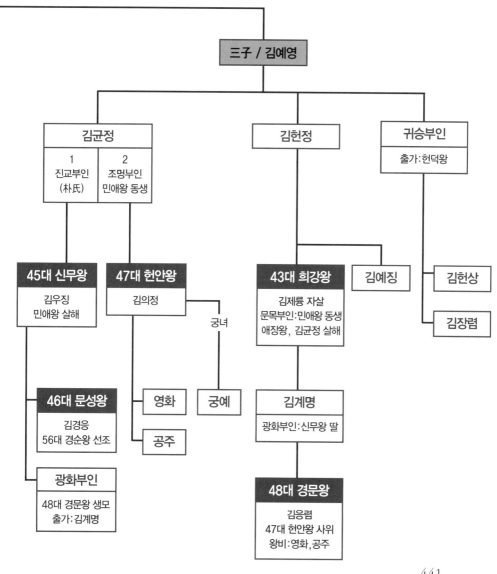

三子 / 김예영

김균정
| 1 진교부인 (朴氏) | 2 조명부인 민애왕 동생 |

김헌정

귀승부인
출가:헌덕왕

45대 신무왕
김우징
민애왕 살해

47대 헌안왕
김의정

궁녀

43대 희강왕
김제륭 자살
문목부인:민애왕 동생
애장왕, 김균정 살해

김예징

김헌상

김장렴

46대 문성왕
김경응
56대 경순왕 선조

영화

궁예

공주

김계명
광화부인:신무왕 딸

광화부인
48대 경문왕 생모
출가:김계명

48대 경문왕
김응렴
47대 헌안왕 사위
왕비:영화,공주

441

신라 풍월주(화랑도) 계보

품계/관직	부	모
1세 위화랑(魏花郎)	섬신공(公)	벽아부인(21대 소지왕과 사통)
2세 미진부공 (未珍夫公:미실궁주 생부)	아시공(公)	삽엽궁주(23대 법흥왕 딸)
3세 모랑(毛郎)	23대 법흥왕	보과공주(백제 24대 동성왕 딸)
4세 이화랑(二花郎)	1세 위화랑	준실
5세 사다함(斯多含)	구리지	벽화부인 (20대 자비왕후궁, 위화랑 누나)
6세 세종(世宗)	태종공(公)	지소태후(24대 진흥왕 생모)
7세 설화랑(薛花郎)	설성	금진낭주(24대 진흥왕 후궁)
8세 문노(文弩)	비조조부공(公)	문화공주(가야 조공녀)
9세 비보랑(秘寶郎 549~?)	비대전군	실보낭주(2세 미진부공 누나)
10세 미생랑 (美生郎 550~? : 미실궁주 동생)	2세 미진부공	묘도(23대 법흥왕 후궁)
11세 하종(夏宗 564~?)	세종전군	미실궁주(24대 진흥왕 후궁)
12세 보리공(菩利公 573~?)	이화공(公)	숙명궁주(24대 진흥왕 후궁)
13세 용춘공 (龍春公 578~? : 김춘추 계부)	25대 진지왕	지도태후(25대 진지왕비)
14세 호림공(虎林公 579~?)	복승공(公)	송화공주 (24대 진흥왕 이복동생)
15세 유신공 (庚信公 595~673 : 김유신)	김서현(가야 왕족)	만명부인(신라 왕족)
16세 보종공(寶宗公)	7세 설화랑	미실궁주(24대 진흥왕 후궁)

442

17세 염장공(廉長公 586~648)	불 명	지도태후(25대 진지왕비)
18세 춘추공 (春秋公 603~661 : 29대 무열왕)	김용수 (25대 진지왕 장남)	천명공주(26대진평왕 딸)
19세 흠순공 (欽純公 : 김유신 동생)	김서현(가야 왕족)	만명부인(신라 왕족)
20세 예원공(禮元公)	12세 보리공	만룡낭주(24대 진흥왕 손녀)
21세 선품공(善品公)	구륜공(公)	보화공주(26대 진평왕 딸)
22세 양도공(良圖公)	모종공(公)	양명공주(26대 진평왕 딸)
23세 군광공(軍官公)	동란공(公)	석명공주(25대 진지왕 딸)
24세 천광공(天光公)	수품공(公)	빈야공주(24대 진흥왕 딸)
25세 춘장공(春長公)	17세 염장공(公)	하희(11세 하종 딸)
26세 진공(眞功 662~?)	사린공(公)	호명(임종공 첩)
27세 흠돌공 (欽突公 627~681 : 31대 신문왕장인)	불 명	불 명
28세 오기공 (吳起公 633~? : 김대문 생부)	불 명	불 명
29세 원선공(元宣公 636~?)	불 명	불 명
30세 천관 (天官 639~? 흠돌공 사위)	불 명	불 명
31세 흠언(欽言 645~?)	27세 흠돌공(公)	언원(흠돌공 첩)
32세 신공(信公 649~?)	26세 진공	불 명

출처 : 화랑세기 필사본

고구려(BC 37~AD 668) 왕조 계보

1대	동명성왕(고주몽 BC 37~BC 19 · 18년. 부여국 해모수 아들, 시조 왕)
2대	유리명왕(동명성왕 아들 BC 19~AD 18 · 37년. 개국공신들과 왕권 투쟁, 황조가 지음)
3대	대무신왕(유리명왕 3남 18~44 · 26년. 주변국 정벌, 영토 확장. 호동왕자와 낙랑공주)
4대	민중왕(유리명왕 5남 44~48 · 4년. 모본왕 숙부)
5대	모본왕(대무신왕 장남 48~53 · 5년. 신하에게 시해 당함)
6대	태조왕(유리명왕 손자 53~146 · 93년. 실지 회복으로 영토 대국 실현. 최장수왕)
7대	차대왕(태조왕 동복아우. 146~165 · 19년, 왕위 찬탈. 신하에게 시해 당함)
8대	신대왕(차대왕 이복동생 165~179 · 14년. 국상제도 설관)
9대	고국천왕(신대왕 차남 179~197 · 18년. 조정 개혁)
10대	산상왕(고국천왕 둘째아우 197~227 · 30년. 환도성 천도)
11대	동천왕(산상왕 장남 227~248 · 21년. 평양 천도. 중원 각국과 전쟁)
12대	중천왕(동천왕 장남 248~270 · 22년. 병력 증강)
13대	서천왕(중천왕 차남 270~292 · 22년. 북방 진출)
14대	봉상왕(서천왕 장남 292~300 · 8년. 반정으로 폐위)
15대	미천왕(서천왕 차남 300~331 · 31년. 중원 각국과 전쟁, 연(燕) 왕 모용황이 미천왕 유골 탈취)
16대	고국원왕(미천왕 장남 331~371 · 40년. 외교로 미천왕 유골 환국, 모용황에 굴욕. 백제와 전쟁 중 전사)
17대	소수림왕(고국원왕 장남 371~384 · 13년. 불교 승인, 태학 설립. 백제 정벌 전쟁)

18대	고국양왕(고국원왕 차남 384~391 · 7년. 중원과 전쟁, 백제와 대립)
19대	광개토왕(고국양왕 장남 391~413 · 22년. 최대 영토 제국 건설. 광개토왕 비)
20대	장수왕(광개토왕 장남 413~491 · 78년. 평양성 천도, 백제 21대 개로왕 참수)
21대	문자명왕(장수왕 손자 491~519 · 28년. 백제 · 신라군과 영토 전쟁, 영토 상실)
22대	안장왕(문자명왕 장남 519~531 · 12년. 백제와 전쟁)
23대	안원왕(안장왕 동생 531~545 · 14년,. 자연 재앙 극심)
24대	양원왕(안원왕 장남 545~559 · 14년. 동생과 왕권 싸움, 신라에 영토 상실)
25대	평원왕(양원왕 장남 559~590 · 31년. 장안성 천도. 신라 · 중원과 대립)
26대	영양왕(평원왕 장남 590~618 · 28년. 수나라와 전쟁. 을지문덕이 살수대첩 대승)
27대	영류왕(영양왕 이복동생 618~642 · 24년. 도교 유입, 연개소문이 시해)
28대	보장왕(영류왕 조카 642~668 · 26년. 연개소문 독재와 아들 배신, 나 · 당연합군에 고구려 멸망. 亡國王)

백제(BC 18~AD 660) 왕조 계보

(괄호 안 숫자는 재위기간)

1대	온조왕(시조 왕 BC 18~AD 28 · 46년. 고구려 시조 고주몽 아들, 마한 땅에 백제 건국)
2대	다루왕(온조왕 장남 28~77 · 49년. 영토 확장)
3대	기루왕(다루왕 장남 77~128 · 51년. 신라와 화친)
4대	개루왕(기루왕 아들 128~166 · 38년. 적자 · 서자 왕자의 난)
5대	초고왕(개루왕 아들 166~214 · 48년. 영토 확장, 신라와 전쟁 격화)
6대	구수왕(초고왕 장남 214~234 · 20년. 말갈 침입 격퇴, 신장 2m 거인)
7대	사반왕(구수왕 장남 234~234 · 1년. 고이왕이 왕위 찬탈)
8대	고이왕(초고왕 동생 234~286 · 52년. 6좌평 관제도입. 중원 대륙 백제 영토 경략)
9대	책계왕(고이왕 아들 286~298 · 12년. 한나라와 중원 전쟁에서 전사)
10대	분서왕(책계왕 장남 298~304 · 6년. 대륙백제와 한성백제 통치, 낙랑 자객에게 피살)
11대	비류왕(구수왕 후손 304~344 · 40년. 한성 백제 통치)
12대	계왕(분서왕 아들 344~346 · 2년, 대륙 · 한성 백제 대립)
13대	근초고왕(비류왕 차남 346~375 · 29년. 요서경략, 중원에 대국 영토제국 위업 달성)
14대	근구수왕(근초고왕 아들 375~384 · 9년. 고구려와 전쟁)
15대	침류왕(근구수왕 장남 384~385 · 1년. 불교 수용)
16대	진사왕(근구수왕 차남 385~392 · 7년. 관미성 전투서 전사. 고구려와 전쟁 대륙 영토 상실)
17대	아신왕(진사왕 조카 392~405 · 13년. 진사왕 시해하고 등극, 고구려 광개토왕에게 항복)

18대	전지왕(아신왕 장남 405~420·15년. 왜국에 인질 귀국, 왜 왕녀 팔수부인과 결혼. 국정 혼란)
19대	구이신왕(전지왕 장남 420~427·7년. 왜인 팔수부인과 목만치가 국성 농난)
20대	비유왕(전지왕 차남 427~455·28년. 고구려·백제·신라 교전 치열, 반란군에 피살)
21대	개로왕(비유왕 장남 455~475·20년. 고구려 장수왕에게 참수, 한성 백제 종말)
22대	문주왕(개로왕 아우 475~477·2년. 웅진<공주>으로 천도, 외척 해씨에게 피살)
23대	삼근왕(문주왕 장남 477~479·2년. 왕권 상실)
24대	동성왕(문주왕 조카 479~501·22년. 사치 학정 외교 실패, 신하에게 피살)
25대	무령왕(개로왕 서자 501~523·22년. 왜 축자국 출생. 백제 국력 신장, 신라·가야와 공조 와해)
26대	성왕(무령왕 아들 523~554·31년. 사비<부여>로 천도 '남부여'로 국호 변경. 대륙백제 몰락, 관산성 전투서 전사)
27대	위덕왕(성왕 장남 554~598·44년. 일본에 불교 전파)
28대	혜왕(성왕 차남 598~599·1년. 태자 제거하고 왕위 찬탈)
29대	법왕(혜왕 장남 599~600·5개월. 왕권 상실, 최단명왕)
30대	무왕(위덕왕 아들 600~641·41년. 영토 확장, 왕권 회복. 서동왕자와 선화공주)
31대	의자왕(무왕 장남 641~660·19년. 등극 초 해동증자. 자만·음란·향락도취, 충신살상. 나·당연합군에게 멸망. 亡國王)

447

금관가야(전기 · 42~532) 왕조 계보

(괄호 안 숫자는 재위기간)

1대	김수로왕(시조 왕. 북방에서 이주 42~199 · 157년. 매년 봄 · 가을 제사로 현 1년을 2년으로 계산한 曆法 차이)
2대	거등왕(김수로왕 아들 199~253 · 54년. 포상팔국 침범, 신라에 구원 요청)
3대	마품왕(거등왕 아들 253~291 · 38년)
4대	거질미왕(마품왕 아들 291~346 · 55년. 신기한 벼 재배)
5대	이시품왕(거질미왕 아들 346~407 · 61년. 가락연맹국 왕과 아들이 백제로 망명)
6대	좌지왕(이시품왕 아들 407~421 · 14년. 용녀와 결혼, 하산도로 귀양 보냄)
7대	취희왕(좌지왕 아들 421~451 · 30년)
8대	질지왕(취희왕 아들 451~492 · 41년. 시조 원찰 왕후사 창건)
9대	겸지왕(질지왕 아들 492~521 · 29년. 아시촌 <경남 함안>에 소경 설치. 왜에 사신 파견)
10대	구형왕(겸지왕 아들 521~532 · 11년. 신라와 혼인동맹. 세 아들과 신하에 항복. 亡國王)

후기가야(5세기 중반~562) 왕조 계보

(괄호 안 숫자는 재위기간)

1대	이진아시왕(?~?)
:	
9대	이뇌왕(?~?)
:	
16대	도설지왕(?~562 · 亡國王)

발해(698~926) 왕조 계보

(괄호 안 숫자는 재위기간)

1대	고왕(大祚榮=대조영 698~719 · 21년. 걸걸중상<乞乞仲象> 아들. 고구려 유장)
2대	무왕(大武藝=대무예 719~737 · 18년. 고왕 아들. 당과 대립)
3대	문왕(大欽武=대흠무 737~793 · 56년. 무왕 아들. 당과 교류)
4대	폐왕(大元義=대원의 793~794 · 1년. 문왕 아들. 폐위)
5대	성왕(大華與=대화여 794~795 · 1년, 문왕 손자)
6대	강왕(大崇璘=대숭린 795~~809 · 14년. 문왕 막내아들)
7대	정왕(大元瑜=대원유 809~813 · 4년. 강왕 아들)
8대	희왕(大言義=대언의 813~817 · 4년. 정왕 동생)
9대	간왕(大明忠=대명충 817~818 · 1년. 정왕 동생)
10대	선왕(大仁秀=대인수 818~830 · 12년. 고왕 동생 대야발의 4대손. 해동성국)
(11대부터는 묘호<廟號>가 없음)	
11대	대이진(大彝震 · 830~858 · 28년. 선왕 손자)
12대	대건황(大虔晃 858~871 · 13년. 대이진 동생)
13대	대현석(大玄錫 871~893 · 22년. 대건황 아들)
14대	대위해(大瑋瑎 893~906 · 13년)
15대	대인선(大諲譔 906~926 · 20년. 거란에 멸망. 亡國王)

당(唐 · 618~907) 황제 계보

1대	고조(李淵=이연 618~626·8년)
2대	태종(李世民=이세민 626~649·23년)
3대	고종(李治=이치 649~683·34년), 측천무후(690~705·15년)
4대	중종(李顯=이현 683~684·1년)
5대	예종(李旦=이단 684~690·6년, 710~712·3년)
6대	현종(李隆基=이융기 712~756·44년)-양귀비
7대	숙종(李亨=이형 756~762·6년)
8대	대종(李豫=이예 762~779·17년)
9대	덕종(李适=이괄 779~805·26년)
10대	순종(李誦=이송 805·1년. 독살)
11대	헌종(李純=이순 805~820·15년)
12대	목종(李恒=이항 820~824·4년)
13대	경종(李湛=이담 824~826·2년)
14대	문종(李昻=이앙 826~840·14년)
15대	무종(李炎=이염 840~846·6년)
16대	선종(李忱=이침 846~859·13년. 12대 목종 동복아우)
17대	의종(李漼=이최 859~873·14년)
18대	희종(李儇=이현 873~888·15년)
19대	소종(李曄=이엽 888~904·16년)
20대	애제(李柷=이축 904~907·3년. 亡國 皇帝)

일본(BC 660~현재) 천황 계보

(괄호 안 숫자는 재위기간)

1대	진무(神武=신무 BC 660~BC 585・75년)
2대	스이제이(綏靖=수정 BC 581~549・32년)
3대	안네이(安寧=안녕 BC 549~BC 511・38년)
4대	이토쿠(懿德=의덕 BC 510~BC 477・33년)
5대	고쇼(孝昭=효소 BC 475~BC 393・82년)
6대	고안(孝安=효안 BC 392~291・101년)
7대	고레이(孝靈=효령 BC 290~BC 215・75년)
8대	고겐(孝元=효원 BC 214~BC 158・56년)
9대	가이카(開化=개화 BC 158~BC 98・60년)
10대	스진(崇神=숭신 BC 97~BC 30・67년)
11대	스이닌(垂仁=수인 BC 29~AD 70・99년. 이하 AD 연도)
12대	게이코(景行=경행 71~130・59년)
13대	세이무(成務=성무 131~190・59년)
14대	쥬아이(仲哀=중애 192~200・8년)
15대	오신(應神=응신 270~310・40년)
16대	닌토쿠(仁德=인덕 313~399・86년)
17대	리츄(履中=이중 400~405・5년)
18대	한제이(反正=반정 406~410・4년)
19대	인교(允恭=윤공 412~453・41년)
20대	안코(安康=안강 453~456・3년)
21대	유라쿠(雄略=웅략 456~479・23년)
22대	세이네이(情寧=정녕 480~484・4년)
23대	겐소(顯宗=현종 485~487・2년)
24대	닌켄(仁賢=인현 488~498・10년)

25대	부레츠(武烈=무열 498~506·8년)
26대	게이타이(繼體=계체 507~532·25년)
27대	안칸(安閑=안한 531~535·4년)
28대	센카(宣化=선화 535~539·4년)
29대	긴메이(欽明=흠명 539~571·32년)
30대	비타츠(敏達=민달 572~585·13년)
31대	요메이(用明=용명 585~587·2년)
32대	스슌(崇峻=숭준 587~592·5년)
33대	스이코(推古=추고 592~628·36년. 女子)
34대	죠메이(舒明=서명 629~641·12년)
35대	고쿄쿠(皇極=황극 642~645·3년. 女子)
36대	고토쿠(孝德=효덕 645~654·9년)
37대	사이메이(齊明=제명 655~661·6년. 女子)
38대	텐지(天智=천지 668~671·3년)
39대	고분(弘文=홍문 671~672·1년)
40대	텐무(天武=천무 673~686·13년)
41대	지토(持統=지통 690~697·7년)
42대	몬무(文武=문무 697~707·10년)
43대	겐메이(元明=원명 707~715·8년. 女子)
44대	겐쇼(元正=원정 715~724·9년. 女子)
45대	쇼무(聖武=성무 724~749·25년)
46대	고켄(孝謙=효겸 749~758·9년. 女子)
47대	준닌(淳仁=순인 758~764·6년)
48대	쇼토쿠(稱德=칭덕 764~770·6년. 女子)
49대	고닌(光仁=광인 770~781·11년)
50대	간무(桓武=환무 781~806·25년)
51대	헤이제이(平城=평성 806~809·3년)
52대	사가(嵯峨=차아 809~823·14년)

53대	준나(淳和=순화 823~833・10년)
54대	닌묘(仁明=인명 833~850・17년)
55대	몬토쿠(文德=문덕 850~858・8년)
56대	세이와(清和=청화 858~876・18년)
57대	요제이(陽成=양성 877~884・7년)
58대	고코(光孝=광효 884~887・3년)
59대	우다(宇多=우다 887~897・10년)
60대	다이고(醍醐=제호 897~930・33년)
61대	스자쿠(朱雀=주작 930~946・16년)
62대	무라카미(村上=촌상 946~967・21년)
63대	레이제이(冷泉=냉천 967~969・2년)
64대	엔유(圓融=원융 969~984・15년)
65대	가잔(花山=화산 984~986・2년)
66대	이치죠(一條=일조 986~1011・25년)
67대	산죠(三條=삼조 1011~1016・5년)
68대	고이치죠(後一條=후일조 1016~1036・20년)
69대	고스자쿠(後朱雀=후주작 1036~1045・9년)
70대	고레이제이(後冷泉=후냉천 1045~1068)・23년)
71대	고산죠(後三條=후삼조 1068~1072・4년)
72대	시라카와(白河=백하 1072~1086・14년)
73대	호리카와(堀河=굴하 1086~1107・21년)
74대	토바(鳥羽=조우 1107~1123・16년)
75대	스토쿠(崇德=숭덕 1123~1141・18년)
76대	고노에(近衛=근위 1141~1155・14년)
77대	고시라카와(後白河=후백하 1155~1158・3년)
78대	니죠(二條=이조 1158~1165・7년)
79대	로쿠죠(六條=육조 1165~1168・3년)
80대	다카쿠라(高倉=고창 1168~1180・12년)

81대	안토쿠(安德=안덕 1180~1185・5년)
82대	고토바(後鳥羽=후조우 1184~1198・14년)
83대	스치미카도(土御門=토어문 1198~1210・12년)
84대	쥰토쿠(順德=순덕 1210~1221・11년)
85대	츄코(仲恭=중공 1221~1221・1년)
86대	고호리카와(後堀河=후굴하 1221~1232・11년)
87대	시죠(四條=사조 1232~1242・10년)
88대	고사가(後嵯峨=후차아 1242~1246・4년)
89대	고후카쿠사(後深草=후심초 1246~1259・13년)
90대	가메야마(龜山=구산 1259~1274・15년)
91대	고우다(後宇多=후우다 1274~1287・13년)
92대	후시미(伏見=복견 1288~1298・10년)
93대	고후시미(後伏見=후복견 1298~1301・3년)
94대	고니조(後二條=후이조 1301~1308・7년)
95대	하나조노(花園=화원 1308~1318・10년)
96대	고다이고(後醍醐=후제호 1318~1339・21년)
97대	고무라카미(後村上=후촌상 1339~1368・29년)
98대	쵸게이(長慶=장경 1368~1383・15년)
99대	고카메야마(後龜山=후구산 1383~1392・9년
북조(北朝)	
1대	코곤(光巖=광암 1332~1333・1년, 1348~1351・3년)
2대	코묘(光明=광명 1337~1348・11년, 1352~1371・19년)
3대	스코(崇光=숭광 1349~1351・2년, 1368~1383・15년)
4대	고코곤(後光巖=후광암 1353~1371・18년, 1371~1382・11년)
5대	고엔유(後圓融=후원융 1374~1382・8년, 1383~1392・9년)
100대	고코마쯔(後小松=후소송 1382~1412・30년)
101대	쇼코(稱光=칭광 1414~1428・14년)

102대	고하나조노(後花園=후화원 1429~1464・35년)
103대	고츠치미카도(後土御門=후토어문 1465~1500・35년)
104대	고카시와바라(後柏原=후백원 1521~1526・5년)
105대	고나라(後奈良=후나량 1526~1557・31년)
106대	오기마치(正親町=정친정 1557~1586・29년)
107대	고요제이(後陽城=후양성 1586~1611・25년)
108대	고미즈노오(後水尾=후수미 1611~1629・18년)
109대	메이쇼(明正=명정 1630~1643・13년. 女子)
110대	고코모(後光明=후광명 1643~1654・11년)
111대	고사이(後西=후서 1656~1663・7년)
112대	레이겐(靈元=영원 1663~1687・24년)
113대	히가시야마(東山=동산 1687~1709・22년)
114대	나카미카도(中御門=중어문 1710~1735・25년)
115대	사쿠라마치(櫻町=앵정 1735~1747・12년)
116대	모모조노(桃園=도원 1747~1762・15년)
117대	고사쿠라마치(後櫻町=후앵정 1763~1770・7년. 女子)
118대	고모모조노(後桃園=후도원 1771~1779・8년)
119대	고카구(光格=광격 1780~1817・37년)
120대	닌코(仁孝=인효 1817~1846・29년)
121대	고메이(孝明=효명 1847~1866・19년)
122대	메이지(明治=명치 1687~1912・45년)
123대	다이쇼(大正=대정 1915~1926・11년)
124대	쇼와(昭和=소화 1928~1989・61년)
125대	헤이세이(平成=평성 1989~2019・30년. 讓位)
126대	레이와(令和=영화 2019~현재)

통일신라 왕릉실록

ⓒ 이규원, 2024

초판 1쇄 발행 2024년 3월 15일

지은이 이규원
펴낸이 이경희

발행 글로세움
출판등록 제318-2003-00064호(2003.7.2)

주소 서울시 구로구 경인로 445(고척동)
전화 02-323-3694
팩스 070-8620-0740
메일 editor@gloseum.com
홈페이지 www.gloseum.com

ISBN 979-11-86578-99-5 03910